Yasmine Keles
Und dann wurde ich endlich jung

Autorin und Verlag danken für die Unterstützung:

Kultur Kanton Bern

Kultur **Stadt Bern**

Stiftung Dialog zwischen Kirchen, Religionen und Kulturen

Der Zytglogge Verlag wird vom Bundesamt für Kultur mit einem Strukturbeitrag für die Jahre 2021–2024 unterstützt.

2. Auflage 2021

© 2021 Zytglogge Verlag, Schwabe Verlagsgruppe AG, Basel
Alle Rechte vorbehalten
Lektorat: Thomas Gierl
Covergestaltung: Massimo Milano
Layout/Satz: 3w+p, Rimpar
Druck: CPI books GmbH, Leck

ISBN: 978-3-7296-5067-1

www.zytglogge.ch

Yasmine Keles

Und dann wurde ich endlich jung

Eine Befreiungsgeschichte

ZYTGLOGGE

Für Elif und Eleni

Anmerkung der Autorin

Die Schilderungen und Dialoge entsprechen weitgehend meinen Erinnerungen, doch ich habe sie teils zugunsten des Erzählflusses verdichtet, vereinfacht, anders angeordnet oder ausgeschmückt. Die Namen sowie gewisse persönliche Merkmale der beschriebenen Personen sind geändert. Sämtliche Bibelzitate stammen aus der «Neuen-Welt-Übersetzung der Heiligen Schrift» der Watchtower Bible and Tract Society of Pennsylvania (©1985, 1989).

Inhalt

Die Erbschaft
April 1977 15

Die Versammlung
Dezember 1982 19

Die Heimat
Februar 1983 33

Die Schule
August 1983 37

Die Freundin
Oktober 1984 44

Der Stolperstein
März 1985 55

Das Saanenland
Mai 1985 65

Die Großfamilie
Juli 1985 78

Die kleine Schwester
Oktober 1987 92

Der Albtraum
Juli 1989 100

Die göttliche Ordnung
Februar 1990 108

Die Sehnsucht
Frühsommer 1991 112

Der Bildungshügel
August 1991 118

Die Freundin in der Wahrheit
Dezember 1991 124

Das Familienstudium
Mai 1992 130

Das Open-Air-Festival
Juli 1992 135

Die Sommernacht
Juli 1993 138

Die Taufe
August 1993 145

Die Lust und die Liebe
April 1995 157

Amerika
Juli 1995 166

Das Pub
November 1996 181

Die Reifeprüfung
Sommer bis Winter 1996 187

Die Hauptstadt
Frühling 1997 195

Die besten Tage
Sommer 1997 bis Frühling 1998 201

Der Fluss
Sommer 1999 208

Die Heiligen
Oktober 1999 214

Der Cowboy
Jahrtausendwechsel 1999/2000 226

Die Weiterreise
Januar bis März 2000 235

Die Entscheidung
April 2000 246

Die Enttäuschung
Juni 2000 251

Die WG
September 2000 271

Der Tauchgang
Herbst bis Winter 2000 284

Das Fest
Frühjahr 2001 289

Der Brief
März 2001 296

Der Anfang
Juli 2001 301

Epilog 306

Alles hat seine Zeit

Die Erbschaft
April 1977

Ich bin in der Wahrheit geboren. Das war an einem stürmischen Tag im Frühling 1977 und, wie es mir Mama später wieder und wieder schildern musste, in einem fensterlosen Geburtssaal. Eine Liege, grüne Fliesen, grelles Licht, ein Arzt, eine Hebamme und eine Krankenschwester, alle in weißer Schürze. Mein Vater war noch einmal zur Arbeit gefahren. Er konnte nichts gegen die Schmerzen seiner Frau tun, eine Ohnmacht, die ihn demütigte. Zugleich empfand er das lange Warten im Grunde als Zeitverschwendung, dachte er an all die Papiere, die sich in letzter Zeit auf seinem Bürotisch aufgetürmt hatten. Auch die Hebamme, zu Anfang freundlich und wohlwollend, wurde ungeduldig und ermahnte meine Mutter, sich zusammenzureißen, aufzuhören zu stöhnen, endlich dieses Kind herauszudrücken, andere hätten das auch geschafft.

Der Arzt schaute öfters auf die Uhr, griff meiner Mutter immer wieder zwischen die Beine und versuchte, meinen Kopf zu erspüren. Dass er ihre Schmerzen dadurch nur verstärkte, sie dabei fast in die Ohnmacht trieb, kümmerte ihn wenig. Er kannte das selige Lächeln der Mütter nach der Geburt und hatte weiß Gott oft genug gehört, dass die Frauen den Schmerz, trugen sie ihr Bébé dann im Arm, gleich wieder vergessen würden.

Endlich begann ich, meinen Kopf durch das Becken meiner Mutter zu zwängen. Exakt in diesem Moment stürmte mein Vater in den Gebärsaal. Er vernahm die Schreie seiner Frau, sah meinen blutverschmierten und verschrumpelten Kopf zwischen ihren Beinen hervorschauen und sank zu Boden. Im glorreichen, lang ersehnten Moment meiner Geburt in die Wahrheit versammelten sich der Arzt, die Hebamme und die Krankenschwester auf der Stelle um meinen Vater, tätschelten ihn, sprachen ihm gut zu und schütteten ihm kaltes Wasser ins Gesicht.

Meine Mutter bäumte sich auf und schrie mit letzter Kraft: «Ich bin gottverdammt nochmal am Gebären, warum dreht sich alles um ihn?»

Da flutschte ich durch ihr warmes Becken auf den kalten Schragen, mitten ins grelle Leben hinein, und erschrak fast zu Tode.

Und du, Adele? Was hat dich beschäftigt an diesem Apriltag? Hat dich meine Geburt womöglich an deinen bevorstehenden Tod erinnert? Oder befandest du dich da bereits in diesem geistigen Dämmerzustand, der dich in den letzten Monaten deines langen Lebens umnebelte? Du starbst eineinhalb Jahre später, im Oktober 1978, als ich erst nach und nach aus meiner frühkindlichen Dämmerung erwachte. Unsere Existenzen hatten sich nur leicht gestreift. Ich weiß nicht, wie oft wir uns getroffen haben, ob du mich überhaupt wahrgenommen, mich je in den Armen gehalten oder zumindest berührt hast. Dein Geist entzog sich langsam dieser Welt, während sich der meine ihr erst nach und nach öffnete. Die Flüchtigkeit unserer Begegnung jedoch steht in keinem Verhältnis zum langen, langen Schatten, den du über mein Leben geworfen hast. Von diesem Schatten werde ich dir nun erzählen.

Zum Zeitpunkt meiner Geburt lebten meine Eltern bereits seit acht Jahren im langen, engen Rhonetal, welches nichts Geringeres als den Norden vom Süden trennt und beide in sich vereint. Sie liebten das Wallis, dieses Tal zwischen den majestätischen Bergen, den ewigen Schnee auf den Gipfeln, den Talboden, durch den die Rhone fließt, die Hänge, bespickt mit dicht besiedelten Dörfern, in denen kleine dunkle Holzhäuser große weiße Steinkirchen umringen. Zusammen mit den Einheimischen besangen sie innerlich immer und immer wieder den sonnenverwöhnten, fruchtbaren, mit Rhone-Wasser getränkten Boden, aus dem Weintrauben, Aprikosen und Tomaten sprießen. An diese Bilder hielten sie sich wohl, ist es doch auch ein vernarbtes Tal, verschandelt durch wild platzierte Wohnbauten, geschlagen von willkürlich gebauten Straßen, breit gestreuten Industriegebäuden und Fabriken.

Doch nicht die gewaltige Landschaft, sondern eine göttliche Mission hatte meine 23-jährige Mutter Frieda Henriette und meinen 21-jährigen Vater Franz nach ihrer Heirat dazu bewogen, ihre Heimat zu verlassen. Meine Mutter hatte das liebliche Saanenland hinter sich gelassen, mein Vater den geliebten Bodensee im Norden. Sie waren voller Mut, Tatkraft und Pioniergeist in das Tal der falschen Religion gezogen, sie wollten ihrem Leben und ihrer Ehe einen höheren Sinn geben. Sie verstanden es als Privileg, in der Wahrheit geboren worden zu sein, und setzten sich dafür ein, dass auch die Menschen im Wallis die Gelegenheit erhielten, sich aus den Stricken des Teufels zu befreien. Meine Eltern wollten die Walliser ins Licht der Wahrheit führen.

Bestimmt hat dich diese Entscheidung der zwei jungen Menschen beeindruckt. Adele, warst du stolz auf meine gottesfürchtige Mutter? Auch du hast dein Leben in den Dienst Gottes gestellt, bist «Bibelforscherin» geworden, wie wir Zeugen Jehovas damals noch hießen, und hast jede freie Minute damit verbracht, den Menschen im Saanenland zu predigen, jede Gelegenheit genutzt, sie vor dem bevorstehenden Ende der Welt zu warnen, ihnen die Möglichkeit zu geben, sich Gott zuzuwenden und sich damit einen ewigen Platz im Paradies zu sichern.

Nach ein paar Jahren entschieden sich meine Eltern für meine Schwester, obwohl es in der Bibel heißt: «Wehe den schwangeren Frauen und denen, die ein Kleinkind stillen in jenen Tagen! Betet unablässig, daß eure Flucht nicht auf die Winterzeit erfolge noch am Sabbattag!» Die wahren Anbeter Gottes, also die Zeugen Jehovas, sollten die kurze verbleibende Zeit besser für das Verkünden der guten Botschaft aufwenden und erst im Paradies Kinder kriegen. Obwohl die Leitende Körperschaft in New York vorhersagte, die letzte große Schlacht Gottes in Harmagedon werde 1975 stattfinden, brachte meine Mutter im Jahr 1973 Linda zur Welt.

Adele, wie lautete wohl dein Urteil darüber, dass sie sich für uns entschieden hatten? Hat dich meine Mama enttäuscht oder hat dich die Tatsache, Urgroßkinder zu haben, doch irgendwie gefreut? Ich jedenfalls bin gottfroh und doch verwundert darüber, dass meine Eltern – wie alle meine Tanten und Onkel übrigens auch – trotzdem Kinder auf die Welt brachten.

Die Versammlung
Dezember 1982

So kam es, dass ich als zweites Mädchen der Familie in der Fremde und in der Wahrheit aufwuchs. Mir dämmerte früh, dass unsere Familie nicht zu diesem Tal gehörte, dass meine Eltern und die Glaubensbrüder und -schwestern aus der Versammlung alle einen anderen Dialekt sprachen, dass wir andere Angewohnheiten hatten und andere Traditionen pflegten. Was ich mitbekam, war, dass es zwei Arten von Menschen gibt: diejenigen, die in der Welt, und diejenigen, die in der Wahrheit waren.

Wir waren in der Wahrheit, und das war gut, denn es war besser. Ich verstand, dass die Weltlichen rauchten, in die Kirche gingen, Geburtstage und Weihnachten feierten, manche auch stahlen und logen und sich scheiden ließen. Immer, wenn ich jemanden etwa rauchen oder die Kerzen eines Geburtstagskuchens ausblasen sah, dachte ich: «Wie dumm von dir, deswegen kommst du nicht ins Paradies. Dass es dir das wert ist?»

Einmal pro Woche – an einem der Abende, an denen wir nicht die Versammlung besuchten – las uns meine Mutter vor dem Schlafen eine Geschichte aus der Bibel vor. Meist kuschelte ich mich dafür zu meiner großen Schwester Linda ins Bett, obwohl wir uns das Kinderzimmer teilten und mein Bett gleich gegenüber stand. Mama löschte das große Licht, kniete sich nieder und schaltete die Nachttischlampe ein. Sie begann ihre Erzählung immer mit einer Frage, die sich auf die letzte erzählte Geschichte bezog, etwa: «Wie heißt der Mann, von dem ich euch letzte Woche erzählt habe, der, welcher das Wasser teilen konnte?» Weil Linda die Antworten immer wusste, fragte Mama jeweils zuerst mich. «Noah», sagte ich, und immer schauten sich Mama und Linda hilflos an. Ich traf es quasi nie, ich schaffte es einfach nicht, mir die Namen zu merken. Nicht, dass mich die Geschichten nicht interessiert hätten, und doch: Pferde, Prinzessinnen oder Räubertöchter wären mir lieber gewesen. Ich merkte, dass meine Mutter von mir etwas enttäuscht war, war doch ihre ältere Tochter ein sehr kluges und talentiertes Kind. Und doch gab sie auch mir das Gefühl, in meiner Verträumtheit und Naivität etwas sehr Süßes, Liebenswertes und Belustigendes zu haben. Das reichte mir fürs Erste.

Wir versammelten uns dreimal pro Woche mit unseren Glaubensbrüdern und -schwestern: am Dienstagabend zum Buchstudium in kleineren Gruppen bei jemandem zu Hause und am Donnerstag- sowie am Sonntagabend alle gemeinsam im Königreichssaal.

Wie immer machten wir uns auch an diesem Sonntag schick für die Versammlung. Mama, Linda und ich zogen einen Rock und eine Bluse an, Papa einen Anzug mit Krawatte. Zum Glück war Sonntag. Da war alles entspannter als dienstags oder donnerstags, wenn mein Vater den ganzen Tag im Büro und Linda in der Schule gewesen waren und sie danach Hausaufgaben machen musste. Dann war das Abendprogramm besonders dicht: Wir mussten schnell zu Abend essen, uns rasch umziehen, nach der Versammlung schleunigst nach Hause fahren und schnell ins Bett gehen, weil am nächsten Morgen früh bereits wieder der Wecker klingelte.

Sonntag hin oder her, Papa war wie gewohnt angespannt vor der Versammlung. Obwohl er selbst, noch immer nackt, vor dem Spiegel seinen Bart zurechtstutzte, drängte er uns: «Jetzt beeilt euch, wir müssen gehen!» Mama schminkte sich eben die Augen. Ich war schon bereit, schlich mich ins

Badezimmer und beobachtete die beiden von hinten. Meine Schwester richtete sich im Kinderzimmer die Haare. Papa hasste dieses ewige Warten auf uns, er wäre immer lieber etwas früher da gewesen, egal, ob wir in die Versammlung oder auch sonst wohin gingen.

«Geh schon mal ins Auto, wir kommen nach!», rief meine Mutter dann genervt aus dem Badezimmer, was wie immer unnötig war, denn Papa war bereits aus der Wohnung gestürmt, hatte den Lift genommen, war in die Garage gestapft und hatte den Wagen vor die Haustür gefahren, wo er den Motor laufen ließ. Mama beeilte sich, sie hatte noch schnell die Küche aufgeräumt, uns die Kleider bereitgelegt und mir meine rotblonden Haare zu Zöpfen geflochten. Sie stand unter Druck, doch Schönheit war wichtig, dafür nahm sie sich immer die nötige Zeit. Ich ging ins Badezimmer, um ihr zuzuschauen, denn ich liebte ihre Schönheitsrituale. Unser Badezimmer war sehr groß, es hatte eine Dusche, eine Badewanne und sogar zwei Waschbecken. Darüber hing ein dreiteiliger Spiegelschrank. Mama öffnete immer die erste und die dritte Spiegeltür, sodass sie sich auch von der Seite und von hinten betrachten konnte. Sie toupierte ihre Haare und ihr Wuschelkopf vervielfältigte sich in den beiden Spiegeln wieder und wieder und wurde dabei immer kleiner. Wie lustig das aussah! Mama fragte dann immer: «Soll ich heute so in die Versammlung kommen?», worauf ich vehement den Kopf schüttelte und noch lauter lachte. Mir gefiel es, wie Mama daraufhin die toupierten Haare mit einem Kamm vorsichtig an den gewünschten Platz legte. Danach sprühte sie viel Haarspray auf die fertige Frisur und sagte: «Jetzt nicht einatmen!» Wir hielten beide den Atem an. Nachdem sie das restliche Spray in der Luft mit ihrer Hand zu verwedeln versucht hatte, atmete sie tief ein und trug als Letztes noch sorgfältig den Lippenstift auf. Schön sah sie aus, und auch wir wollten schön aussehen in der Versammlung.

Endlich bereit, setzten wir uns ins Auto. Wir hatten die Türen noch nicht richtig geschlossen, geschweige denn die Gurte angeschnallt, da drückte Papa schon aufs Gas und lag energisch in der ersten Kurve. Gereizt fuhr er jeweils noch schneller als ohnehin. Doch das war mir alles egal, denn ich war glücklich. Heute trug ich das erste Mal meinen dunkelblauen Samtrock und die neue weiße Rüschenbluse. Auf der Fahrt strich ich immer wieder über den weichen Stoff und fragte mich, was wohl Tante Livia dazu sagen würde. Ich fragte mich auch, wie lange es wohl dieses Mal dauern würde, bis meine weiße Strumpfhose eine Laufmasche hatte. Hoffentlich nicht, bevor ich mich Tante Livia gezeigt hatte.

Ich mochte diese Jahreszeit. Ich schaute aus dem Autofenster und freute mich über all die beleuchteten Weihnachtsbäume. Seit dem Mittag schneite es, ich fand das romantisch, da konnte die Stimmung im Auto noch so angespannt sein.

Die Fahrt dauerte etwa zehn Minuten. Wir mussten lediglich durch Naters fahren, dann über die Brücke die Rhone überqueren, die unser großes Dorf von Brig, der kleinen Stadt, trennt, und schon waren wir da. Unser Königreichssaal befand sich im weißen und höchsten Gebäude der Stadt. Wir von der Versammlung waren dort im Erdgeschoss eingemietet, was toll war, denn gleich neben dem Saal befand sich der Spielplatz, auf dem wir in den warmen, hellen Monaten nach der Versammlung spielen durften.

Tante Livia und Onkel Viktor kamen wie immer noch später als wir. Ich wartete in der Garderobe auf sie, um meine Kleidung zu präsentieren, aber auch, um meine ein Jahr alte Cousine Julia und meinen sechs Monate alten Cousin Juri zu sehen, beide süße Bébés. Mama sagte, die arme Livia habe sicher einen fürchterlichen Stress gehabt, sie stille ja noch den Kleinen, auch die Größere sei noch in den Windeln, und trotzdem sehe sie immer aus wie aus dem Ei gepellt. Ich wusste nicht, was Stress heißt, und schon gar nicht, was das mit süßen Bébés zu tun haben könnte, und auch nicht, was Livia mit Eiern gemeinsam hatte.

Da traten sie auch schon ein. Ich sprang meine Tante an, zeigte ihr meinen Rock, ihr huschte ein kurzes Lächeln über das Gesicht, welches gleich wieder erlosch. Sie wandte sich an meinen Onkel: «Die Große hat gerade in die Windeln gemacht, kannst du sie wickeln? Ich muss sofort den Kleinen weiterstillen, sonst fängt er gleich an zu schreien.» Onkel Viktor hatte noch den Wintermantel an, packte aber Julia, überlegte sich, ob er sie besser in der Garderobe oder doch in der kleinen Toilette wickeln sollte, die sich gleich neben der Garderobe befand. Er musste sich beeilen, da er heute den ersten Vortrag hielt.

Weil der Vorsitzende im Saal auf der Bühne bereits zum Lied und Gebet aufgerufen hatte, winkte mich meine Mutter herbei. Schade, ich hätte meinem Onkel gerne beim Wickeln auf dem Boden zugesehen, auf dem er zuvor eine Decke ausgebreitet hatte. Nie hatte ich außer ihm einen Mann ein Bébé wickeln, füttern oder in den Schlaf wiegen sehen. Meine Mutter sagte jedenfalls manchmal, Livia habe viel Glück, dass sie das nicht alles alleine stemmen müsse, und schaute dabei immer vorwurfsvoll in Richtung Papa. Dieser wiederum pflegte zu entgegnen: «Deine Schwester geht dafür viel öfter in den Predigtdienst als du, oder etwa nicht? Du könntest dir ein Stück von ihrer Disziplin und ihrer Vorbildlichkeit abschneiden. Selbst mit zwei Bébés geht sie regelmäßig von Haus zu Haus, und das bei jedem Wetter!»

Wir saßen heute in der fünften Reihe. Außer zwei, drei Brüdern und Schwestern, die heute wohl erkältet waren, waren wie immer alle da. Unsere Versammlung zählte etwa 40 oder 50 Erwachsene und ein paar Kinder. Ich freute mich sehr, denn heute sangen wir zum Auftakt endlich wieder einmal mein Lieblingslied: «Hab Dank, Herr Jehova, bei Tag und bei Nacht, ins kostbare Licht hast du uns gebracht.» Das Lied rührte mich, es passte irgendwie zu den Weihnachtsbäumen und zum Schnee da draußen, obwohl ich ja wusste, dass Jehova die Weihnachtsbäume ganz und gar nicht mochte. Weihnachten feierten nämlich nur die Weltlichen, das war ein heidnischer Brauch. Ich hatte keine Ahnung, was heidnisch war, aber ganz sicher etwas Falsches. Beim zweiten Refrain hob ich meine Stimme noch etwas an, was meine Eltern und der Bruder zwei Stühle neben mir mit einem kurzen Lächeln quittierten.

Oh, dieses Glück! Dank dir, Adele, kennen wir Jehova, unseren liebevollen Vater im Himmel. Es beruhigt mich so sehr, dass ich ihn jederzeit im stillen Gebet anrufen kann. Er wacht über mich und beschützt mich.

Die Freude verflog rasch, es folgten die zwei zähen Stunden. Zu meiner Enttäuschung nahm Tante Livia, die eben in den Saal kam, mit Julia und Juri zwei Reihen hinter uns Platz. Zu gern hätte ich die Kleinen beobachtet, so wäre die Zeit am schnellsten vergangen. Aber meine Eltern mochten es nicht, wenn ich nach hinten schaute. Onkel Viktor ging direkt auf die Bühne und begann zu sprechen. Die Brüder da vorne sprachen jeweils vom System der Dinge, von Gesalbten, von der Leitenden Körperschaft, vom Kreisaufseher, von Heimbibelstudien, Sonderpionieren, der Hure Babylon und Harmagedon. Predigen taten meist die Ältesten, so nannten wir die

Chefs in der Versammlung, oder auch die jungen Dienstamtsgehilfen. Wir hatten vier oder fünf Älteste, darunter mein Vater und auch Onkel Viktor.

Onkel Viktor stand noch nicht lange da vorne, aber mein Hintern begann bereits zu schmerzen. Oder war es eher ein Jucken? Jedenfalls musste ich auf meinem Stuhl etwas hin und her rutschen. Danach lehnte ich mich nach vorn, stützte meine Ellbogen auf die Knie und legte das Kinn in die Handflächen. Das mochte Papa eigentlich nicht, aber zum Glück sagte er heute nichts dazu. Ich studierte den neuen hellbeigen Teppich, den eine Gruppe von Brüdern im Herbst verlegt hatte. Dieses Hellbeige passte recht gut zu den dunkelbraun gepolsterten Stühlen. Ich kratzte manchmal mit den Fingernägeln über das grobe Polster, was irgendwie ein ekliges und doch befriedigendes Gefühl in den Fingerspitzen hervorrief. Zwei Reihen vor mir saß Elvira, eine ältere, alleinstehende Schwester, die Mama leidtat und die sie deshalb sonntags oft zu uns zum Essen einlud. Weil das Wetter heute nass war, hinterließen Elviras blaue Stiefel dunkle Flecken auf dem Teppich. Auch der geistig behinderte Peter, der erst gerade gestern Abend bei uns zu Besuch gewesen war, hatte seine Schuhe nicht gut auf dem Fußabstreifer am Eingang abgerieben. Dass der mit diesen Lederschühchen nicht ausgerutscht war, draußen im Schnee? Ich schaute zwischen den Flecken hin und her, welcher war eher trocken? Und hinterließen sie, wenn sie getrocknet waren, Schmutz? Wenn ja, welcher Fleck von beiden mehr? Langsam, sehr langsam begann der Fleck unter Peters Schuh zu verschwinden, es war kein Schmutz zu sehen. Elviras Fleck war noch da. Peter hatte gewonnen!

Ich lehnte mich zurück und gähnte. Daraufhin gähnten auch meine Mutter rechts und meine Schwester links von mir. Ob wir auch Papa angesteckt hatten? Ich lehnte mich nach vorne, damit ich ihn an Mama vorbei sehen konnte. Er gähnte nicht, aber ich kannte diesen Blick. Seine Augenlider waren leicht geschlossen. Würde er auch heute wieder einnicken? Gerade erst am letzten Donnerstag war ihm das passiert. Daraufhin hatten Linda und ich ihn zu Hause nachgeahmt und ausgelacht. Das fanden wir sowieso immer sehr lustig, wenn den Erwachsenen plötzlich der Kopf nach vorne fiel. Sie erschraken dann immer und schämten sich ganz furchtbar. Ich sank wieder zurück an die Stuhllehne und lehnte meinen Kopf an Mamas Arm. Sie stieß mich sanft wieder weg, da sie den Arm brauchte, um die Bibelstellen nachzuschlagen. Immer, wenn ein Bruder etwas direkt aus der Bibel vorlas, kündigte er zuvor die entsprechende Stelle an, und alle begannen, diese in ihren Bibeln zu suchen. Das gab ein lustiges Geraschel. Peinlich war es für den, der am längsten raschelte, denn der kannte die Bibel und die Reihenfolge der enthaltenen Bücher offensichtlich am schlechtesten.

Nun öffnete ich meine Tasche und nahm «Mein Buch mit biblischen Geschichten» heraus. In die Versammlung nahm ich nur dieses Bilderbuch mit, denn es wäre nicht gut gewesen, hier ein weltliches anzuschauen. Obwohl ich all die Bilder schon sehr gut kannte, blätterte ich noch einmal alles durch. Besonders das Bild von Adam und Eva im Garten Eden mochte ich sehr, da Eva so schöne braune, lange, wallende Haare hatte. Aber die Geschichte der beiden fand ich irgendwie eigenartig, da ich keinen Zusammenhang zwischen dem Apfel und der Strafe, die die beiden daraufhin erhalten hatten, herstellen konnte. Sie wurden nach dem Biss in den Apfel aus dem Paradies vertrieben, aber wohin? Was war dort zuvor gewesen, wo sie hingehen mussten? Und hatte Gott dann eine Mauer rund um das Paradies gebaut? Wenn ja, stand diese Mauer noch immer dort? Und wenn ja, bewachten die Engel sie noch immer? Das wollte ich eben meine Mutter fragen, aber sie winkte ab. Der Bruder vorne erzählte gerade etwas, das sie nicht verpassen wollte. Nach einigen Minuten sah sie mich an und fragte leise: «Was wolltest du fragen?» «Nichts», sagte ich, denn in der Zwischenzeit war ich bereits beim Bild vom Paradies angelangt, in welches wir kommen würden. Die Sonne schien, und alle Menschen und Tiere auf dem Bild sahen sehr glücklich aus. Ein Junge streichelte ein Reh und ein Mädchen sogar einen jungen Löwen. Dort würden wir also für immer leben. Auch dazu fielen mir viele Fragen ein, aber ich hatte jetzt gerade keine Lust, sie Mama zuzuflüstern. Ich würde sie dann beim Familienstudium am Mittwochabend stellen.

Ich gähnte wieder, aber dieses Mal war ich damit allein. Ich begann mit meinen Beinen zu zappeln. Zuerst langsam und nur leicht, dann immer schneller und höher, bis ich plötzlich an den vorderen Stuhl trat. Der Bruder vor mir, der darauf saß, erschrak und blickte kurz zurück. Mama flüsterte ihm «Entschuldigung» zu und sah mich böse an. Auch Papa hatte sich nach vorne gelehnt, um mich streng anzusehen. Mama hielt ihre Hand auf meine Knie, damit ich mit dem Zappeln aufhörte.

Nun wusste ich nicht mehr, was tun, es fiel mir einfach nichts mehr ein.

Endlich! Papa öffnete seine Mappe und zog die geliebte Bonbon-Schachtel heraus, das Zeichen für Halbzeit. Ich liebte diesen Duft nach Cassis, die Konsistenz der Bonbons, auf denen man herrlich herumkauen konnte. Kauen war besser, der Geschmack und die Süße waren dann intensiver. Ich konnte nicht widerstehen, obwohl ich wusste, dass Lutschen vernünftiger wäre, weil der Genuss so länger dauern und die Zeit ein klein wenig schneller vergehen würde. Wie immer bat ich meinen Vater leise flüsternd um ein zweites Bonbon. Ab und zu sagte er ja, aber heute leider nicht. Manchmal beobachtete ich ihn dabei, wie er sich heimlich ein zweites Bonbon in den Mund steckte, aber heute war er fair: eins pro Versammlung für jedes Familienmitglied. Linda hatte natürlich gelutscht und genoss sichtlich, dass sie als Einzige noch ein winziges bisschen Bonbon im Mund hatte. Sie wusste, dass ich sie von der Seite her beobachtete, tat aber so, als hätte der Bruder da vorne etwas außerordentlich Interessantes zu erzählen.

Die Teppichflecken und das Biblische-Geschichten-Buch interessierten mich nicht mehr, ich musste mir etwas anderes einfallen lassen. Das einzige Bild an der linken Wand, das eine paradiesisch grüne und schöne Landschaft zeigte, hatte ich schon so oft angeschaut, es gab darauf einfach nichts mehr zu entdecken. Ich wusste auch, dass vorne auf der Tafel hinter dem Bruder das Jahresmotto «Fürchte Gott und halte seine Gebote» hing, also durfte ich Mama nicht fragen, was dort stand. Meine Beine begannen wieder zu zappeln, doch meine Mutter legte erneut ihre Hand auf meine Knie.

Linda gähnte. Währenddessen überlegte ich mir gerade, ob ich wieder einmal die Stühle vor mir zählen oder lieber nachsehen wollte, wer von denjenigen in den vorderen Reihen heute wohl die Haare gewaschen hatte und wer eher nicht. Doch plötzlich: ein Gerangel, ein Kindergeschrei! Stefan, zwei Reihen vor uns, war wieder einmal unruhig, der konnte einfach nicht still sitzen. Selbst schuld, dachte ich, jetzt gibt's halt Haue. Mir tat er schon etwas leid, aber immerhin, es gab Abwechslung. Sein Vater packte ihn an den Ohren und versuchte, ihn vom Stuhl zu reißen, doch der Junge sagte halb schreiend, halb flüsternd: «Ich bin noch immer angebunden!» Ihm kullerten dabei die Tränen über das verzweifelte Gesicht. Der Vater löste rasch die Schnur, die um Stefans Hüfte gebunden und am Stuhl angebracht war, zerrte daraufhin den schreienden Jungen in die Garderobe und schloss die Saaltür hinter sich. Das Geschrei hinter der Tür nahm noch einmal hörbar zu, hielt für ein paar Minuten an, wurde irgendwann leiser und verstummte allmählich. Aber nun hörte man hinter der Tür auch Juri, meinen kleinen Cousin, schreien, denn meine Tante hatte ihn in der Zwischenzeit in der Garderobe gestillt. Oh je, der war bestimmt an der Brust eingeschlafen und nun wieder wachgeworden. «Wenn jetzt nur nicht Julia hinten auch noch zu weinen beginnt», dachte ich, versicherte mich mit einem kurzen Blick nach hinten und sah, dass sie brav auf dem Schoß von Onkel Viktor saß, an ihrem Schnuller lutschte und auf einem Stofftierchen herumdrückte.

Im Saal versuchten die Erwachsenen, den Lärm zu ignorieren. Wir Kinder waren froh, dass nicht wir da draußen waren, und heimlich auch dankbar für die Aufregung. Irgendwann flüsterte Stefans Mutter ihrem Größeren etwas ins Ohr, verließ schuldbewusst den Saal und ging in die Garderobe. Sie blieb draußen bei Stefan, während der sichtlich angespannte Vater zurück in den Saal kam und sich auf seinen Stuhl setzte. Ich sah ihm von hinten an, dass er traurig war. Ich glaube, Stefans Vater tat das nicht gerne, doch er musste, hieß es doch in der Bibel: «Wer seinen Sohn liebt, züchtigt ihn».

Aber nicht alle waren so lieb wie er. Manchen Brüdern und Schwestern verschaffte es Befriedigung, ihre Kinder zu schlagen, das hatte ich auch schon gesehen. Wir waren letzten Sommer einen Nachmittag lang bei einer Familie zu Besuch gewesen. Linda und ich spielten zusammen mit den zwei Kindern in deren Zimmer, als sich diese plötzlich gegenseitig mit Lego-Klötzen auf die Köpfe zu schlagen begannen. Sofort stand der Vater der beiden im Türrahmen des Kinderzimmers und zog langsam den Gürtel aus seiner Hose. Er schien diesen Moment zu genießen. Als der Gürtel endlich aus den Hosenlaschen war, schaute er seine Kinder lauernd an und fragte gemächlich: «Wer kommt zuerst mit?» Die Große antwortete sofort leise: «Ich.» Sie folgte ihm ins Elternschlafzimmer, aus dem kurz darauf fürchterliche Töne und Schreie herausdrangen. Nach ein paar Minuten kam er zu uns zurück, sah den Kleinen an und sagte: «Du bist am Abend dran, ich muss jetzt zurück zu den Gästen.» Er liebte diese harte Rolle und war stolz darauf. Ich verachtete ihn. Inzwischen war das Gespräch im Wohnzimmer verstummt, aber als der Mann zurückging, hörte ich ihn zu meinem Vater sagen: «Wo waren wir stehen geblieben?» «Ob ihr nun mit dem Auto nach Spanien fahren solltet oder ob euch ein Flug doch günstiger kommen würde», erwiderte mein Papa. Ich hörte in seiner Stimme die Anstrengung heraus, möglichst normal zu klingen. Als wir uns gegen Abend verabschiedeten, war der kleine Junge ganz bleich im Gesicht. Er hatte den ganzen weiteren Nachmittag lang kaum mehr ein Wort gesagt.

Auch Stefan musste lernen still zu sitzen, und wenn das für einen Vierjährigen auch noch so schwierig sein mochte. Doch das hier war wichtig, es war unser Gottesdienst, hier lernten wir, was es bedeutet, echte Diener Jehovas zu sein. Hier lernten wir, von Haus zu Haus zu gehen und zu predigen, schlussendlich würde uns das hier Gelernte das Leben retten am letzten Tag. Die Alternative wäre die ewige Vernichtung, war es das etwa nicht wert, hier einmal still zu sitzen? Ja, Stefan, das musst du noch lernen, so wie ich das auch lernen musste. Zum Glück musste man mich dafür nicht an den Stuhl binden.

Endlich, nach dem Schlusslied, das Schlussgebet. Dieses gemeinsame, erlösende «Amen»! Ich schrie es fast aus mir heraus, sprang sofort auf zu meiner Tante und küsste rasch meine kleine Cousine. Aber sie mussten gleich nach Hause gehen. Die Kleine brauchte ihr Fläschchen, und sie wollten vermeiden, dass sie zuvor im Auto einschlief und sie sie dann wieder wecken müssten. Und der Cousin musste rasch gewickelt werden, was zu Hause praktischer war. So rauschten sie unverzüglich davon, mit schlechtem Gewissen, da sie sich nicht anständig von den Glaubensbrüdern und -schwestern verabschieden konnten. Ich wandte mich derweil an Verena, meine Lieblingsschwester der Versammlung, und hoffte, dass sie meinen Rock bemerkte.

Also, wenn ich wie du die Wahl gehabt hätte – still sitzen oder nicht still sitzen –, ich weiß nicht, ob ich so ein guter Mensch wäre, wie du es gewesen bist. Adele, ist es mehr wert, wenn jemand freiwillig in die Versammlung geht, so wie du? Oder zählt es mehr, wenn man dabei leidet, so wie ich?

Draußen war es bitterkalt geworden. In der Zwischenzeit hatte es aufgehört zu schneien. Mein Vater war noch immer schlecht gelaunt, ich verstand nicht genau weshalb. Wir setzten uns alle ins Auto und schnallten uns an.

«Nächsten Donnerstag gehen wir ausnahmsweise nicht in die Versammlung», sagte Mama geheimnisvoll, sobald Papa den Motor gestartet hatte.

«Wieso denn?», fragte Linda.

«Es ist so, dass nächsten Donnerstag Abendverkauf in Brig ist. Die Geschäfte haben neuerdings am Donnerstag vor Weihnachten auch abends geöffnet, sodass die Leute noch Zeit haben, ihre Weihnachtsgeschenke zu kaufen.»

«Feiern wir denn dieses Jahr auch Weihnachten?», fragte ich hocherfreut.

«Nein, natürlich nicht, das dürfen wir nicht», antwortete Mama streng. Dann sah sie uns lächelnd an: «Papa und ich haben uns überlegt, dass wir nächsten Donnerstag mit euch auf die Regionalbank gehen. Dort dürft ihr den Zins eures

Sparkontos abheben und euch davon etwas kaufen gehen im Abendverkauf. Und danach gehen wir alle vier Pizza essen!»

«Juhui!», rief ich laut.

«Super Idee, merci Mama!», stimmte Linda ein.

«Ich werde mir eine Puppe, die pinkeln kann, kaufen», fuhr ich fort.

«Und ich die Kassette von Nena!», jubelte Linda.

Papas Laune wurde langsam besser. Er beteiligte sich an unserem Lieblingsspiel im Dezember: Wir zählten die Weihnachtsbäume auf dem Heimweg. Ich saß links, hinter meinem Vater, Linda rechts, hinter Mama. Papa und ich waren eine Gruppe. Wir verloren: Auf unserer Seite gab es auf dem gesamten Nachhauseweg lediglich 27 Bäume, rechts hingegen 35. Ich war etwas betrübt, freute mich aber auf nächsten Donnerstag. Und auf daheim. Die Eltern würden eine Flasche Rotwein öffnen und sich endlich entspannen. Wir würden unsere Schlafanzüge anziehen und die Zähne putzen.

Dann kamen sie zu uns ans Bett. Weil es heute wegen der Versammlung spät geworden war, fiel die Gutenachtgeschichte aus, aber das Abendgebet, das gab es immer. Ich sog nach dem Gutenachtkuss den Duft meiner Mutter und den von Papa auf und war froh, dass erst in drei Tagen wieder Versammlung war. Morgen Abend würde uns Papa wieder aus dem «Rösslein Hü» vorlesen.

Die Heimat
Februar 1983

Papa arbeitete viel. Er konnte Häuser bauen und hatte uns auf der Bettmeralp ein eigenes klitzekleines Chalet erstellt. Mama hatte alles drinnen im Haus auswählen dürfen: die Möbel, die Böden, die Vorhänge, die Teller und Gläser, das Sofa, die Bettwäsche, alles. Es gab sogar ein Cheminée, in dem Mama nach dem Skifahren jeweils ein Feuer machte, damit wir unsere kalten Hände und Füße aufwärmen konnten. Wir waren außer uns vor Freude, als wir hier unsere ersten Skiferien verbringen durften.

Es war ein perfekter Wintertag gewesen: eiskalt, aber die Sonne schien am stahlblauen Himmel. Papa war in Hochform. Mama und Linda waren schon etwas früher nach Hause gegangen; Mama, um einzufeuern und das Abendessen vorzubereiten, und Linda, um als Erste warm duschen zu können. Papa und ich kehrten noch in eine Berghütte ein, wo er für sich einen Schnapskaffee und für mich eine heiße Schokolade bestellte. «Das wärmt den Bauch. Das brauchen wir für die letzte Abfahrt, wirst sehen», sagte er geheimnisvoll zu mir. Nachdem wir ausgetrunken hatten, beglich Papa die Rechnung, und ich zog wieder meine warme Mütze, die dicke Ski-Jacke und die Handschuhe an. Draußen stiegen wir in unsere Skier und kurvten den kurzen Weg zur Talstation der Bergbahn hinunter, an der die vielen kleinen roten Gondeln hingen. Die fuhren auf das Bettmerhorn, und genau dort hinauf wollten wir vor Feierabend noch einmal. Wir ließen allen anderen Skifahrern den Vortritt und bestiegen voller Freude die allerletzte Gondel des Tages. Von dort aus sahen wir, dass die Sonne schon sehr tief am Himmel stand und dass unten auf den Pisten nur noch sehr wenig Leute waren. Sobald wir oben ausgestiegen waren und Papa unsere Skier aus der Halterung gehoben hatte, wurde die Anlage abgestellt. Diese plötzliche Stille hatte etwas Sonderbares an sich, und wir trauten uns kaum, Lärm zu machen. «Schau mal da vorne, die Sonne geht gleich unter», flüsterte mir Papa zu. «Wir warten jetzt hier und schauen zu, wie sie untergeht, und danach gehört die Piste uns ganz alleine.» Ich folgte Papa ehrfürchtig auf eine Holzbank und setzte mich neben ihn.

«Ist dir kalt?», fragte er mich. Ich schlotterte und flüsterte: «Nein.» Er hob mich auf seinen Schoß und umarmte mich mit seinen starken, warmen Armen. Während der ganzen Zeit sprachen wir kein Wort, wir schauten bloß und staunten. Die goldene Sonne verschwand plötzlich ganz rasch hinter einem weißen Berggipfel, und sogleich färbten sich zuerst der Himmel, dann auch die Berge und der Aleschgletscher rosa. Meine Lieblingsfarbe! Ich war ganz verzückt. «Jehova hat das alles so schön gemacht!», sagte ich. «Ja, das hat er», entgegnete mein Vater und drückte mich mit seinen Armen, die noch immer um mich geschlungen waren, noch etwas fester an sich. Dann streckte er seinen Finger aus und sagte: «Schau, dort hinten ist das Matterhorn. Das ist ein ganz besonderer Berg. Nur um einmal in ihrem Leben diesen Berg zu sehen, reisen Menschen aus der ganzen Welt hierhin, sogar von Japan und Amerika kommen sie.»

«So, Feierabend», rief uns plötzlich ein Mann von Weitem zu. «Tut mir leid, aber ich mache die letzte Pistenkontrolle, ihr müsst nun los, da ich der Letzte sein muss.»

Papa winkte ihm zu und half mir, meine Skier anzuschnallen. Dann nahm er mich mit den Skiern zwischen seine Beine, hielt mich fest und rief: «Jetzt geht's los!» Daraufhin sauste, nein, raste er mit mir die Piste hinunter. Die Berge waren nicht mehr rosa, sondern rot geworden. Ich schwelgte in purem Glück, war überwältigt vom atemberaubenden Tempo, berauscht von der Schönheit der Natur, berührt von der Nähe zu meinem Vater. Pausenlos sang ich laut «Stille Nacht, heilige Nacht». Obwohl das ein Weihnachtslied war, das wir eigentlich nicht singen durften, war mein Vater so glücklich darüber, dass ich so glücklich war, dass er nichts dazu und auch nichts dagegen sagte. Ich fühlte mich eins mit allem, mit dem Schnee, den Bergen, mit Gott und allem voran mit meinem Vater.

Als ich am Abend, nachdem Papa an unserem Bettrand das Gutenachtgebet gesprochen und uns einen Kuss gegeben hatte, neben Linda mit einer warmen Bettflasche im Kinderzimmer lag, versuchte ich noch einmal, dem Gefühl, das mich auf der Skipiste erfüllt hatte, nachzuspüren. Es erinnerte mich an einen Spätsommertag im letzten Jahr. Wir wanderten oft, und obwohl ich Wandern grundsätzlich langweilig fand, so konnte ich mich doch dem Sog der Natur nicht entziehen. Dem Sog, der stärker und tiefer wurde, je länger und je weiter man gelaufen, je müder man geworden war. Die Majestät der Berge, die Wiesen mit ihrem herben Duft berauschten und die klaren Bächlein, über die wir springen mussten, beglückten mich. Das alles war viel größer als ich, viel älter und viel tiefer. So, wie ich mir auch Gott vorstellte: viel größer, älter und tiefer als ich. Nicht, dass das ein Dauerzustand gewesen wäre, viel öfter jammerte ich, dass ich nicht mehr laufen wolle, sagte Mama. Ich hätte Hunger oder Durst, ich wolle mich jetzt endlich etwas hinsetzen. Aber ich wusste: Diese Momente kamen, sie erfassten mich, ich konnte und wollte mich nicht gegen sie wehren, ich konnte sie jedoch auch nicht festhalten, sie verschwanden so plötzlich, wie sie gekommen waren, und ich nahm wieder den vor mir liegenden schmalen, steilen Weg wahr und spürte, wie die grelle Sonne auf meinen ohnehin schon heißen Kopf schien. Ja, und abends wäre ich dann wieder übersäht mit diesen hässlichen Sommersprossen!

An diesem Tag zum Ende des Sommers hin waren wir bis auf den Gipfel des Berges hinaufgewandert, auf dem wie üblich ein Kreuz stand. Das Symbol der falschen Religion! Auch am Morgen, im Dorf, hatte ich viele Kreuze gesehen. All diese Kreuze hier, all die Marienstatuen entlang der Gehwege, die Teil meiner Heimat waren, zeigten mir immer wieder, dass das eben nicht meine Heimat war, dass diese Berge und Wiesen und Wege den Weltlichen gehörten. Überall sprang es mir entgegen: Du gehörst hier nicht dazu, denn das ist unser Land!

Doch hatte nicht Gott dieses Land erschaffen? Und dieses Tal? Für wen tat er das? Etwa nicht für alle? Es betrübte mich, dass mir irgendetwas innerhalb oder außerhalb von mir verbot, diese Gegend meine Heimat nennen zu dürfen.

Ich bin neidisch auf dich, Adele. Du hattest eine echte Heimat. Dein Saanenland, das du nie verlassen musstest. Aber ich mit diesem fremden Namen, dieser anderen Religion, ich darf das Wallis nicht meine Heimat nennen. Weißt du, was eine Nachbarin meiner Mutter in der Waschküche einmal gesagt hat? Sie könne dann waschen, wenn alle Walliser gewaschen hätten!

Und doch fühle ich mich im Wallis etwas heimisch, auch ein bisschen im Saanenland, ein klein bisschen sogar in Rorschach am Bodensee, wo Papa aufgewachsen ist. Aber sicher, ganz sicher gehöre ich nur an einen Ort: zusammen mit meiner Familie und mit unseren Glaubensbrüdern und -schwestern in die Versammlung. Sie sind alle hierhergezogen, keiner gehört hier eigentlich hin, aber wir sind vereint in unserem Glauben. Die Wahrheit ist unsere Heimat.

Die Schule
August 1983

Linda und ich waren berauscht und gestärkt vom Alpsommer auf der Bettmeralp. Papa war meist unten im Tal geblieben, da er arbeiten musste. Mama und wir aber hatten uns so an die dünnere Luft und die steilen Wege gewöhnt, dass wir problemlos jede Höhe erklimmen konnten. Mama nannte uns «meine zwei Gämsen».

Ich war im Sommer besonders glücklich gewesen, denn ich freute mich auf die Zukunft. Da ich ein großes, starkes und weit entwickeltes Kind war, schickte man mich bereits mit sechs Jahren zur Schule. Was für ein Glück, denn das hieß, dass ich nicht noch ein Jahr warten musste, um endlich auch eine Schultasche tragen zu dürfen. Mama war in der letzten Ferienwoche mit mir runter ins Tal nach Brig gefahren, damit ich mir eine Tasche aussuchen konnte. Ich tat mich immer schwer mit Entscheidungen. Selbst wenn wir im Restaurant einen Eisbecher bestellen durften. Am liebsten hatte ich Coupe Dänemark, aber zur Sicherheit studierte ich lieber doch immer noch einmal die Karte mit den schönen Bildern: Banana Split, Heiße Liebe, Coupe Dänemark, Pêche Melba, Romanoff, Ice Café, Belle Hélène oder doch ein Frappé? Ich wartete immer bis zu dem Moment, in dem die Bedienung langsam mit ihrem Schreibstift zu wackeln begann und von einem Bein aufs andere trat, Papa seufzte, Mama die Augen verdrehte und Linda böse schaute. Das war dann der Augenblick meines Bauchgefühls, und das sagte schließlich doch: «Coupe Dänemark!»

Weil Mama diese Angewohnheit von mir kannte, hatte sie sich genügend Zeit für unser Vorhaben reserviert. Wir gingen in ein großes Geschäft, das auch Damenmode und Accessoires führte. Gleich am Eingang waren die Schultaschen aufgestellt, dahinter begannen die Frauenkleider. Mama sagte, ich hätte Zeit, ich solle in aller Ruhe aussuchen. So viel Auswahl! Es gab sicher zehn oder zwölf verschiedene Taschen, die Hälfte davon für Mädchen. Als sie nach langer Zeit zurückkam – sie hatte sich in der Zwischenzeit eine neue Herbstjacke und einen Rock für die Versammlung gekauft, dazu Ohrenclips, eine neue Diensttasche und eine Sonnenbrille –, strahlte sie mich an: «Außer der Jacke alles Ausverkauf! Und du? Welche Schultasche gefällt dir am besten?»

«Ich weiß nicht so recht, ich kann mich nicht entscheiden.»

Meine Mutter atmete einmal ruhig ein und wieder aus. «Ist nicht Rot deine Lieblingsfarbe?» – «Doch.» – «Dann nimm doch die rote?» – «Aber es gibt zwei rote, eine mit einer Ente drauf und eine mit einem Bären. Welche würdest du nehmen, Mama?»

«Die mit dem süßen gelben Entlein», antwortete Mama, und ich sagte: «Ja, die nehme ich. Die wollte ich von Anfang an.»

Jetzt stand ich also auf dem Balkon für das letzte Foto vor dem großen Augenblick. Ich war unglaublich nervös, aber auch sehr stolz in meinem neuen Kleid. Dieses war aus hellblauem Stoff mit roten, kleinen Kirschen darauf. Meine Mutter hatte mir einen Zopf geflochten, ich gefiel mir selbst sehr gut. Ich stellte mich etwas schräg hin, damit man auf dem Bild auch die Schultasche sehen konnte. Ich freute mich, dass im Wohnzimmer schon bald auch ein Foto von mir neben dem von Linda hängen würde. Sie hatte ihren ersten Schultag bereits vor vier Jahren gehabt, und ich schaute mir ihr Bild immer wieder gerne an und stellte mir dabei vor, wie ich daneben aussehen würde. Nun war es so weit: Mama drückte den Auslöser. Leider würde ich lange warten müssen, bis der Film voll und entwickelt sein würde, denn sie hatte eben erst eine neue Rolle eingelegt.

Am zweiten Tag kam Mama nicht mehr mit. Sie erklärte mir, dass ich fortan mit Luca, meinem gleichaltrigen Freund und Nachbarn, zur Schule laufen könne. Er hatte fast dieselbe Schultasche wie ich, nur war seine blau, aber auch er hatte die mit dem gelben Entlein gekauft.

Luca klingelte von nun an jeden Morgen an unserer Haustür. Immer, wenn er klingelte, war ich noch dabei, mir die Zähne zu putzen, und meine Haare musste ich auch noch kämmen. Mama bat ihn hinein und schimpfte jeden Morgen mit mir: «Jetzt muss Luca wieder auf dich warten. Kannst du nicht etwas schneller machen?» Dann wandte sie sich an Luca und sagte: «Geh du doch schon mal vor, du brauchst nicht auf die Dame zu warten, so kommst wenigstens du nicht zu spät zum Unterricht.» Luca schüttelte wie immer den Kopf. Er wartete lieber auf mich, auch wenn das bedeutete, dass er danach mit mir den ganzen Weg lang rennen musste.

Ich mochte ihn sehr. Seit ich mich erinnern konnte, war er in meinem Leben, und wir hatten schon vor der Schulzeit viel zusammen gespielt. Luca war nur gerade neun Tage jünger als ich. Er hatte keine Geschwister, umso glücklicher war er, wenn er mit mir zusammen sein konnte. Bei ihm gab es stets Hauswurst zum Zvieri, und jedes Mal versicherte mir seine Mutter, dass in dieser Wurst kein Blut sei, denn Mama hatte ihr erklärt, dass wir Zeugen Jehovas kein Blut essen durften. Luca hatte tolle Jungen-Spielsachen, am liebsten spielten wir mit Autos. So waren wir auch sehr froh, dass wir in dieselbe Klasse eingeteilt wurden.

Mein Schulanfang lief gut, ich mochte die Schule, ich war richtiggehend verliebt in meine schöne, junge, blonde Lehrerin.

Doch in den kommenden Monaten merkte ich immer deutlicher, dass wir anders waren. Erst nach und nach ahnte ich, was es genau bedeutete, dass all die anderen Kinder weltlich waren, ich aber in der Wahrheit. «Sie sind kein Teil der Welt, so wie ich kein Teil der Welt bin», sagte Jesus in der Bibel über uns, und langsam verstand ich, was er damit meinte. Ich hatte in der Versammlung gelernt, dass uns die Weltlichen beobachteten und wir deshalb immerzu «Zeugnis» ablegen sollten. Das bedeute nicht, dass wir pausenlos predigen müssten, doch auch durch unser Handeln und Verhalten würden wir eben Zeugnis ablegen. Wir sollten vorbildlich sein, denn als seine Zeugen trügen wir Jehovas Namen auf uns. Niemals sollten wir dies vergessen und immer auf der Hut sein, dass sein Name nicht beschmutzt werde.

Dass ich anders war, schien auch Luca plötzlich zu merken und zu stören. Er klingelte zwar noch immer jeden Morgen an meiner Tür, wartete dort auf mich, um dann mit mir zur Schule zu eilen. Spätestens auf dem Kirchenplatz entfernte er sich aber nach und nach von mir. «Kommst du mit mir in die Pause?», fragte ich ihn zu Anfang immer, aber er schüttelte jeweils den Kopf und rannte zu den anderen Jungs der Klasse. Er näherte sich mir auf dem Nachhauseweg erst wieder, wenn wir fast zu Hause waren. Luca gehörte dazu, ich war anders, das war plötzlich sonnenklar. Mich kränkte seine Feigheit, aber ich konnte ihn auch ein bisschen verstehen.

Obwohl ich die Schule mochte, merkte ich, dass sie stark von der falschen Religion geprägt war. In jedem Schulzimmer hing ein großes Holzkreuz an der Wand. Der Morgen begann jeweils mit einem Gebet, zu dem wir alle aufstehen mussten.

Ich stand auch immer auf, sah aber nicht zum Kreuz hin, wie die anderen, und brummelte auch nicht das Gebet mit. Ich starrte jeden Morgen strikt auf die Wandtafel und hoffte, der Moment möge bald zu Ende sein. Einmal pro Woche gab es Religionsunterricht, einmal Bibelunterricht und einmal gingen alle meine Klassenkameraden zur Messe. Und dann diese Feiertage: Weihnachten, Silvester, Fasnacht, Ostern. Wir Zeugen Jehovas, wir einzig wahren Diener Gottes, wussten, dass das alles heidnische Feierlichkeiten waren. In der Zwischenzeit verstand ich auch, was heidnisch bedeutete: Das waren Bräuche, die die Menschen gepflegt hatten, bevor unser Gott seinen Sohn Jesus Christus auf die Welt geschickt hatte. Die Weltlichen hatten diese Bräuche einfach behalten und sie in ein christliches Mäntelchen verpackt. Ja, eine Mogelpackung vom Teufel war das alles, und es schmerzte Gott.

Nun ja, ich konnte nichts dagegen tun, aber eines war toll: Ich hatte jede Woche drei Stunden lang schulfrei. Dafür mussten die anderen Kinder nicht dreimal pro Woche abends in die Versammlung gehen, hatten kein Familienbibelstudium und mussten am Mittwochnachmittag oder am Samstag auch nicht in den Predigtdienst. Blöd und auch etwas peinlich fand ich aber auch, dass ich immer etwas anderes basteln musste als der Rest der Kinder: Monde statt Weihnachtssterne, Puppen statt Fastnachtsmasken, Kugeln statt Ostereier. Hauptsache, nichts würde auf diese blöden Feiertage hinweisen, die ich so liebend gerne mitgefeiert hätte. Immerhin, wenigstens die Fastenzeit blieb mir erspart – doch ausgerechnet diese ließen die anderen auch aus!

Das ist hart. Das findest du bestimmt nicht. Du, meine Urgroßmutter, bist genau 90 Jahre vor mir, im Jahr 1887, geboren. Deine Mutter ist in der Irrenanstalt gestorben. Mama hat mir erzählt, dass sie ihr Zwangsjacken angezogen, ihr elektrische

Schläge gegeben und sie tagelang in einer Badewanne eingesperrt hatten, die mit einem Deckel, aus dem nur gerade der Kopf hervorlugte, verschlossen war. Nach dem Tod deiner Mutter heiratete dein Vater, der Lehrer, das Dienstmädchen, welches du nicht gern hattest. Du warst böse auf die beiden, dass sie schon zusammen waren, als deine Mutter noch lebte. Das alles war hart, da hast du recht.

Mama sagt, früher sei alles schlimmer gewesen. Trotzdem bin ich manchmal traurig, ganz besonders an Heiligabend. Mama und Papa tun so, als ob das ein ganz normaler Abend wäre. Aber das stimmt nicht. Ich weiß, dass dann alle anderen Kinder Geschenke auspacken dürfen, dass sie um einen geschmückten Baum im Wohnzimmer Lieder singen und ein Festessen genießen. Und dann gehen sie an die Mitternachtsmesse und treffen dort all die anderen Kinder aus der Schule.

Das erste Mal, als ein Kind in der Schule seinen Geburtstag feierte, stand ich vor einem echten Problem. Marco hatte einen Kuchen mitgebracht, den er in der Pause von der Lehrerin anschneiden lassen und mit allen Kinder teilen durfte. Mama hatte mir zwar erlaubt, von den Geburtstagskuchen zu essen, aber ich hatte nicht daran gedacht, dass die Kinder davor ein Geburtstagslied singen würden. Ich hatte keine Ahnung, was ich tun sollte. Ich musste ein Stück von diesem schönen, duftenden, mit Puderzucker bestreuten Zitronenkuchen haben, keine Frage. Aber ich durfte nicht mitsingen. Wie frech das wäre, nicht für Marco zu singen und dann doch von seinem Kuchen zu essen! Aber ich wollte doch auch Jehova auf keinen Fall kränken. Die Lösung meines Problems fiel mir genau in dem Moment ein, als die Klasse «Zum Geburtstag viel Glück!» anstimmte: Ich sang nicht mit, bewegte aber meine Lippen so, als würde ich singen. Ich genoss das Stück Zitronenkuchen und bat Gott zur Sicherheit am Abend vor dem Schlafen trotzdem noch rasch um Vergebung.

Adele, du hast keine Ahnung, was es heißt, nicht an ein Geburtstagsfest gehen zu dürfen. Eingeladen sein bedeutet Freundin sein oder nicht Freundin sein, verstehst du das?

Die Freundin
Oktober 1984

Zum Glück erlernten wir Kinder den Walliser Dialekt bereits im Kindergarten sehr schnell. Das verringerte das Anderssein etwas, doch Mama mit ihrem Saanendeutsch und Papa mit seinem Ostschweizer Dialekt entlarvten uns stets. Sie klangen anders, das war peinlich und zog sofort die Aufmerksamkeit der anderen Kinder auf uns.

In der Schule sagten sie nicht, wir seien in der Wahrheit, sondern in einer Sekte. Ich versuchte, möglichst nicht aufzufallen, keine Angriffsfläche zu bieten und so nicht unnötig Spott auf mich zu ziehen. Durch meine roten Haare fiel ich schon genug aus dem Rahmen, wenigstens sprach ich inzwischen Walliserdeutsch. Einmal hatte mir ein Mädchen laut und lange «Insekte, Insekte, Insekte» nachgerufen, was mich traurig gestimmt hatte. Ich verstand nicht, warum meine Eltern, nachdem ich ihnen am Mittagstisch davon erzählt hatte, laut lachen mussten.

Linda war es unangenehm, dass wir zu Hause anders sprachen. Mehr noch: Linda litt überhaupt darunter, dass wir anders waren. Das merkte ich immer wieder bei verschiedenen Gelegenheiten. Sie wollte etwa nicht, dass ich sie auf dem Schulweg oder auf dem Pausenplatz ansprach. Ich versicherte ihr, vor den anderen Kindern immer in Walliserdeutsch mit ihr zu sprechen. Sie winkte trotzdem ab. Ich beobachtete sie manchmal von Weitem, doch sobald sich unsere Blicke kreuzten, sah sie rasch weg. Ich hätte mir gewünscht, mich manchmal unter den Schutz der großen Schwester stellen zu können. «Ich bin seit vier Jahren an dieser Schule, und ich sage dir, du musst selber lernen, dich hier zu behaupten», meinte sie nur.

Der Pausenplatz war der Ort der Spiele und Kämpfe. Weil Naters ein großes Dorf ist, war die Schule riesig, vier Klassen mit jeweils etwa 20 Kindern pro Jahrgang. Der Lärm während der Pausen war ohrenbetäubend, was mir aber recht war, denn unser Pausenplatz befand sich gleich neben dem Friedhof, den ich gruselig fand. Wäre ich mir nicht sicher gewesen, dass die Toten wirklich nichts mehr hören konnten, sie hätten mir fast leidgetan. Ruhe jedenfalls würden sie hier nicht finden.

Wie in jeder Klasse hatten auch wir ein paar Jungs, die ständig in Schlägereien verwickelt waren. Gleich zu Beginn, in der ersten Klasse, hatten sie auch versucht, einige von uns Mädchen zu verprügeln, doch Sofia aus unserer Klasse hatte ihnen das schnell ausgetrieben. Sofia faszinierte und erschreckte mich von der ersten Stunde an. Sie war ein sehr schönes Mädchen, fein gebaut, mit langen, dicken, blonden Haaren und großen, blauen Augen. Sie sang wie ein Engel und malte die schönsten und farbigsten Bilder. Doch sie benahm sich wie ein Junge, war sehr mutig und hatte sich ein paar Mal mit den gefährlichsten, größten und stärksten Jungs geprügelt. Dank Sofia hatten wir Mädchen Ruhe, aber sie war unsere Chefin, der wir bedingungslos gehorchen mussten, ja, wir mussten tun und lassen, was sie wollte. Ich war Sofia dankbar, aber ich fürchtete sie.

Als Linda und ich eines Abends in unserem Zimmer in den Betten lagen, vertraute ich mich ihr an: «Linda, Sofia ist wirklich gemein. Sie sagt uns allen immer, was wir tun sollen. Sie tut so, als ob sie die Chefin wäre. Heute Morgen in der Pause befahl sie mir, ihr mein Brötchen zu geben, weil es feiner aussah als das ihre. Ich wollte nicht tauschen, aber dann sagte sie, ob ich gesehen hätte, wie sie Mario verprügelt habe. Nur ihr hätte ich es zu verdanken, dass mich Mario noch nie geschlagen habe, so rote Haare, wie ich hätte, und so anders, wie ich und meine Familie seien. Ich gab ihr das Brötchen, aber ging dann aufs WC, um zu weinen. Ich finde das so gemein. Kannst du nicht einmal mit ihr reden? Du bist so viel größer als sie. Alle älteren Brüder und Schwestern helfen ihren jüngeren Geschwistern, kannst du mir nicht auch helfen?»

Linda überlegte kurz, dann entgegnete sie mir: «Ich rede mit ihr. Dir das Pausenbrötchen wegnehmen, das ist wirklich gemein. Aber jetzt schlaf, ich bin todmüde.»

Am nächsten Tag lief ich selbstbewusst zur Schule. Ich hatte nun Linda im Rücken, was meine Position ungeheuer stärkte. Die milde Herbstsonne, die eben aufgegangen war und mein Gesicht wärmte, gab mir noch mehr Zuversicht. Kinder mit älteren Geschwistern auf dem Pausenplatz genossen nämlich sehr viel mehr Respekt als solche ohne. Als ich beim Schulhaus ankam, sah ich bereits von Weitem, wie sich Linda und Sofia etwas von den anderen Kindern absonderten und sich zum Rand des Schulhausplatzes begaben. Dieser befand sich zwischen dem oberen Schulhaus, in das Linda inzwischen ging, und dem unteren, welches wir Jüngeren besuchten. Ich setzte mich diskret auf das Mäuerchen unter dem Baum, suchte mir einen Schattenplatz, sodass man mich nicht sofort sehen konnte. Von hier hatte ich eine gute Sicht auf die beiden. Ich war so aufgeregt und freute mich, dass endlich jemand Sofia die Meinung sagen würde. Wie schade, dass ich nicht hören konnte, was sie sagten!

Als die beiden unter sich waren, sah ich, wie Linda mit geradem Rücken und erhobenem Haupt zu sprechen begann.

Kurz darauf stemmte Sofia die Hände in die Hüfte. Sie hob ihren Kopf, und ich beobachtete, wie sie keck zu Linda aufschaute und das Gespräch übernahm. Linda sagte nichts mehr, ich sah nur, dass ihr Rücken immer krummer wurde und sie den Kopf etwas senkte. Oh nein, was war da los? Kurz darauf drehte sich Sofia um und hüpfte fröhlich zurück ins Kindergetümmel. Linda lief langsam und zögerlich Richtung Schulhauseingang und zwang sich offensichtlich, mich dabei nicht anzusehen. Ich war am Boden zerstört und fiel in mir zusammen.

Nachdem wir zu Hause zu Mittag gegessen hatten – unsere Eltern sprachen wie fast immer von Papas Arbeit –, zog sich Linda rasch in unser Zimmer zurück. Ich folgte ihr. «Wie ist es gelaufen? Was hat Sofia gesagt?»

«Ach die, die ist einfach rotzfrech. Vergiss sie einfach, so eine lässt sich nichts sagen. Ich habe dir gesagt, du musst lernen, dich selber zu behaupten. Wenn sie dein Brötchen will, musst du ihr selber sagen: ‹Kommt nicht infrage.› Sofia ist keine, die sich von einer älteren Schwester beeindrucken lässt.»

Sofia gab auch am nächsten Tag vor, was wir Mädchen zu spielen hatten. Momentan spielten wir die Schlümpfe und ich war froh, dass ich wusste, was die Schlümpfe waren. An den Abenden, an denen wir nicht Versammlung hatten, durften Linda und ich immer eine halbe Stunde lang fernsehen. Dadurch konnten wir zum Glück mitreden.

Wir spielten also die Schlümpfe. Sofia war selbstverständlich die Schlumpfine. Sie bestimmte dann, wer von uns Papa Schlumpf war, wer Schlauby, wer Hefty, wer Clumsy und so weiter. Glücklicherweise hatte sie mich nie dazu angehalten, der Bösewicht Gargamel oder dessen Kater Azrael zu sein.

Heute war ich Clumsy. Dann sagte Sofia zu der stillen, schüchternen, kleinen Miriam: «Du bist Gargamel!», und sah sich gleich nach dem passenden Azrael um. Miriam brach in Tränen aus. Normalerweise waren dumme oder dicke Mädchen oder solche mit Brille Gargamel, warum plötzlich Miriam? Sie sagte: «Nein, ich spiele nicht Gargamel.» – «Dann musst du wohl alleine weiterspielen.» Miriam tat mir unendlich leid. Ich nahm meinen ganzen Mut zusammen, sah Sofia an und sagte: «Dann gehe ich auch. Such dir einen anderen Clumsy.» Miriam und ich entfernten uns von der Gruppe und stellten erleichtert fest, dass uns niemand folgte.

Schon am nächsten Vormittag ging Miriam in der Pause zu Sofia und sagte ihr, es sei in Ordnung für sie, Azrael zu sein, aber bitte nicht Gargamel. Sofia nahm sie wieder in die Gruppe auf. Ich entschied mich, alleine zu bleiben, ich fürchtete, ich hätte zur Strafe Gargamel sein müssen. Sowieso hatte ich keine Lust mehr auf Sofias Spiele.

Nun wurden die Pausen schwieriger für mich. Alleine zu stehen war gefährlich, jederzeit konnte man von einer wilden Gruppe Jungs oder einer fiesen Gruppe Mädchen entdeckt werden. Das hatte ich öfters gesehen, dass plötzlich alle auf ein Kind einschlugen, es bespuckten oder beleidigten – nur, weil es eben alleine dastand. Zurück zu Sofia hingegen war auch keine Option für mich. Ich beobachtete die Gruppe aus der Ferne und mir schien, ihre Spiele hätten etwas an Leidenschaft verloren. Ab und zu sah Sofia zu mir rüber, wandte sich aber gleich wieder ab, in der Hoffnung, ich hätte es nicht gesehen. Sofia wollte mir gegenüber gleichgültig erscheinen. Das ehrte mich.

Eines Morgens, der Tag kündigte sich grau und unfreundlich an, küsste ich wie immer Mama zum Abschied und verließ gemeinsam mit Luca das Haus.

Unten am kurzen Sträßchen, das von unserem Wohnblock hinunter zur Hauptstraße führte, sah ich ein Mädchen warten. War das Sofia? Was tat sie dort? Ich drehte mich um, um zu sehen, ob jemand hinter uns war, aber da war keiner. Wartete sie etwa auf mich? Was führte sie im Schilde? Sie war sonst immer früher in der Schule, nahm uns eine nach der anderen in Empfang und vergab uns Ämtchen und Rollen. Ich wusste, dass unsere Häuser nahe beieinanderlagen, wir lebten beide am Rande des Dorfes. Sofias Haus war sogar noch etwas weiter von der Schule entfernt als meines, es stand im «Negerdorf». Ich hatte Papa gefragt, weshalb man Sofias Quartier so nannte. Weil dort früher die Italiener wohnten, die Anfang des Jahrhunderts den Simplon-Tunnel erbaut hatten, erklärte er.

«Guten Morgen», begrüßte sie mich, «wollen wir zusammen laufen?»

Ich war unsicher, da ich die Situation nicht einschätzen konnte, sagte aber: «Ist gut, oder Luca?» Ich wandte mich ihm zu. Er nikte, rannte aber sogleich alleine los. «Hey, wir sind heute nicht spät dran, du musst nicht rennen!», rief ich ihm hinterher.

«Schon gut», rief er zurück, «lauft ihr nur alleine, ich muss noch etwas erledigen.»

Es war ein regnerischer Tag. Sofia und ich liefen die gerade Hauptstraße entlang durch den neueren Teil des Dorfs, der vor allem aus hohen Mehrfamilienhäusern bestand. All diese Häuser ähnelten dem unseren, meine Eltern nannten das 1960er-Jahre-Bausünden. Ich wusste nicht genau, was sie damit meinten, und fand nichts Schlechtes an diesen Häusern, in denen wir und meine Schulkameraden lebten. «Bist du Italienerin?», frage ich Sofia unterwegs.

«Nicht ganz, nur halb», antworte sie mir.

Die Hauptstraße mündete auf den großen Marktplatz, der sich bereits im alten Dorfteil befand. Von hier aus bogen wir wie gewohnt rechts in ein kleines Gässchen ein, Richtung Kirche. Gleich vor der Kirche stand das Beinhaus, welches eindeutig dämonisch war. Der untere Teil des Gebäudes bestand aus einem riesigen, halbrunden Fenster, das mit einem Eisengitter verschlossen war. Blickte man hinein, sah man auf eine Wand, die aus Tausenden von aufeinandergestapelten Totenschädeln bestand. Darüber hing eine Tafel: «Was ihr seid / das waren wir. / Was wir sind / das werdet ihr». Ich rannte immer am Beinhaus vorbei, ohne hineinzuschauen, diese Schädel bereiteten mir eine Riesenangst.

An diesem Morgen blieben wir schaudernd stehen, denn oben, am Eingang der zweiten Etage, brannte die Außenlampe über der Tür. «Ein Toter! Lass uns schauen, ob der Sarg offen ist?» Das war die Mutprobe unter uns Schulkindern – wer traute sich, die Treppe hinaufzusteigen und in den Raum zu treten, wenn die Lampe brannte?

Ich war nur einmal mitgegangen und hatte zum ersten Mal einen Toten gesehen. Es war schrecklich gewesen, der Tote war ganz weiß im Gesicht und sehr, sehr mager, alt und schrumpelig gewesen. Die Kammer selbst war sehr dunkel, klein und eng, nur mit Kerzen beleuchtet. Mich hatte der Anblick verstört, aber ich hatte mich nicht getraut, zu Hause davon zu erzählen. Ich wusste nicht, ob Jehova das verboten hätte oder nicht, einen Toten im Beinhaus anschauen zu gehen. Tagelang hatte ich das Bild nicht vergessen können, es war immer und immer wieder aufgetaucht, meistens abends im Bett oder wenn ich nachts aufgewacht war.

Auch jetzt begann ich wieder zu schaudern, wenn ich daran dachte. Nein, das würde ich nie mehr machen! Doch wie sollte ich das Sofia beibringen? «Lass uns am Mittag gehen, es ist schon spät», wich ich aus, als mich Sofia, die vor Erregung, Ekel und Vorfreude schon zitterte, enttäuscht ansah.

Sie wollte gleich beginnen, mich umzustimmen, als die Kirche zum Glück Viertel vor acht schlug. «So ein Mist, in fünf Minuten beginnt die Schule», sagte sie und rannte gleich los.

Ich dankte Jehova ganz leise und rannte ihr nach, an der Kirche und am alten Pfarrhaus vorbei, auf dessen vom Schulweg aus gut sichtbarer langer Terrasse der Pfarrer wie jeden Morgen hin und her lief, die Bibel vor sich hertrug und vorgab, darin zu lesen. Mama sagte, das sei ein typischer Heuchler, genau wie die Pharisäer zu Jesus Zeiten, die immer allen zeigen wollten, wie vorbildlich und gläubig sie seien. Ich mochte ihn auch nicht, da er bei seinen Schulbesuchen allen Kindern die Hand reichte, nur mir nicht.

Wir rannten weiter, die alte Gasse hinauf in Richtung Friedhof. Pünktlich auf dem Schulplatz angekommen, hörten wir ein paar Kinder enttäuscht sagen: «Der Sarg ist zu.»

Wie froh war ich, dass wir es auf diesem Weg erfahren hatten!

Drinnen im Gang – als wir uns auf das Bänklein vor dem Schulzimmer gesetzt hatten, um unsere nassen Gummistiefel auszuziehen und die Pantoffeln anzulegen – fragte Sofia mich ganz nebenher, ohne mich dabei anzusehen: «Wollen wir Freundinnen sein? Ich fände das praktisch, da wir fast denselben langen Schulweg haben.»

Stimmt, dachte ich, praktisch wäre es. Ich sah zu Luca hin, der aber sogleich den Kopf wegdrehte, als sich unsere Blicke trafen. «Ist gut», sagte ich daraufhin zu Sofia.

Von diesem Zeitpunkt an gab es kaum eine Minute, in der Sofia und ich nicht miteinander sprachen. Die anderen Mädchen wimmelte sie gleich in der ersten Pause nach unserem ersten gemeinsamen Schulweg ab. Die mussten nun alleine spielen, denn von nun an waren Sofia und ich unzertrennlich. Ausgerechnet die laute Anführerin und das stille Sektenkind, das konnten die Kinder nicht verstehen. Dass sich unsere Eltern sorgten, das andere Mädchen könnte einen zu großen Einfluss auf das eigene haben, verband uns nur noch mehr.

Luca hörte auf, mich zur Schule abzuholen.

Die Lehrerin schimpfte oft mit uns, weil wir pausenlos schwatzten. Wir sollten uns auf den Unterricht konzentrieren, sagte sie. Sie setzte uns so weit wie möglich auseinander, aber wir ließen uns unter den Schreibtischen von der gesamten Klasse Zettelchen hin- und herschieben. So flossen unsere Gespräche ohne Störung weiter, vom Beginn der Schulstunde an bis zur Pause, dann wieder von der Pause bis zum Mittag. Wir liefen zusammen nach Hause, aßen möglichst schnell, sodass wir auf dem Schulweg am Nachmittag noch etwas Zeit hatten, um weiterzureden.

Nach der Schule griffen wir zu Hause sofort zum Telefonhörer. Das machte Papa rasend. Regelmäßig riss er mir, nachdem er nach Hause gekommen war, den Hörer aus der Hand und legte auf. Ob ich nicht wisse, dass das Geld koste. Es nützte nichts, wir riefen uns weiterhin bei jeder Gelegenheit an. Auch die Lehrerin gab auf, denn sowohl Sofia als auch ich hatten gute Noten. Was sollte sie uns da sagen?

Doch Sofia hatte einen sehr, sehr großen Nachteil: Sie war in der Welt und nicht in der Wahrheit. Ich sollte keine weltlichen Freunde und Freundinnen haben, so lernte ich es in der Versammlung. Ich sah es als ein vorübergehendes Problem an, denn eines Tages würde Sofia – sie war ja schlau – die

Wahrheit erkennen. Noch sah es nicht danach aus, sie behauptete doch tatsächlich, dass der Katholizismus die einzig wahre Religion sei. Ausgerechnet! Der Katholizismus, dem man den Teufel doch in jedem einzelnen Gemälde an den Wänden dieser gruseligen Kirchen ansah! Und dann diese Rituale, die Prozessionen! Für mich war es offensichtlich, dass all das Gruselige, die Totenverehrung, all das Dunkle und Schwere, vom Teufel kam. Wie konnte sie das nicht sehen? Dieser Rauch in den Kirchen, der stank doch schon nach Teufel!

Aber nein, im Gegenteil, sie fand, ich sei auf dem falschen Weg, so wie alle Sekten auf dem falschen Weg seien. Ihr Vater habe ihr erklärt, dass jeder Idiot für eine noch so dumme Idee Anhänger finden würde. Würde einer heute mit Windeln entlang der Rhone spazieren gehen, wären es morgen sicher schon zwei und bald schon entstünde daraus eine Sekte. Sekte! So nannte sie die Wahrheit, und ich bat Jehova um Verzeihung. Er möge es dem Vater, aber auch Sofia nicht übelnehmen. Und mir bitte auch nicht, dass ich sie trotzdem so gern hatte. Ich betete jeden Abend vor dem Einschlafen: «Bitte, lieber Gott, Jehova, mein großer Vater im Himmel: Mach, dass Sofia bald in die Wahrheit kommt.»

Natürlich, meine Eltern sorgten sich, dass ich so viel Zeit mit Sofia verbrachte. Aber sie mochten sie und merkten, dass sie mir guttat. Mama sagte zu Papa, ich sei selbstbewusster geworden, seit ich diese Freundin hatte.

Manchmal hörte ich besorgte Brüder und Schwestern fragen, ob ich nicht etwas zu viel Zeit mit Sofia verbringen würde, man würde mich auf dem Schulweg immer mit ihr sehen. «Nun, was sollen wir machen? Sie sieht sie hauptsächlich in der Schule, in der Freizeit hingegen achten wir darauf, dass sie sich nicht zu oft treffen.»

Das stimmte nur halb, denn wenn Sofia und ich nicht telefonieren durften, trafen wir uns beim Brunnen, der genau in der Mitte zwischen unseren Häusern lag. Wir hatten einmal die Schritte gezählt: Der Brunnen war exakt 350 Schritte von ihrem und 350 von unserem Haus entfernt.

«In der Bibel steht, schlechte Gesellschaft verdirbt nützliche Gewohnheiten, gell, vergesst das nicht», mahnte ein Ältester einmal meine Eltern in der Versammlung. Sie nickten ernsthaft und versprachen, ein Auge darauf zu haben.

Der Stolperstein
März 1985

Zweimal im Jahr fand der Dorfmarkt statt: einmal im Frühling und einmal im Herbst. Ich freute mich riesig darauf, denn das war für uns ein großer Tag. Der Blauring betrieb auch dieses Mal wie immer auf dem Marktplatz einen Stand mit selbst gemachtem Kuchen. Sofia, die in diesem katholischen Mädchenverein war, hatte sich freiwillig gemeldet, den Stand zu betreuen.

Ich war natürlich nicht im Verein, fragte Mama aber, ob ich Sofia dort besuchen durfte. Sie hatte nichts dagegen, sofern ich nicht Geld für Kuchen ausgab. Dieses landete nämlich beim Verein, was eigentlich auf dasselbe herauskommen würde, wie es direkt der Kirche zu geben. Natürlich wollte ich die falsche Religion nicht unterstützen und sagte: «Ich kaufe keinen Kuchen, Mama, versprochen.» Mama gab mir trotzdem Geld mit, damit ich mir sonst eine Kleinigkeit kaufen konnte.

Ich machte mich auf den Weg, denn schon bald würde Sofias Schicht beginnen. Sie war von 15 bis 16 Uhr eingeteilt. Ich nahm den üblichen Weg ins alte Dorf, und da ich ihn heute einmal alleine nahm, sah ich mir alles etwas genauer an. Wie schön diese Jahreszeit war! Die Bäume waren wieder erwacht, die Blumen sprossen, die Bienen summten, die Vögel pfiffen. Ich lief ganz langsam und dann hüpfte ich wieder und drehte mich um die eigene Achse.

Punkt 15 Uhr war ich bei Sofia, damit wir die Stunde auch gut für unsere Gespräche nutzen konnten. Der Stand war voller feiner Kuchen, die die Mütter der Schülerinnen gebacken hatten: Zitronencake, Marmorcake, Schokoladenkuchen, Quarktorte, Apfelkuchen und Nussrollen. Sie bot mir gratis ein Stück des Schokoladenkuchens an. Ich überlegte kurz und nahm es daraufhin gerne an.

Nicht, dass Sofias und mein Hauptthema die Religion gewesen wäre, aber heute diskutierten wir es wieder einmal leidenschaftlich. Unser Diskussionspunkt war der Tod von Jesus. Es war ja so, dass Jesus an einen Marterpfahl genagelt wurde und dort unter grauenhaften Schmerzen verstarb. So stand es in unserer Bibel und so war es auch in unseren Kinderbüchern dargestellt. Er wurde an einen Pfahl geschlagen und hing an seinen über dem Kopf angenagelten Händen, basta. Sofia glaubte das nicht. Ein Kreuz, es war ein Kreuz, das sei doch sonnenklar. Jesus starb mit ausgestreckten Armen, da die Hände rechts und links vom Kopf angenagelt waren. Warum sonst sollten überall auf der ganzen Welt die Jesusfiguren an Kreuzen hängen?

«Weil die Übersetzer das Wort falsch übersetzt haben. Plötzlich machte einer einen Fehler und schrieb ‹Kreuz› statt ‹Pfahl›. Unsere Bibel ist aber von der Sprache, die Jesus gesprochen hat, direkt ins Englische übersetzt worden, darum wissen wir, dass es ein Pfahl ist. Eure Bibel wurde aber immer und immer wieder von einer Sprache in eine andere übertragen, nicht direkt von der originalen, so kam es zu diesem Irrtum.»

Das glaubte Sofia einfach nicht.

Ich überlegte mir gerade, wie ich das Thema auf ein anderes Mal verschieben könnte, als sie sagte: «Ich muss rasch aufs WC, kannst du den Stand kurz hüten?»

«Ja sicher», sagte ich noch immer in Gedanken versunken, nach einem besseren Argument suchend, welches ich vielleicht einmal in der Versammlung gehört hatte. Doch kaum war sie weg, merkte ich, dass ich mich da in eine unangenehme Lage gebracht hatte. Wenn jetzt nur niemand Bekanntes auftauchte!

Mann, brauchte Sofia lange zum Pinkeln! Wohin die wohl verschwunden war? Endlich tauchte sie am Ende des Marktes auf. Ich seufzte erleichtert auf, als ich von links plötzlich Marlies von der Versammlung auf mich zusteuern sah. Mist, was tat die denn hier am Markt? War sie nicht zu Hause oder im Dienst? Ich hoffte, dass sie mich nicht erkennen würde, was leider Wunschdenken war.

Marlies fixierte mich und machte schon von Weitem ein sehr, sehr ernstes Gesicht. Ohne mich zu grüßen, sagte sie: «Was tust du da? Du weißt, dass du das nicht darfst! Wissen deine Eltern davon?»

«Ja, das heißt, nein, sie wissen es schon, aber es war auch nicht so vorgesehen, ich habe nur rasch Sofia besucht, die diesen Stand eigentlich betreut, und da musste sie aufs WC gehen.»

Da stieß Sofia auch schon zu uns, und das Gespräch mit Marlies fand ein jähes Ende.

«Wir sprechen ein anderes Mal darüber», sagte sie und lief am Markt entlang weiter.

Das war schlimm. Was würde jetzt geschehen? Ich fürchtete mich davor, heimzugehen. Ich verabschiedete mich von Sofia und lief so langsam wie möglich nach Hause. Vor dem Haus betete ich zu Jehova. Im Lift begann ich zu schlottern. Leise öffnete ich die Tür und sagte: «Hallo.»

Mama bat mich, meine Hände zu waschen und mich aufs Sofa zu setzen. «Marlies hat angerufen und erzählt, dass du am Blauring-Stand Kuchen verkauft hast. Stimmt das?»

«Ich habe nur rasch für Sofia den Stand gehütet, weil sie aufs WC musste. Aber ich schwöre dir, in dieser Zeit kam niemand am Stand vorbei, ich habe keinen einzigen Franken angenommen. Nur Marlies stand plötzlich da, aber da kam auch schon gleich Sofia zurück. Mama, bitte, es tut mir so leid, aber was hätte ich tun sollen?»

Meine Mutter überlegte kurz und antwortete: «Wenn das so war, dann ist das nicht schlimm. Vergiss es wieder. Schön, dass du deiner Freundin geholfen hast.»

Das machte mich sehr, sehr glücklich und ich konnte endlich wieder normal atmen.

Aber ich kannte diese Schwester, das würde noch ein Nachspiel haben. Ich befürchtete, dass sie es in der Zwischenzeit auch Bernhard, dem wichtigsten Ältesten, erzählt hatte. Wenn der jetzt nur nicht enttäuscht war von mir! Er war jünger als die anderen Ältesten, und ich hatte ihn sehr gern. Bernhard war ein schöner Mann, groß, blond, blaue Augen. Er spielte Gitarre, konnte wunderbar malen, war sehr sportlich, blitzgescheit und handwerklich begabt. In der Freizeit trug er Latzhosen und gestreifte T-Shirts, was mir sehr gefiel. Er konnte einfach alles und war dazu ein guter Christ. Er gab sich Mühe, immer und überall, und war stets vorbildlich, ohne dabei verbissen zu sein.

Ich vermutete manchmal, dass die anderen Brüder etwas neidisch auf ihn waren. Seit Bernhard zu uns ins Wallis gezogen war, war auch Papas Laune vor und nach der Versammlung noch schlechter geworden als zuvor. Ich hörte verschiedene Brüder immer wieder Sätze sagen wie: «Was würde Bernhard wohl dazu sagen?» oder «Tja, die Deutschen sind halt schon etwas strenger als wir» oder «Der Bernhard weiß es sicher besser, fragen wir ihn, ein Vorbild, wie er ist». Ich merkte dann immer, dass sie ihn zu etwas machen wollten, was er gar nicht war. Nein, er spielte nie den Chef, nie den Überlegenen, nie den Aufpasser. Er war einfach nur der Beste. Und ein Sprachtalent! Obwohl Bernhard aus Deutschland kam, beherrschte er innerhalb von wenigen Monaten Walliserdeutsch. Das hatte bis anhin nur er geschafft – und wir Kinder. Bernhard war einfach super, ich war so stolz auf ihn!

Ich mochte auch seine süße Frau, aber die beiden hatten leider keine Kinder. Wie gerne hätte ich die Kinder dieses schönen Paares gesehen! Aber sie wollten damit warten bis zum Paradies und ihre Jugend und ihre Kraft ganz in den Dienst von Jehova stellen. Die beiden waren «Pioniere», so nannten wir die Brüder und Schwestern, die viele, viele Stunden im Monat von Haus zu Haus gingen. Die arbeiteten dann auch sehr wenig draußen in der Welt, hatten deswegen kaum Geld und lebten sehr bescheiden. Aus diesem Grund luden andere Brüder und Schwestern, die mehr arbeiteten und mehr verdienten, sie zum Essen oder auch in die Ferien ein.

Bei uns aßen Bernhard und seine Frau jeweils mittwochs zu Mittag, ich freute mich immer auf sie. Unser Esszimmer war groß und so auch unser Esstisch. Oft saßen viele Menschen darum. Neben den «normalen» Brüdern und Schwestern oder Verwandten achtete Mama darauf, dass wir auch Arme, Einsame und Kranke nicht vergaßen. Im Grunde war es ein Glück, dass Bernhard keine eigenen Kinder hatte, denn er liebte Kinder und gab sich sehr gerne mit uns ab. Mit ihm konnten wir toben, rennen, uns kitzeln lassen, aber auch singen und malen. Und nun das. Bestimmt würde er erfahren, was ich gemacht hatte.

Prompt trat das auch ein. Am nächsten Tag kam Bernhard in der Versammlung gleich nach dem Schlussgebet auf mich zu: «Magst du rasch mit mir in die Garderobe kommen?»

Die anderen waren noch im Saal am Plaudern. Ich schaute kurz zu Mama und zu Papa, aber die waren bereits mit anderen Brüdern und Schwestern in Gespräche verwickelt. Aus den Augenwinkeln sah ich, dass Marlies zu uns hinübersah.

Bernhard und ich liefen zur Garderobe, wo wir dann allein waren. Ich hoffte, dass er mein Zittern nicht bemerkte.

Er ging auf die Knie, sodass unsere Augen auf derselben Höhe waren, und begann: «Gell, gestern Nachmittag war Markt bei euch im Dorf. Marlies sagte mir, dass du dort am Blauring-Stand Kuchen verkauft hast.»

Ich nickte, schüttelte dann aber gleich darauf den Kopf und erklärte rasch, dass ich das ja eigentlich nicht gewollt hatte, dass ich nur kurz eingesprungen war, weil Sofia dringend ...

«Schon gut, das ist nicht wichtig. Ich verstehe, dass du nur jemanden in einer unangenehmen Situation unterstützt hast. Das ist schön von dir. Aber wir dürfen auch kein Stolperstein für unsere Brüder und Schwestern sein. Es gibt vielleicht solche, die etwas schwächer sind als wir und die wir durch unser Handeln in ihrem Glauben zum Straucheln bringen können. Wie jetzt zum Beispiel Marlies. Es hat sie traurig gemacht, dich dort zu sehen, und sie sorgte sich darum, dass Jehova nun vielleicht ebenfalls traurig oder vielleicht sogar böse auf dich sein könnte. Sie will doch nur, dass du ins Paradies kommst. Wir sollten also manchmal auch Dinge unterlassen, die wir mit unserem eigenen Gewissen zwar vereinbaren können, die aber die Schwächeren unter uns verunsichern könnten. Doch glaub' mir, was du gemacht hast, ist nicht schlimm, denk am besten nicht mehr darüber nach, ich sehe, wie stark es dich belastet.» Ich nickte. Er strich mir sanft über die Wange und fügte hinzu: «Und jetzt geh wieder in den Saal, die anderen Kinder wollen bestimmt mit dir spielen.»

Ich hätte ihn umarmen können. Ich fühlte mich so erleichtert! Als ich in den Saal zurückkehrte, sah ich Marlies direkt in die Augen und dachte: «Du bist so was von schwach!»

Mir fiel der Witz ein, den wir im Moment alle so lustig fanden: Drei Brüder – einer aus Italien, einer aus der

Schweiz und einer aus Deutschland – kommen in die Versammlung. Sie wollen sich in der ersten Reihe hinsetzen, doch auf den gewünschten Stühlen liegt jeweils ein Reißnagel. Was machen sie? Der Italiener setzt sich auf den Stuhl daneben. Der Schweizer hebt den Reißnagel auf und setzt sich hin. Der Deutsche verkneift das Gesicht, sagt: «Wenn es Jehovas Wille ist!», und setzt sich auf den Reißnagel.

Ich lachte innerlich und dachte: Bei uns hat nicht der Deutsche, sondern die Schweizerin den Reißnagel im Arsch!

Adele, ich habe viel über die Regel, niemanden zum Straucheln zu bringen, nachgedacht. Findest du die nicht irgendwie gemein?

Am Donnerstag darauf hatte ich Geburtstag, was mich freute, doch wie immer auch betrübte. Es war doch einfach jammerschade, dass wir keine Geburtstage feiern durften. Immerhin: Mama kochte dann immer Schinkenrollen, mein Lieblingsessen. Aber kein Mensch in der Schule hatte meinen Geburtstag erwähnt. Mama sagte, sie täten das aus Respekt und aus Rücksicht auf meinen Glauben, aber es enttäuschte mich trotzdem.

Am Abend stellte ich mir die ganze Versammlung lang vor, wie dieser Tag verlaufen wäre, wenn wir nicht in der Wahrheit wären:

Ich schlafe noch. Plötzlich geht das Licht in meinem Zimmer an, und Mama, Papa und Linda stehen strahlend neben meinem Bett. Ich reibe mir die Augen und überlege, was da wohl los ist. In diesem Moment beginnen die drei zu singen: «Zum Geburtstag viel Glück!» Jetzt fällt mir erst ein, dass ich heute meinen achten Geburtstag feiere, und ich springe aus dem Bett. Es gibt ein tolles Frühstück mit frischen Brötchen und Gipfeli. Dann fährt mich Mama zur Schule, da ich den Schokoladenkuchen nicht alleine tragen kann. Sie hat ihn gestern gebacken, aber erst heute Morgen verziert. Mit Zuckerguss hat sie eine Art Spinnennetz über den Schokoladenguss gezeichnet. Der Kuchen ist wunderschön. Mama hat auch acht rote Kerzen und rosa Servietten mit roten Herzen darauf eingepackt. Vor der Pause holt der Lehrer den Kuchen hervor und steckt die acht roten Kerzen ein. Alle singen für mich und sagen, sie hätten noch nie so einen schönen und feinen Kuchen gesehen. Während ich die Kerzen ausblase, wünsche ich mir heimlich das weiße Barbie-Pferd. Am Mittag gibt es Schinkenrollen mit Rahmsauce und Nudeln. Nach der Schule um 16 Uhr sind alle zu Hause, sogar Papa hat früher Feierabend gemacht. Ich darf Sofia mitbringen. Zu meiner Überraschung steht ein zweiter, genau gleicher Schokoladenkuchen auf dem Tisch. Meine Eltern, Linda und Sofia singen erneut: «Zum Geburtstag viel Glück!» Beim Auspusten der Kerzen wünsche ich mir, dass mir meine Eltern zum Barbie-Pferd dazu auch noch die neue Pfirsichblüten-Barbie gekauft haben. Nach dem Kuchenessen darf ich zwei Geschenke auspacken: In einem ist das weiße Barbie-Pferd, im anderen die Pfirsichblüten-Barbie. Zum Abendessen gibt es wieder Schinkenrollen und zum Dessert essen wir die Reste des Kuchens auf.

«Amen.»
Ich sah mich im Königreichssaal um und merkte, wie müde ich war. Hoffentlich gingen wir heute rasch nach Hause, ich wollte nur noch ins Bett, damit dieser Geburtstag und die Enttäuschung endlich vorüber waren. Eben wollte ich meinen Vater fragen, ob wir bitte nicht gleich gehen könnten, aber da sprach er schon mit Bernhard. Ich drehte mich zu meiner Mutter, die bereits in ein Gespräch mit Onkel Viktor

verwickelt war. Dann kam Tante Livia auf mich zu. Sie sah mich geheimnisvoll lächelnd an, bückte sich zu mir hinunter und flüsterte mir ins Ohr: «Komm rasch mit mir in die Garderobe, ich habe etwas für dich.» Sie nahm mich an der Hand und führte mich hinaus.

In der Garderobe griff sie nach einer großen Papiertüte, die sich auf dem Regal über den Jacken und Mänteln befand. Sorgfältig nahm sie Tüte herunter, stellte sie vor mich auf den Boden und forderte mich auf: «Schau rasch hinein, aber sag zu keinem Menschen hier etwas. Du nimmst die Tüte dann einfach vorsichtig nach Hause. Zeige sie deinen Eltern erst, wenn ihr draußen seid.»

Ich war wahnsinnig gespannt, öffnete die Tüte und sah hinein: Ich erblickte einen wunderschönen, braun glänzenden Schokoladenkuchen, verziert mit einem Spinnennetz aus Zuckerguss.

«Alles Gute zu deinem achten Geburtstag», flüsterte sie mir ganz leise ins Ohr und küsste mich daraufhin auf die Wange. Da Marlies in diesem Moment in die Garderobe kam, schloss Tante Livia rasch die Tüte und zwinkerte mir zu.

Ins Bett musste ich an diesem Tag noch lange nicht. Zu Hause versammelten Mama, Papa und Linda uns gemütlich um den Tisch und genossen Livias Kuchen. Das freute mich, denn so dauerte mein Geburtstag noch lange.

Am Wochenende darauf feierten wir Mamas und Papas 16. Hochzeitstag. Der 12. April war in unserer Familie immer eine große Sache. Mama kochte ein Festessen, und wir kauften uns alle gegenseitig Geschenke. An diesem Samstagabend gab es zur Vorspeise Krevetten-Cocktail, zur Hauptspeise mit Whiskey flambiertes Rindsfilet mit Butternudeln, dazu Erbsen, Karotten und Spargel aus der Büchse, und zum Dessert etwas, das wir bis anhin nicht kannten. Mama wollte diese neuartige italienische Spezialität, die momentan in allen Kochheften propagiert wurde, unbedingt einmal ausprobieren: eine Nachspeise namens «Tiramisu».

Nach dem Essen setzten wir uns auf das Sofa, alle bepackt mit unseren Geschenken. Ich war wahnsinnig gespannt, was Papa wohl zu meinem Geschenk sagen würde: Ich hatte für ihn ein Kissen mit dem Kennzeichen seines roten Audi Quattro bestickt. Das wäre eigentlich das Weihnachtsgeschenk gewesen, das wir Kinder in der Schule für unsere Eltern gebastelt hatten. Ich hatte es lange in meinem Schrank aufbewahrt. Für Mama hatte ich Serviettenhalter gehäkelt und für Linda hatte ich mit meinem Taschengeld ein Nagellackset gekauft.

Glücklicherweise durfte ich meine beiden Geschenke der Eltern zuerst öffnen. Ich riss sie beide fast gleichzeitig auf und fand darin: das weiße Barbie-Pferd und die Pfirsichblüten-Barbie.

Das Saanenland
Mai 1985

Ich fuhr sehr gerne ins Saanenland. Überhaupt: Ferien hatten etwas Entspanntes, denn diese verbrachten wir immer nur mit unseren Verwandten, die zum Glück alle Zeugen Jehovas waren. Ich musste mich nicht auffallend brav benehmen, damit niemand schlecht über Gottes wahre Anbeter sprechen konnte, musste niemanden bekehren und mich um niemandes Überleben sorgen. Wir standen alle auf der richtigen Seite. Jetzt, in diesen Frühlingsferien, war es endlich wieder so weit. Unsere Familie fuhr auf einer zweistündigen Fahrt ins Saanenland, um mich bei den Großeltern abzuladen. Ich spürte immer, dass Linda bei unseren Großeltern als älteste Enkelin eine wichtigere Rolle spielte als ich, freute mich wie immer aber trotzdem auf die Zeit mit ihnen.

Die Fahrt dorthin jedoch war anstrengend. Nicht der erste Teil, wo wir auf der Autobahn einfach nur das Wallis hinabfahren mussten, sondern die kurvige Passstraße auf den Pillon hinauf, die daraufhin folgte. Da wurde mir immer übel. Dann steckte Papa jeweils eine Kassette ins Autoradio. Heute war es «Rumpelstilz». Der Sänger sang Berndeutsch, wir kannten alle vier alle Lieder auswendig und sangen laut mit. Das half gegen Übelkeit. Am besten gefiel uns das Lied «Teddybär». Obwohl Linda und ich das Wort «bumsfidel» nicht verstanden, hoben wir an dieser Stelle unsere Stimmen jeweils an, schrien dieses Wort fast aus uns heraus. Die Eltern lachten dann immer und zwinkerten sich dabei zu. Wir wagten nicht zu fragen, was das genau bedeutete, aber es schien etwas Lustiges zu sein.

Im Wallis hatte die Sonne geschienen, doch auf dem Pass fanden wir uns plötzlich in dichtem Nebel wieder. Trotzdem stiegen wir hier wie immer aus und gingen auf die Toilette neben dem Kiosk. «Dürfen wir etwas kaufen?» Ich wusste, dass wir das nie durften, weil Mama Essen und Trinken mithatte, aber zu meinem Erstaunen sagte Mama: «Wenn ihr wollt, dürft ihr beide eine Fahne kaufen.» «Juhui!», riefen Linda und ich, wir hüpften zum Kiosk und sahen uns all die Fahnen an. Ich wollte die Schweizerfahne, aber Mama sagte: «Die nicht, wir Zeugen Jehovas sind nicht nationalistisch. Nimm doch die vom Wallis?» Oh ja, die mochte ich auch sehr. «Dann nehme ich die Berner Fahne, die mit dem Bären drauf», meinte Linda, und Mama ging rasch zum Auto, um ihr Portemonnaie zu holen. Danach machten wir ein paar Übungen, schwenkten unsere Fähnchen, aßen die Sandwiches, die Mama vorbereitet hatte, und tranken den süßen Tee. Papa wollte nämlich nicht, dass wir in seinem schönen und frisch geputzten Auto aßen und tranken.

Nach dem Pass begann endlich das Saanenland. So schnell, wie wir vor dem Pass in den Nebel eingetaucht waren, so schnell waren wir plötzlich auch wieder draußen. «Schaut mal, hier hat's bis vor Kurzem geregnet», sagte Mama und zeigte auf die tropfenden Bäume und die nassen Wiesen. «Papa, kannst du wieder die Musik anstellen?», fragte Linda. «Nein», entgegnete Mama, «wir schauen jetzt aus dem Fenster und genießen in Ruhe die schöne Aussicht.» Wir waren enttäuscht, aber Mama hatte recht. Wie schön es hier war! «Herrlich, jetzt kommt sogar die Sonne!», rief sie entzückt.

Im Sonnenschein begann nun das ganze Saanenland zu glänzen, jeder einzelne Wassertropfen, der auf den Wiesen und Blättern war, glitzerte. Die Kühe auf all den Wiesen taten, was sie immer taten: Sie rissen mit ihren Zähnen Gras heraus, hoben ihre Köpfe, kauten in Seelenruhe und schauten dabei ins schöne Land. Ich liebte Kühe, die mit ihren lieben, großen, braunen Augen und ihren starken, ruhigen Körpern Sicherheit ausstrahlten. Wir hörten ihre Glocken bis ins Auto hinein, und ich merkte, wie glücklich dieser Klang meine Mutter machte.

Meine Großeltern waren Bauern und lebten im reichen Gstaad. Plötzlich sah ich von Weitem das weiße Schloss von Gstaad: «Da vorne, ich kann das Schloss sehen!», rief ich begeistert. «Das ist kein Schloss, das ist das Palace-Hotel», entgegnete Linda wie immer daraufhin. Ich wusste, dass es ein Hotel war, aber ich wollte, dass es ein Schloss war. Ein Schloss, in dem eine schöne Prinzessin lebte, die ein Sissi-Kleid trug.

«Mama, vermisst du deine Großmutter eigentlich?», fragte ich Mama, als wir endlich in Gstaad einfuhren.

«Ja, schon, ich habe Adele sehr geliebt, und sie hat mir vor allem auch imponiert. Jeder hier im Saanenland kannte sie, sie war eine echte Persönlichkeit. Obwohl die meisten Menschen hier die Wahrheit nicht annahmen, sie sogar verachteten, war ich immer stolz, dass Adele meine Großmutter war.»

«Zum Glück wirst du sie im Paradies bald wiedersehen», entgegnete ich und überlegte, ob meine Urgroßmutter dann womöglich jünger sein würde als meine Mutter oder ob meine Mutter auch wieder ganz jung werden würde oder ob wir dort gar alle drei gleich alt wären.

«Ach, eben nicht», antwortete Mama daraufhin leicht genervt. «Ich habe es dir doch schon ein paar Mal erklärt, dass Adele nicht im Paradies sein wird. Sie ist eine Gesalbte, sie gehört zu den 144 000, die dann im Himmel zusammen mit

Gott, seinem Sohn und den Engeln über uns hier im Paradies herrschen werden.» Sie drehte sich zu mir um, sah mich an, hob ihren Zeigfinger und fuhr fort: «Ich erkläre es dir jetzt noch einmal ganz genau: Von allen wahren Anbetern Gottes kommen nur 144 000 in den Himmel. Wir gehören nicht zu denen. Wir werden nach Harmagedon weiterhin auf der Erde leben, aber hier wird ein Paradies sein. Adele aber wird mit den anderen 143 999 im Himmel sein und regieren.»

Stimmt, das hatte sie mir schon erklärt, aber ich fand das eine sehr seltsame Idee. «Und da oben ist sie wie ein Engel? Kann sie nichts mehr essen und trinken? Hat sie keinen Körper mehr?»

«Nein», schaltete sich Papa ein, «die 144 000 sind geistige Wesen, wie du sagst, den Engeln gleich. Sie werden auch geschlechtslos sein.»

«Was ist das, geschlechtslos?», fragte ich weiter.

«Das heißt, sie sind weder Männer noch Frauen.»

«Und werden wir im Paradies dann auch geschlechtslos sein?», wollte nun Linda wissen.

«Nein, um Himmels willen!», lachte Papa und schaute dabei meine Mutter an.

«Zumindest, sofern wir Harmagedon überleben. Nur die Auferstandenen werden geschlechtslos sein, nicht die Überlebenden», ergänzte Mama.

«Warum?»

«Stell dir vor, die Frau oder der Mann von einem Bruder oder einer Schwester stirbt. Er oder sie heiratet dann wieder, und die beiden überleben. Jehova hat sich das sehr gut ausgedacht, denn was wäre, wenn im Paradies jemand plötzlich zwei Frauen oder Männer hätte? Das geht doch nicht. Also sind die, die auferstehen, geschlechtslos wie die Engel. So werden sie auch nicht traurig sein, dass ihr Mann oder seine Frau mit jemand anderem verheiratet ist.»

Nun ja, dachte ich, hoffen wir. «Und wie weiß man eigentlich, ob man gesalbt ist?», fragte ich weiter.

«Man spürt es einfach. Adele hat immer gesagt, sie habe das deutlich gespürt.»

Ich spürte nach, ob ich ein Gefühl in dieser Art wahrnahm, stellte aber erleichtert fest, dass sich nichts dergleichen einstellte.

Kaum waren wir ins Dorf hineingefahren, verließen wir es auch wieder, da das Bauernhaus meiner Großeltern am Hang dahinter, ganz nahe beim Schloss, im Oberbort, stand. Wir fuhren die kurvige Straße hoch, direkt am Schloss vorbei, welches von Nahem immer etwas weniger glanzvoll aussah als von Weitem. Ich schaute rasch auf alle vier Türmchen, ob da aus einem eine Prinzessin hinausschaute, aber Papa fuhr zu schnell, als dass ich genau hätte hinsehen können. «Jetzt geht's nur noch eine Minute», jubelte Linda erfreut. Als wir uns dem Bauernhaus näherten, hupte Papa und kurz darauf öffnete meine Großmutter das Fenster und winkte. Großpapa saß auf der Bank vor dem Haus und erhob sich ebenfalls winkend.

«Endlich da!», seufzte ich. Das hier war für mich das Paradies, es roch nach Heu und Kuhmist, beides Düfte, die ich mochte und die mir ein Gefühl von Geborgenheit vermittelten. Ich liebte das Bauernhaus meiner Großeltern, das auf der linken Seite die bescheidene Wohnung beherbergte und rechts den Kuh- und Ziegenstall. Linda und ich stürmten so schnell wie möglich aus dem Auto, rannten die Treppe hoch zu Großvater, umarmten und küssten ihn und eilten dann gleich über die Holztreppe weiter zur Eingangstür, den Gang hindurch zur Tür, die direkt in der warmen Küche mündete, in der Feuerknistern zu hören war und Großmutter auf uns wartete.

In Gstaad kriegte Papa immer nach kürzester Zeit schlechte Laune. Er brummelte dann Dinge wie «erben», «immer die Jüngsten», «ungerechte Tradition». Jedenfalls war ich froh, dass meine Familie mich hier quasi nur absetzte und Papa mit seiner Laune bald wieder weg wäre. Nach einem Kaffee und einem Stück Mokkatorte machten sie sich gleich wieder auf den Weg. Sie fuhren noch ein paar Dörfer weiter, um Linda im Simmental bei Papas Schwester Esther, Onkel Oskar und deren vier Kindern vorbeizubringen. «Sei brav, hilf Großmama in der Küche und Großpapa im Stall. Wenn du uns vermisst, kannst du uns anrufen. In zwei Wochen holen wir dich ab», sagte meine Mutter zum Abschied. Meine Großeltern und ich setzten uns auf die Bank vor dem Bauernhaus, in die mein Großvater «Saanenland, schönes Land» eingeschnitzt hatte, und schauten meiner Familie nach, die wie immer winkend und laut hupend davonfuhr.

Kaum waren sie abgefahren, ging ich mit Großpapa in den Stall. «Wie deine Mutter», seufzte Großmama immer, «alles war der lieber, als mir im Haus zu helfen. Immer fanden ihr Vater und sie Ausreden, dass sie im Stall oder auf dem Land helfen müsste statt mir in der Küche, Waschküche oder im Garten.» Sie schüttelte den Kopf.

Großmama war sehr gerne Hausfrau. Das freute meinen Großvater, denn er hatte immer gemerkt, wie ungern seine Mutter Adele im Haus gearbeitet hatte. Auch den Garten und die Feldarbeit hatte sie nicht gemocht. Großpapa erzählt mir, dass seine Mutter ihren Kopf immer in die biblischen Zeitschriften gesteckt hatte, dass sie lieber predigen ging als in den Garten. Und wenn sie dann im Garten war, pflanzte sie lieber Heilpflanzen an als Salat und Kartoffeln. Mich dünkte, er sei froh, eine Frau geheiratet zu haben, die gerne Bauernfrau war und die die Hausarbeit liebte.

Mama hat Großpapa sehr gerne. Sie sagt, er sei ein guter Vater, ein großherziger Mann, der lieb zu seinen Tieren sei und immer mit ihnen spreche. Er sei bescheiden und habe sich nie etwas anderes gewünscht als genau das, was er hat: eine tüchtige Frau, fleißige Kinder, gesundes Vieh, ein sauberes Zuhause und einen eigenen Hof. Wieso war dir das nicht genug, Adele? Ich zumindest wäre so gerne eine Bäuerin!

Dieser Duft nach Tieren, die Wärme im Stall, die von ihren großen und starken Körpern ausging, die schnaubenden, mächtigen und doch so lieben Kühe, die kleine Küche, die gemütliche Stube, die großen Mehl- und Zuckersäcke, die ganzen Käselaibe in der Vorratskammer – ich liebte alles an dem Haus.

In diesen Ferien hatte ich mir vorgenommen, auch endlich Ziegen melken zu lernen. Kühe melken konnte ich schon, das war einfacher. Ich hatte es letzten Sommer auf der Alp von Großpapa gelernt. Meine Großeltern verbrachten die Sommermonate nämlich immer zusammen mit ihrem Vieh auf einer Alp, in einer Hütte, die keinen Strom hatte und in der man das Wasser aus dem Brunnen vor dem Haus holen musste. Großmama kochte dort auf dem Feuer, und auch Großpapa machte den Alpkäse in einem riesigen Kessel, der über der Feuerstelle hing. Ich hoffte nun also, dass ich das Ziegenmelken schnell lernen würde, denn ich wollte Großvater beeindrucken. Ich merkte hier immer, dass ich nicht das erste Großkind war, und spürte, dass Linda selbst in Abwesenheit mehr Aufmerksamkeit von den Großeltern bekam als ich. Ich konnte tun und lassen, was ich wollte, sie wurden nicht müde zu betonen, wie intelligent Linda war, wie talentiert und wie sie anpacken konnte. Mir blieb nichts anderes übrig, als diese Reihenfolge zu akzeptieren: Ich war die Nummer zwei, damit basta. Dennoch war ich gerne hier.

Großmama hatte heute extra mein Lieblingsabendessen vorbereitet: Grießbrei mit Zucker und Zimt, dazu Brot und Alpkäse. Während des Essens in der kleinen Küche deutete Großmama mit einem wissenden Lächeln nach links und sagte: «Sie soll morgen kommen, ich sah heute ihre Leute das Haus bereit machen.»

«Wer denn?», fragte ich.

«Na, Liz Taylor natürlich!»

«Ach, diese arrogante Zwetschge», schimpfte mein Großvater, «die grüßt nicht mal. Der Richard, der war ganz anders. Gut, dass er sich von der scheiden ließ. Wie konnte der die nur zweimal heiraten!»

«Welcher Richard, Großpapa?»

«Na, Richard Burton, der Schauspieler, der kam immer, wenn er hier in den Ferien war, zu mir in dem Stall. Ich reichte ihm dann einen Schaumlöffel mit frisch gemolkener Milch, was ihm sehr gemundet hat! Wir haben uns prächtig verstanden, obwohl ich kein Wort Englisch spreche. Aber die Liz ist sich ja immer zu gut für alles!»

«Vor Weihnachten war Michael Jackson da. Es ist ein Freund von Liz Taylor und macht manchmal hier Ferien. Ich habe ihn vom Badezimmer aus gesehen, aber nur einmal, als er aus dem Taxi stieg und gleich ins Haus ging. Der ist so dünn, der Michael!», erzählte meine Großmutter und schüttelte dabei den Kopf.

Jetzt war ich wirklich beeindruckt. Wie schade, dass ich den verpasst hatte! Denn Michael Jackson hätte ich nun wirklich gerne gesehen, den kannte ich, er war ja noch nicht so furchtbar alt.

«Aber am liebsten ist mir die Liza, die Tochter der Liz. Die bringt mir immer ein Geschenk mit, dafür serviere ich ihr Hobelkäse, sie ist eine sehr liebe Frau!»

Ob Sofia mir das alles glauben würde?

Tatsächlich: Am nächsten Morgen kam sie. Großmama und ich standen schon etwa eine Stunde lang am Badzimmerfenster und spähten hinüber. Endlich tauchte ein Taxi auf. Das Ganze ging plötzlich blitzschnell. Liz Taylor stieg aus dem Taxi und verschwand gleich im großen Chalet. Ich sah quasi nur ihre Haare. Mich wunderte, dass jemand so Kleines eine so große Frisur haben konnte. «Meinst du, dass ich dort klingeln gehen und ein Autogramm kriegen kann?» – «Wenn du meinst, tu es. Keine Ahnung, wie sie darauf reagiert.» Ich wartete lieber noch einen Tag, nahm am nächsten Vormittag meinen ganzen Mut zusammen und klingelte an Liz Taylors Tür. Ein Angestellter öffnete, nahm meinen Zettel entgegen, schloss die Tür wieder, öffnete sie nach etwa einer Minute erneut und gab mir den Zettel zurück, auf dem nun «Best wishes – Liz Taylor» stand. Ich war sehr, sehr stolz! Jetzt würde Sofia mir glauben. Ob ich den Zettel wohl teuer verkaufen könnte? Von diesem Geld würde ich mir dann ein Haus bauen lassen, mindestens so groß wie das von Liz Taylor!

Dein Gstaad ist ein seltsamer Ort. Wir schauen nach drüben, zu Liz Taylor, und sie sieht zu uns. Mama sagt, die Reichen und Berühmten kommen gerne nach Gstaad, weil sie gerne einfache Leute und Kühe anschauen. Wir gehören also zu ihrer Aussicht, so wie sie zu unserer gehören.

Das ist also eure Heimat, Adele, so ist Mama aufgewachsen: mitten zwischen grünen Wiesen und sanften Bergen, umgeben von Kühen, Ziegen, Stars und Reichen.

In meinen Ferien in Gstaad lernte ich den Umgang mit Nutztieren, die massive Bedeutung des Wetters, das Deuten seiner Launen, die Eigenheiten der Jahreszeiten. Natürlich ging ich auch hier in die Versammlung und in den Dienst.

Die Versammlung hier gefiel mir besser als bei uns zu Hause. Nicht, dass die Brüder hier auf der Bühne etwas anderes erzählt hätten als bei uns, aber hier sah ich immer Onkel Emanuel, seine schöne Frau Carla und deren vier Söhne.

Onkel Emanuel – ein stattlicher, äußerlich harter, aber innerlich weicher Mann – hatte sich in sehr jungen Jahren in die Italienerin Carla verliebt. Carla hatte als blutjunge Frau einen Sommer lang in Gstaad gearbeitet. In der Versammlung traf die kleine, zierliche, bildhübsche Brünette dann auf meinen großen, blonden Onkel, den Bauernjungen, der sie an Robert Redford erinnerte. Die beiden verliebten sich und vermählten sich kurz darauf. «Ich dachte, ich hätte eine sehr besondere Frau gefunden, und heiratete sie auf der Stelle», pflegte mein Onkel lachend zu erzählen, «aber als ich das erste Mal zu ihr nach Italien ging, konnte ich sie kaum mehr ausfindig machen unter all diesen gleich aussehenden kleinen Brünetten!»

Im Auto war ich schon ganz aufgeregt, gleich wären wir da. Wir fuhren den Hang hinunter ins Dorf. Es regnete. Bei diesem grauen Wetter glänzten nicht mal die riesigen Chalets der Reichen, und das Palace sah gespenstisch aus. Die Versammlung fand mitten im Dorf im Erdgeschoss eines kleinen Holzhauses statt. Großpapa hatte den Wagen davor geparkt, und bevor er den Motor ausgeschaltet hatte, war ich schon aus dem Auto gesprungen. Ich sah Carla bereits von Weitem. Auch sie hatte mich schon entdeckt und strahlte mich mit ihrem wunderschönen, breiten Lächeln an. Ich rannte auf sie zu. Sie klemmte sich den Regenschirm zwischen ihren Kopf und die rechte Schulter und breitete ihre Arme aus. Dann küsste sie mich ein paar Mal auf die Wange und fragte mit ihrem Akzent: «Kommst du im Sommer wieder mit mir nach Italien, principessa? Deine große Schwester nehmen wir auch wieder mit, einverstanden?» Oh ja, das wollte ich! Onkel Emanuel und Tante Carla hätten gerne auch zumindest ein Mädchen gehabt, doch zu unserem Glück hatten sie nur Jungen gekriegt, denn so durften wir ab und zu ihre Mädchen sein.

Die Vorfreude auf die Sommerferien hielt die ganze Versammlung lang an. Es machte mir heute überhaupt nichts aus, dass es so unendlich lange dauerte. Ich suhlte mich in meiner Vorfreude, malte mir jedes Detail des kommenden Sommers aus und ließ mir bei jeder Szene eine Menge Zeit:

Wir steigen in Carlas Auto ein. Onkel Emanuel wird uns erst am nächsten Wochenende folgen. Carla sitzt am Steuer, ihr ältester Sohn rechts neben ihr. Wir restlichen Kinder sitzen hinten. Wir fahren über die Berge, dann sind wir in Italien. Ich sehe es sofort, denn die Dörfer liegen hier viel weiter voneinander entfernt verstreut, die Häuser sehen älter aus und die Straßenschilder tragen andere Farben. Wir dürfen unsere Sandwiches im Auto essen. Jetzt wird es immer heißer, und wir öffnen die Fenster. Nun ist der Lärm im Auto so laut, dass wir auf dem Hintersitz in den kommenden Stunden Lucio Dalla, Toto Cutugno, Adriano Celentano und all die anderen, die im Autoradio singen, nicht mehr hören. Wir Kinder hinten schlafen alle ein und erwachen erst am Ziel wieder. Carla parkt den Wagen und öffnet die Tür. Ich rieche die Toskana. Wir reiben uns die Augen, wischen den Schweiß von der Stirn, den Speichel von der Wange und steigen sofort aus. Vor uns steht das wunderbare Steinhaus. Ich drehe mich vom Haus weg und betrachte nun auf dem gegenüberliegenden Hügel die Zypressen und das kleine Dorf, das sich wie ein Krönchen um einen weiteren Hügel daneben rankt. Das Dorf leuchtet golden, da die Sonne gleich untergeht. Wir verbringen unsere Tage im Schwimmbad des Dorfes oder in den Bächen und Flüssen der Umgebung. Die Jungs halten jeden

Abend ihre braunen Arme an die unseren und stellen belustigt fest, dass sie viel brauner als Linda und ich geworden sind. Nach der Versammlung kaufen wir im kleinen Städtchen ein Gelato und essen es auf dem großen, belebten Platz, der von alten, hohen Bäumen umgeben ist. Wenn Onkel Emanuel am Wochenende zu uns kommt, kocht Carla Lasagne, aber nur zur Vorspeise. Und jeden Morgen gibt es ein Cornetto, das der Mann mit dem Megafon im alten Fiat vorbeibringt ...

«Amen», sagte ich im Chor der anderen.
Onkel Emanuel hatte eben das Schlussgebet gesprochen. Ich war erstaunt, mich in diesem Königreichssaal in Gstaad wiederzufinden, und wunderte mich, wie schnell die zwei Stunden vergangen waren.

Auf dem Nachhauseweg fragte ich Großpapa, weshalb er eigentlich kein Ältester war. Er überlegte kurz und antwortete dann: «Das passt nicht zu mir.» Obwohl ich fand, dass er irgendwie recht hatte, konnte ich es mir doch nicht recht erklären. Alle Männer wollten doch Älteste sein, bereits die kleinen Jungs spielten Älteste, bauten sich kleine Bühnen und Mikrofone und belehrten von dort aus ein Fantasie-Publikum.
Als wir wieder beim Bauernhaus angekommen waren, stieg Großvater aus dem Auto, schloss die Tür und brummte vor sich hin: «Meine Mutter, das wäre eine Älteste gewesen, aber eben. Hoho, Adele, die Älteste, da wäre was gegangen in der Versammlung!» Nach einer kurzen Pause fügte er nachdenklich an: «‹Millionen jetzt Lebender werden nie sterben!›, predigte sie allen Leuten hier. Doch jetzt ist sie tot, und auch ich bin schon alt geworden.»

Wenn ich ehrlich bin, Adele, habe ich manchmal das Gefühl, dass die eigentliche Religion meiner Großeltern das Bauerntum ist, nicht die Wahrheit. Das darfst du mir nicht übelnehmen, ich versuche es dir zu erklären: Natürlich glauben sie an Jehova, sie halten seine Gesetze ein. Sie nehmen die Versammlung und das Predigen ernst, aber noch ernster nehmen sie das Bauernsein. Weißt du, wie ich das gemerkt habe? Es wühlt sie auf, es berührt sie, bereitet ihnen schlaflose Nächte und überglückliche Momente. Sie beobachten Tag für Tag, was die anderen Bauern tun, wann diese das Gras zu schneiden beginnen, die Kühe im Frühling auslassen, auf die Alp zügeln, das Heu in die Scheune führen. Jemand darf ein Witzchen über Brüder und Schwestern oder die Versammlung machen. Aber wehe, einer macht einen Witz über Bauern: Das macht sie fuchsteufelswild!

Diese Leichtigkeit im Umgang mit der Religion spüre ich auch bei meiner Mutter. Im Gegensatz zu Papa, der immer wütend wird und zweifelt, gehört sie bei Mama einfach dazu, die Religion. Für sie fühlt es sich leicht an, damit zu leben. Für Papa hingegen ist es schwer, und deswegen zweifelt er.

Die Großfamilie
Juli 1985

Zu Beginn der Sommerferien waren Linda und ich mit Carla und ihren Söhnen in Italien gewesen. Die Tage plätscherten leicht vor sich hin; ich hatte kein einziges Mal Heimweh. Es war tatsächlich alles fast so gewesen, wie ich es mir ausgemalt hatte – und wie ich es von den Vorjahren schon kannte. Ich war berauscht von der warmen Sonne, dem kühlenden Wasser, den üppigen Düften, den feinen Speisen, der bezaubernden Landschaft. Onkel Emanuel hatte Linda und mich nach der zweiten Woche wieder nach Hause mitgenommen. Er war ein begehrter Zimmermann im Saanenland, bekannt für seine kunstreichen Fassaden, und musste einen wichtigen Auftrag beenden.

Auf der Fahrt war ich auf der einen Seite traurig über das Ende dieser Tage. Auf der anderen Seite freute ich mich auf den Kongress und auf die darauffolgende Zeit bei Zipora, meiner allerliebsten Cousine, die nur gerade ein Jahr älter war als ich. Ich freute mich auch, mich Mama und Papa zu zeigen, denn meine Haut war etwas dunkler, die Haare waren fast blond geworden und meine Sommersprossen stachen deutlich hervor. Das war schön, denn man konnte deutlich sehen, dass ich in den Sommerferien gewesen war. Hoffentlich war das auch noch so, wenn die Schule wieder beginnen würde!

Carla und ihre Familie besuchten den Kongress jeweils in Italien, doch Linda und ich wollten unbedingt unseren in der Schweiz besuchen. Dort sahen wir nämlich einmal im Jahr alle Verwandten, alle Freunde und Freundinnen, unsere große, geeinte Familie, sichtbar versammelt in einem großen

Raum. Auch wenn die vielen Stunden, die sich über die vier Tage hinzogen, all die Vorträge der Brüder, denen wir lauschen mussten, kaum zu vergehen schienen, freuten wir uns immer auf die Mittagspausen und noch mehr auf das Abendessen, welches wir immer mit einer verwandten oder einer bekannten Familie in einem Restaurant einnahmen. Während dieser Kongresstage spürten wir die Kraft unserer Einheit, wir spürten, dass wir auserwählt waren. Es war so schön, für ein paar Tage nicht zur Minderheit zu gehören.

Mir tut der Hintern immer bereits morgens um halb zehn weh. Mama hat gesagt, ich solle nicht jammern und könne froh sein, dass die Kongresse nicht mehr so lange seien wie früher. Bei dir, Adele, hätten sie sieben Tage lang und immer bis spät in die Nacht hinein gedauert. Oh je!

Der Sommerkongress fand immer im Hallenstadion in Zürich statt, in dem sonst große Konzerte oder Sportveranstaltungen abgehalten wurden. Für drei Tage aber war das Hallenstadion für uns fast ein heiliger Ort.

Unsere italienischen und spanischen Brüder und Schwestern, die in Zürich lebten und arbeiteten, verbrachten die Sommertage jeweils in ihrem Heimatland und besuchten den Kongress dort. So stellten sie uns, die wir von weiter her anreisen mussten, ihre Wohnungen zur Verfügung. Meine Familie durfte vier Nächte bei Zapollas schlafen. Familie Zapolla war eine Familie mit zwei Töchtern, genau wie wir. Linda und ich schliefen in deren Betten. Ich mochte diese winzige Wohnung, sie bedeutete ganz und gar das Stadtleben für mich. Sie lag an einer stark befahrenen Straße, was ich sehr schön fand. Als ich dort im Mädchenzimmer im unteren Kajütenbett lag, genoss ich das Rauschen der vorbeifahrenden Autos und das Quietschen der Trams auf den Schienen. Mir gefiel auch, dass die Straßenlaterne in unser Zimmer schien. Ich stellte mir vor, dass die Menschen da unten ausgingen, auf dem Weg in schicke Restaurants, schöne Sommergärten und schummrige Bars waren. Und es gab bestimmt auch solche, die eben jemanden überfallen hatten und nun auf der Flucht waren. Vielleicht waren sogar Mörder darunter! Die große Stadt und vor allem dieses Quartier waren bestimmt gefährlich, so hoffte ich. Mich beruhigte es jedenfalls, dass Papa den Hausschlüssel zweimal umgedreht hatte und dass an der Tür noch ein zweites, ein Sicherheitsschloss angebracht war. So ein Schloss hatte ich zuvor nie gesehen. Wer so ein Schloss brauchte, der lebte bestimmt ein aufregendes Leben. Ich stellte mir vor, Laura Zapolla zu sein und hier zu leben. Ein schöner, abenteuerlicher Gedanke!

Auf unserer Heimreise am Sonntagabend gingen wir immer mit den Schwestern meines Vaters und deren Familien zu Abend essen, in einem Dorf nahe der Autobahn, in einem schönen Gartenrestaurant. Sogar Papa, der die ganzen Kongresstage lang mürrisch und ablehnend gewesen war, taute auf. Die Stimmung war ausgelassen und fröhlich, und wie immer zankten die drei Männer anschließend darum, wer die Rechnung bezahlen durfte. Ich war stolz, denn heute hatte sich Papa durchgesetzt.

Nach dem Essen durfte ich gleich mit Ziporas Familie weiterfahren. Auf dem Parkplatz lud Papa meine beiden Koffer von unserem grünen Audi in den Kofferraum von Onkel Friedrichs schwarzem Volvo. Tante Rosa sah mich dabei erstaunt an und fragte: «Wieso hast du denn zwei Koffer mit?» «Einen für meine Kleider und im anderen sind die Barbie-Sachen», entgegnete ich. Was weder Papa noch sie, sondern nur Zipora und ich wussten, war, dass der große der mit den Barbies, den Barbie-Pferden, -Möbeln und -Kleidern war und der kleine der mit meinem Kram.

Zipora und ich würden tagelang nur Barbie spielen, das hatten wir am Telefon so abgemacht.

Ziporas schöne Stadt am Thunersee hatte sogar zwei Schlösser. Thun war größer als Brig und somit aufregender. Zipora sagte, dass hier manchmal Spritzen am Boden lägen, Spritzen von Drogensüchtigen, und dass ich beim Laufen in der Stadt immer aufpassen sollte. Das beeindruckte mich.

Zipora lebte wie ich in einem Mehrfamilienhaus. Ich liebte ihre große Wohnung. In allen Zimmern hingen schwere Vorhänge an den Fenstern, sodass man kaum nach draußen und schon gar nicht von draußen hineinsehen konnte. Obwohl ich es etwas schade fand, dass man die Berge, die man vom Wohnzimmer aus eigentlich hätte sehen können, nicht sah, hatten die Vorhänge doch etwas Gemütliches. Es schien fast, als würde hier der Rest der Welt ausgeschlossen und als bewegten wir uns in einer eigenen kleinen Welt. Ziporas Eltern liebten dunkle, schwere Möbel, sie passten zu Onkel Friedrichs Klavier. Mama sagte immer, sie habe es lieber hell im Haus, sie liebe viel Licht in der Wohnung.

Überhaupt, hier war alles ganz anders als bei uns zu Hause. Tante Rosa war ängstlich gegenüber allem, was draußen geschah, aber drinnen im Haus durften wir tun und lassen, was wir wollten. Es war herrlich, wir mussten auch nicht raus auf den Spielplatz, wenn wir nicht wollten. Nicht wie bei meiner Mama, die uns jeden Tag rausschickte und sagte, die frische Luft würde uns guttun. Auch hier gingen wir natürlich in die Versammlung und in den Dienst und studierten zudem einmal pro Woche innerhalb der Familie die Bibel. Aber ansonsten waren wir frei – im Haus. Zipora und ich durften viel fernsehen und auch vor dem Fernseher essen, am liebsten aßen wir den hausgemachten Zopf mit selbst gemachter Mayonnaise und Schinken. Vor dem Fernseher zu essen war bei uns zu Hause nur sehr selten erlaubt: nur bei Skirennen und am «Concours Eurovision de la chanson».

Zipora und ich schufen uns in dieser Wohnung wiederum eine eigene, noch kleinere Welt. Obwohl Zipora ein Jahr älter war als ich, waren wir exakt gleich groß. Sie liebte es, meine Kleider anzuziehen, sich vor den Spiegel an ihrem Schrank zu stellen, eine Haarbürste in die Hand zu nehmen und so zu tun, als wäre sie eine gefeierte Sängerin vor großem Publikum. «Wenn wir nicht in der Wahrheit wären, würdest du sicher eine berühmte Schauspielerin, Tänzerin oder Sängerin werden», sagte ich ihr. Ich setzte mich aufs Bett und bewunderte ihre Haltung vor dem Spiegel, ihre geschickten Bewegungen, ihre selbstsichere Ausstrahlung in diesen Momenten. Sie war so lebendig und kraftvoll. Ob es im Paradies dann auch Schauspielerinnen, Tänzerinnen und Sängerinnen geben würde? Ich hoffte es für Zipora, denn dort würde sie es sicher sein dürfen.

Wir bauten unser Barbie-Universum auf. Immer hofften wir, dass niemand ins Zimmer kam, denn unsere Spiele waren aufregend und prickelnd. Die Barbies liebten die Kens und die Kens liebten die Barbies, und das fast ausschließlich nackt. Wir hatten die Kleider der Puppen dabei immer in Griffnähe liegen, sodass – wären Onkel Friedrich, Tante Rosa oder eines der Geschwister von Zipora plötzlich zur Tür reingekommen – wir so hätten tun können, als wären wir gerade dabei, all unsere Barbie-Puppen neu einzukleiden.

Heute war Donnerstag, um 18 Uhr machten wir uns bereit für die Versammlung. Zipora beobachtete mich, wie ich mich umzog, und sah dabei traurig aus.

«Was ist los, warum schaust du mich so an?»

Nach einer Weile sank ihr Blick zu Boden und sie antwortete: «Weil ich auch gerne so hübsche Kleider tragen würde wie du.»

«Und wieso kaufen dir deine Eltern nicht auch schöne Kleider, die haben doch genügend Geld?»

Sie schaute mir nun fest in die Augen und entgegnete: «Weil Jehova das nicht gern hat. Warte, ich zeige es dir in der Bibel, Papa hat es uns erst letzte Woche vor dem Kongress beim Familienstudium vorgelesen.» Sie kramte die Bibel aus ihrer Versammlungstasche, blätterte lange darin und begann, mir vorzulesen: «Euer Schmuck bestehe nicht im äußerlichen Flechten der Haare und im Anlegen goldener Schmucksachen oder im Tragen äußerer Kleider, sondern er sei die verborgene Person des Herzens im unvergänglichen Gewand des stillen und milden Geistes.»

Ich hielt einen Moment inne, überlegte kurz und sagte dann: «Aha, und was bedeutet das?» Das hatte ich tatsächlich noch nie gehört, oder sagen wir, ich hatte es schon oft gehört, aber noch nie darüber nachgedacht.

«Dass sich Frauen eben nicht schön anziehen und nicht schönen Schmuck tragen sollen. Jehova hat nicht gerne moderne Kleider.»

Ich war fassungslos und dachte an meine Mutter. Das war also schlecht? Ich war irritiert. Warum wollte Gott nicht, dass sich Frauen schön machten? Und vor allem: Weshalb tat meine Mutter das trotzdem?

Ich sah Zipora zu, wie sie ihren beigen Rock anzog, der ihr bis zur Mitte der Waden reichte. Dann legte sie ihre dezente Bluse an und knöpfte sie bis zum Hals zu. Schade, dachte ich, Zipora ist so schön mit ihren blonden Haaren, ihren grünen Augen und dem kecken Grübchen auf der sonnengebräunten

Wange, wenn sie lacht, und noch viel schöner wäre sie in meinem Kleid.

«Seid ihr bereit?» Onkel Friedrich klopfte an die Tür. Sein Klopfen ließ mich immer leicht erschaudern. Wie alle anderen auch fürchtete ich ihn etwas, bewunderte ihn aber zugleich sehr. Onkel Friedrich war ein wichtiger Ältester in der Versammlung, aber auch der Chef in seiner Firma. Zudem war er ein Künstler, alle bewunderten sein Klavierspiel.

«Wir kommen gleich», rief Zipora. «Darf ich deine Schuhe anziehen und du meine?», fragte sie mich leise im Gang.

«Von mir aus», sagte ich, und bereute es gleich wieder, als ich ihre Schuhe sah.

In der Zwischenzeit war sie bereits in meine gelben Sandalen geschlüpft und hatte mir ihre braunen mit Lederriemen bereitgestellt.

Wie immer hier in dieser Versammlung war Onkel Friedrich am häufigsten und längsten von all den Brüdern auf der Bühne. Zipora und ich nannten ihn heimlich «Friedrich den Großen», denn er war von imposanter Größe und Statur. Er war in der Wahrheit ein ganz Wichtiger. Er war der einzige meiner Onkel, der auch wieder am Sommerkongress im Hallenstadion mit seiner lauten, tiefen Stimme von der Bühne herab gepredigt hatte. Gerade am letzten Wochenende am Kongress hatte ich mir einen Spaß daraus gemacht, mit meinem Daumen und Zeigefinger zu messen, wie klein Friedrich der Große dort vorne in Wirklichkeit war.

Heute war er uns aber näher und er sprach wie immer selbstbewusst, eindringlich und voller Kraft. Zipora und ich trauten uns kaum, nicht nach vorne zu blicken. Er gab einem immer das Gefühl, von da oben aus alles sehen zu können, jedes Gähnen, jedes Flüstern, jedes Abschweifen. Sowieso, diese Versammlung war etwas Besonderes. Der Königreichssaal befand sich im Bethel, der Landeszentrale der Zeugen Jehovas in der Schweiz. Das ganze Gelände gehörte Brüdern und Schwestern. Einige davon lebten hier, sie hatten keinen Lohn, durften hier aber gratis wohnen und essen. Die einen kümmerten sich um den Druck und den Versand unserer Bücher und Zeitschriften, die wir in den Versammlungen studierten und im Predigtdienst verteilten, die anderen kochten und putzten für alle. Hier waren alle sehr vorbildliche Brüder und bescheidene Schwestern, sie verzichteten auf eigene Familien und stellten ihr Leben voll und ganz in den Dienst Gottes. Hier also, im Zentrum unserer Gemeinschaft, war Onkel Friedrich auf der Bühne. Ich wusste nicht recht, ob ich auf Zipora eifersüchtig sein sollte, dass sie so einen wichtigen Vater hatte, oder ob ich im Gegenteil froh sein konnte, dass mein Vater kein so Wichtiger war.

Leider waren die beiden Wochen schnell vorbei, und Tante Rosa und Zipora brachten mich mit meinen zwei Koffern zum Bahnhof. Nach den Ferien bei Zipora kam ich immer müde, manchmal sogar krank nach Hause. Aber glücklich! Ich vertrug deren Lebensstil im Grunde nicht, dieses viele Zu-Hause-Sein, das späte Ins-Bett-Gehen, das Essen und Trinken nach Lust und Laune. Aber mir gefiel das, und allem voran liebte ich Zipora.

Ich würde diese Fahrt nach Hause zum ersten Mal alleine machen. Es war nicht schwierig, da unsere Städte mit einer Zuglinie direkt verbunden waren und ich nicht einmal umsteigen musste. Ich war sehr traurig, weil der Abschied von Zipora bevorstand, freute mich aber gleichzeitig auf das Abenteuer, alleine zu reisen, und natürlich auf Mama, Papa und Linda. Tante Rosa war nervös und auch etwas verärgert. Sie hatte meine Eltern am Telefon inständig darum gebeten, mich doch abzuholen, aber diese fanden das nicht nötig. Zipora hätte niemals, niemals auch nur eine kurze Busstrecke alleine fahren dürfen. Noch heute Morgen hatte meine Tante bei Mama ein letztes Mal darum gebettelt, mich nicht alleine auf den Zug schicken zu müssen. Sie könne mich morgen mit dem Auto zurück ins Wallis bringen, aber heute habe sie leider anderes zu tun. «Das fehlte mir noch, dass du die kleine Madame mit dem Auto nach Hause kutschieren musst», hatte ihr Mama am Telefon gesagt. Nichts zu machen, sie wollte, dass ich das lernte, selbstständig wurde und alleine fuhr. Ich war froh, dass sich Mama nicht umstimmen ließ. Beim Abschied umarmten Zipora und ich uns ganz fest. Ich versprach ihr, sie sofort anzurufen, wenn ich gesund zu Hause angekommen war. Ich vermisste sie schon jetzt.

Als mein Zug abfuhr, winkten wir einander zu. Zipora sah dabei traurig und Tante Rosa besorgt aus. Mein Herz klopfte. Ich streckte den Rücken durch und sah unentwegt nach draußen. Meine Aufregung war stärker als die Müdigkeit. Als wir die Stadt hinter uns gelassen hatten, fuhr der Zug am Thunersee entlang. Ich schaute über das blaue Wasser, auf die grünen Hügel dahinter und die in der Ferne liegenden schneebedeckten Berge. Das waren Eiger, Mönch und Jungfrau. In meinem Bauch entfaltete sich ein angenehmes Gefühl, das langsam ins Herz floss, sich dort verstärkte und von da aus in den ganzen Körper ausstrahlte. Ich hätte beinahe gejauchzt vor Glück, aber in meinem Zugwagen befand sich noch ein junger Mann, gleich im Abteil nach der Tür, und zwei Abteile vor mir saß ein älteres Ehepaar. Ich musste das Gefühl in mir drin behalten, was dieses aber noch verstärkte. Ich fühlte mich groß, stark und vor allem: frei.

Als der Zug nach seinem langen Weg den Berg hinauf durch den langen Tunnel hindurch wieder ans Licht fuhr, wusste ich, dass ich nun wieder im Wallis war. Wie schön es auch hier war! Die Farben leuchteten zwar etwas schwächer als drüben im Bernbiet, die Wiesen waren weniger saftig, alles war etwas trockener. Nicht saftiges Grün und funkelndes Blau dominierten hier, sondern eher ein zurückhaltendes Gelb. Die Trockenheit verlieh der Aussicht etwas Südländisches und doch lag auf den Gipfeln der hohen Berge der ewige Schnee. Ich öffnete das Fenster, denn ich liebte den Duft und den Klang unseres Tals. Es roch nach wildem Thymian und trockenem Gras, und immer und überall hörte man die Grillen zirpen. Ich wollte die Heimat riechen und hören, doch die alte Dame im anderen Abteil drehte ihren Kopf zu mir und schaute streng. Ich schloss das Fenster wieder, was nicht schlimm war, da ich das Tal im fahrenden Zug weder riechen noch hören konnte. Ich genoss das Heimatgefühl, atmete tief ein, ließ meinen Blick über die Berge schweifen und sah plötzlich ein Kreuz. In diesem Moment schwor ich mir: Dies ist auch meine Heimat, das kann mir niemand mehr ausreden, auch ich selber nicht. Die Berge stehen hier schon viel länger als dieses Kreuz und werden auch im Paradies noch stehen, wenn all diese Kreuze verschwunden sind.

Der Zug rollte langsam den Berg hinunter, immer wieder durch kurze Tunnels hindurch. Als wir in der Talsohle angekommen waren, fuhren wir auch schon in Brig ein. «Schade eigentlich, dass wir schon da sind», dachte ich. Ich wusste nicht, wann ich dieses Gefühl wieder erleben würde. Doch als ich Mama auf dem Bahnsteig warten sah, freute ich mich sehr. Ich hatte sie rasch erblickt, doch der Zug war noch etwas weitergefahren. Als er endlich stehen blieb, stand ich schon an der Tür, riss diese schnell auf, sprang hinaus und rannte mit meinen beiden Koffern so gut es ging auf Mama zu. Wie sehr ich sie vermisst hatte!

Bereits von Weitem spürte ich, dass sie sich zwang zu lächeln. Sie sank auf die Knie und breitete ihre Arme aus. Als ich näherkam, sah ich: Sie hatte sich ja gar nicht geschminkt, war schlecht frisiert. Und seit wann ging sie in solchen Kleidern aus dem Haus? Ich war enttäuscht, denn ich war ja stolz auf meine schöne, große, schicke Mama. Hatte sie verstanden, dass Jehova geschminkte Frauen nicht gern hatte? Würde sie sich jetzt nie mehr schön machen? Das fände ich sehr schade! Sie umarmte mich und begann gleich zu heulen. «Was ist los, Mama?», fragte ich, aber sie küsste mich immer wieder und sagte: «Schön, dass du wieder da bist.»

Auf der Autofahrt nach Hause erzählte ich ihr alles, was ich erlebt hatte. Von Zipora, was wir alles essen durften und die Filme, die ich gesehen hatte. Ich erzählte alles außer dem, was wir mit unseren Barbies gespielt hatten.

Im Lift in unserem Haus begann Mama wieder zu weinen. Was war los? Ich trat langsam in die helle Wohnung ein. Schon vom Flur aus sah ich, dass Papa und Linda auf unserem beigen Sofa im Wohnzimmer saßen. Papa hatte zwar Straßenhosen angezogen, aber oben trug er nur ein weißes Unterhemd. Sie standen nicht auf, als ich eintrat. Die Sonne schien durchs Wohnzimmer, und obwohl Papa mit dem Rücken zum Fenster saß und sein Gesicht im Schatten war, erkannte ich, dass er rote Augen hatte. Linda winkte mir langsam von Weitem zu und sagte leise: «Hallo, schön, dass du wieder hier bist.» Ich zog rasch meine Sandalen aus, da ich den rosa Teppich im Wohnzimmer nicht mit Schuhen betreten wollte, ging zu Papa und fiel ihm um den Hals. «Was ist los, Papa?», fragte ich ihn. Er schaute mich unendlich traurig an und sagte: «Geh dir die Hände waschen und setz dich dann zu uns.»

Ich hatte schreckliche Angst, dass jemand gestorben war. Immerhin: Meine Familie war da, sie lebten ganz sicher alle. War Großmutter oder Großvater tot? Dann begann Papa zu reden: «Ich habe etwas ganz, ganz Schlimmes getan. Die Ältesten in der Versammlung wissen es. Sie haben gesagt, dass ich nun kein Ältester mehr sein darf. Ich darf jetzt ein Jahr lang in der Versammlung nicht mehr reden. Was ich getan habe, hat nichts mit euch zu tun. Ihr seid meine Familie, die ich über alles liebe. Aber leider habt ihr einen schlechten Vater.» Ich war erleichtert, keine Toten also. Was Papa wohl getan haben mochte? Bestimmt eine Zigarette geraucht, dachte ich. «Was hast du denn eigentlich gemacht, Papa?», fragte Linda leise, aber er zuckte nur mit den Achseln: «Das versteht ihr noch nicht.» Meine Mutter brach wieder in Tränen aus und schaute Papa dabei wütend an. Daraufhin sagte er: «Ich bin ein schlechter Mensch.»

Papa sagte auch, er habe zwei Herzen in seiner Brust: eines, das für die Wahrheit schlägt, und das andere, das das nicht tut. Ist das schlimm, Adele? Mama sagt, Menschen mit großen Herzen seien gute Menschen. Sind dann Menschen mit zwei Herzen nicht noch besser?

Am Donnerstag in der Versammlung trat Bernhard auf die Bühne. Er sah sehr ernst aus – und traurig. Er atmete tief ein, dann sagte er: «Unserem Bruder Franz wird sofort das Amt als Ältester entzogen.» Alle Brüder und Schwestern erstarrten. Nach Bernhard ging Robert auf die Bühne und hielt eine lange Ansprache, die er mit 1. Korinther 6:9 begann: «Wißt ihr nicht, daß Ungerechte das Königreich Gottes nicht erben werden? Laßt euch nicht irreführen. Weder Hurer noch Ehebrecher werden Gottes Königreich erben.»

Während der ganzen Ansprache saß Mama mit geradem Rücken auf ihrem Stuhl und blickte bewegungslos auf die Bühne. Papa ließ die Schultern hängen und starrte Löcher in den Boden.

Nach der Versammlung kam Bernhard auf mich zu: «Das ist eine schwere Zeit für dich und deine Familie. Aber du musst wissen, Jehova liebt deinen Vater trotzdem, da er seine Sünde bereut hat.» Das beruhigte mich etwas, denn ohne Papa hätte ich nicht ewig in diesem Paradies leben wollen.

Heute öffneten meine Eltern nach der Versammlung keinen Wein. Mama schickte uns gleich ins Bett und zog sich ins Schlafzimmer zurück. Papa legte sich aufs Sofa, wo er die letzten Nächte geschlafen hatte. Wie es aussah, würde das noch länger so bleiben.

Mama ging die Tage und Wochen darauf stundenlang alleine spazieren. Papa war fast nur noch in seinem Büro. Ich fühlte mich einsam in dieser plötzlich so seltsamen Familie. Mama, die sonst immer stark und zuversichtlich war, weinte ständig. Papas Miene änderte sich manchmal innerhalb einer Minute von reumütig zu aggressiv und wieder zurück. Und Linda trug zu Hause fast nur noch ihre neuen weißen Pluderhosen mit den schwarzen Tupfen darauf und verkroch sich in ihrem Zimmer. «Scheiß-Laune-Hosen» nannten wir diese unter uns.

Was du, Adele, jetzt wohl über Papa gedacht hättest? Mama hat jedenfalls einmal gesagt, du hättest ihn gern gehabt und ihn charmant gefunden. Obwohl ich nicht genau weiß, was charmant ist, merke ich, dass das, glaube ich, viele Frauen denken. Mama sagte auch, Papa sei anders als viele Schweizer Männer und vor allem als die Männer aus dem Saanenland. Das habe ihr großen Eindruck gemacht damals und auch heute noch. Er sage manchmal so schöne Dinge, von denen sie als junge Frau nicht mal gewusst habe, dass ein Mann so etwas zu einer Frau sagen könne. Mama meint auch, Papa habe viel von seinem Vater geerbt. Mein Großvater vom Bodensee war auch gesellig und überschwänglich. Was hat dir an Papa gefallen, Adele? Dass er charmant und lustig ist oder eher, dass er zum Predigen seine Heimat verlassen hat?

Die kleine Schwester
Oktober 1987

Im Oktober, just an Papas 39. Geburtstag, waren wir endlich komplett: Unser fünftes Familienmitglied kam in der Wahrheit auf die Welt. Linda und ich durften den Namen des Bébés bestimmen und hatten uns einen weiblichen und einen männlichen Namen ausgedacht. Wir waren sehr gespannt auf dessen Geschlecht und Haarfarbe. Nun wussten wir: Emily war die dritte rothaarige Tochter und Schwester in unserer Familie. Ich war vom ersten Augenblick an verliebt in dieses kleine Wesen. Mich faszinierte, wie es schon da war und doch noch nicht ganz. Es schien, als wäre Emily nicht seit dem Zeitpunkt ihrer Geburt bei uns, sondern käme erst nach und nach bei uns an, als bräuchte sie Monate, um ihre Augen richtig zu öffnen und zu realisieren, wo sie gelandet war.

Einige Monate nach der Geburt entschloss sich Mama dazu, erstmals seit ihrer Hochzeit wieder arbeiten zu gehen, und wurde Papas Sekretärin. Papas Büro war seit jeher in der Attikawohnung unseres fünfstöckigen Mehrfamilienhauses untergebracht. Die beiden brauchten nur gerade den Lift zu nehmen, um zur Arbeit zu fahren. Papa baute weiterhin Häuser und Chalets, Mama vermietete diese an Touristen. Arbeiten tat ihr gut, sie sah strahlend aus. Einmal zwinkerte sie meinem Vater zu und flüsterte: «Soll ich dir ein Geheimnis verraten? Mein Kind ist vom Chef.»

Papa wollte von nun an alles richtig machen. Mama meinte, er habe erst jetzt wirklich begriffen, dass er Vater sei. Er liebte Emily über alles, überhaupt fand er plötzlich, dass ein Kind das Faszinierendste und Schönste überhaupt im Leben sei. Er vergötterte sie, verteidigte sie gegen alle und alles und erfüllte ihr jeden Wunsch. Manchmal schaute er mich traurig an und sagte: «was ich alles mit euch verpasst habe», um sich dann gleich wieder der Kleinen zuzuwenden. Mir setzte das zunehmend zu. Ich verstand nicht, wie Emily und ich denselben und doch nicht den gleichen Vater hatten.

Es war offensichtlich, dass diese Zeit für meine Eltern eine glückliche Zeit war. Mama war froh, dass sie endlich ein Kind geboren hatte, das die volle Aufmerksamkeit ihres Mannes auf sich zog. Er war jetzt öfters zu Hause. Sie hingegen war öfters weg und fand es bereichernd, in die Arbeitswelt eingebunden zu sein. Für mich jedoch begann damit eine Zeit der größeren Verantwortung. Wenn ich nicht zur Schule musste oder in den Dienst ging, passte ich auf Emily auf. Linda besuchte zu dieser Zeit bereits die Handelsschule in Brig, die ihr viel Arbeit abzuverlangen schien. Sie trug wieder öfters die weiße Pluderhose mit den schwarzen Tupfen und verbrachte ganze Tage in ihrem Zimmer. Ich zweifelte daran, dass sie dort drinnen wirklich immer für die Schule lernte. «Kann nicht Linda mal nach Emily schauen?», fragte ich Mama. «Nein, sie muss jetzt für die Schule lernen, diese Lebensphase ist sehr entscheidend für sie.»

Linda war in dieser Zeit fast immer schlecht gelaunt. Obwohl wir weniger stritten als früher – ganz einfach, weil Linda kaum noch sprach, sondern nur im besten Fall eine gelangweilte, im schlechtesten eine böse Miene aufsetzte –, fanden meine Eltern, es sei Zeit für eigene Zimmer. Da die kleine Studiowohnung neben unserer Familienwohnung frei geworden war, kauften sie diese dazu und ließen die Wand durchbrechen. Nun hatten wir ein doppelt so großes Wohnzimmer als zuvor und ein zusätzliches Zimmer mit eigenem Bad. Dort durfte Linda einziehen. Ich hatte sie seit Langem nicht so glücklich gesehen wie an dem Tag, an dem ihr Papa den

Schlüssel zum neuen Zimmer übergab. Mich betrübte das, denn ich hatte es gemocht, im selben Zimmer wie sie zu schlafen, und fürchtete, sie nun kaum noch zu sehen.

So war es auch, sie verkroch sich immer mehr. Mama sagte: «Sei nicht traurig, Linda hat dich immer noch gern, aber in ihrem Alter ist das normal. Sie muss viel lernen und will sich öfters zurückziehen, um alleine zu sein, Musik zu hören und Bücher zu lesen. Verbring deine Zeit im Moment besser mit Emily, genieß es, sie werden so schnell groß, die Kleinen!»

An einem schönen, aber föhnigen Mittwochmittag – ich musste die Küche machen und Emily hüten – hatte Linda besonders schlechte Laune. Sie war mit einer Schwester für den Dienst verabredet. Obwohl sie das nie gesagt hatte, merkte ich, dass sie den Dienst hasste, denn die Stunden davor war sie jeweils unausstehlich. Nicht, dass ich etwa gerne von Haus zu Haus ging. Bereits als kleines Kind waren diese vielen, vielen Stunden, in denen ich meine Mutter oder meinen Vater oder auch sonst einen Bruder oder eine Schwester aus der Versammlung von Tür zu Tür begleitet hatte, schwer erträglich. Ich wusste nie, welches Wetter eigentlich unpassender war dafür: War es kalt oder nass, war es zwar beschwerlich, war es hingegen schön und warm draußen, hätte ich umso lieber etwas anderes unternommen, etwa auf Spielplätze, in Wälder, auf Skipisten oder in Schwimmbäder gehen. Aber ich hatte immer versucht, mich dabei auf das Gute zu konzentrieren: Gespräche mit Glaubensbrüdern oder -schwestern, Teepausen, Schokolade oder Biskuits, die mir alte Frauen aus Mitleid anboten, und natürlich das gute Gewissen Jehova gegenüber.

«Linda, gehst du nicht gerne in den Dienst?», fragte ich sie nach dem Mittagessen. «So eine blöde Frage», entgegnete sie. Ich wusste nicht, was sie damit sagen wollte, fragte aber nicht nach. Ihre Miene verfinsterte sich von Minute zu Minute. Sie verschwand in ihrem Zimmer, kehrte etwas später in einem Rock und mit einer großen Umhängetasche zurück und brummte: «Tschüss zusammen, bis heute Abend.» Sie tat mir leid. Ich wusste, wie ungern sie anders war. Dieses Klingeln an fremden Türen, das Davor-Stehen mit der Bibel in der Hand – das war so was von «anders».

Ich war froh, dass ich diese Woche nicht in den Dienst musste, lieber hütete ich Emily. Unsere Gemeinschaft war momentan nämlich überall im Land in den Schlagzeilen, was den Dienst erschwerte. Eine junge Glaubensschwester war bei der Geburt ihres Kindes im Spital verstorben, da sie eine Bluttransfusion verweigert hatte. Wir fanden das alle unendlich traurig, bewunderten sie aber für ihren starken Glauben. Jehova verbot es seinem Volk, Blut zu sich zu nehmen. In der Apostelgeschichte 15:28 steht: «Denn der heilige Geist und wir selbst haben es als gut befunden, euch keine weitere Bürde aufzuerlegen als folgende notwendige Dinge: euch von Dingen zu enthalten, die Götzen geopfert wurden, sowie von Blut wie von Erwürgtem und von Hurerei. Wenn ihr euch vor diesen Digen sorgfältig bewahrt, wird es euch gut gehen. Bleibt gesund!» Nun ja, gesund bleiben und sterben – das brachte ich nicht wirklich zusammen. Hauptsache war, die Schwester war standhaft geblieben. Ihr Kind würde sie ja dann im Paradies sehen, und zwar für immer und ewig.

Das hatte ich mir damals, vor zwei Jahren, auch gedacht, als ich meine Mandeln entfernen lassen musste. Meine Eltern suchten im ganzen Land ein Spital, in dem uns zugesichert wurde, mir keine Bluttransfusion zu geben, sollte es denn nötig sein. Ein einziger Arzt in einem Berner Spital hatte uns dann versprochen, er würde im Notfall eine andere, fortschrittlichere Methode anwenden als eine Bluttransfusion.

Ich beruhigte mich damals mit dem Gedanken, dass – würde ich sterben – ich jedenfalls einen gesicherten Platz im Paradies hätte und um die schlimme Endzeit herumkommen würde.

Bei der Geschichte, die jetzt in den Zeitungen, im Radio und im Fernsehen kam, war es aber noch etwas anderes als der Tod der jungen Mutter, was uns entsetzte: Wir hörten, dass jemand «Mörder» auf die Hauswand ihres Vaters gesprayt hatte. Wie leid uns dieser Bruder tat, er hatte seine Tochter verloren. Wie hart und böse die herzlosen Gegner der Wahrheit waren! Papa betete jedenfalls diese Woche bei jedem Tischgebet um Kraft für den armen Bruder und seine Familie, und auch in den Versammlungen gedachten wir ihrer in unseren Gebeten.

Früher als erwartet – Emily war gerade dabei, aus dem Nachmittagsschlaf zu erwachen, und ich zerdrückte eine Banane für sie – stand Linda schon wieder im Flur. «Was ist los?», fragte ich sie, als ich sah, dass sie bleich war und ihr Gesicht verzog. «Ich musste den Dienst unterbrechen, ich habe rasend Kopfschmerzen, es flimmert vor meinen Augen und mir ist schrecklich übel. Ich glaube, ich muss mich gleich wieder übergeben.» Noch ohne ihre Jacke und die Schuhe auszuziehen, rannte sie aufs Klo. Ich rief sofort Mama an: «Komm schnell runter, Linda geht es nicht gut, ich habe sie noch nie so gesehen!»

Als Mama zur Wohnungstür hineingestürmt war, erzählte uns Linda: «Ich musste mich bereits im Dienst übergeben.»

«Ach, herrje, du Arme. Wo musstest du erbrechen?», fragte Mama nach.

«Im Garten eines Wohnungsinhabers, der uns kurz davor die Tür vor der Nase zugeknallt hatte. Das ist mir so peinlich!»

«Oh nein!», rief ich und stellte mir die Szene bildlich vor. «Was hat der Mann gesagt?»

«Nichts, er hat es nicht gesehen, zumindest nicht sofort. Er war sehr verärgert über unseren Besuch und sagte, wir sollen von seinem Grundstück verschwinden, er sei in Eile, er habe keine Zeit für Sektengeschwafel, sondern müsse gleich aus dem Haus.»

«Oh je, und als er dann rausging, sah er ...»

«Ja, es hat mir nicht mehr gereicht, auf die Straße zu rennen.»

«Auweia!» Ich schüttelte den Kopf.

«Um Himmels willen», sagte Mama, «wenn das hoffentlich nur heute so war und du nicht von mir die Migräne geerbt hast!» Sie holte im Badezimmer eine Tablette und streckte sie Linda entgegen. «Nimm das, das nimmt dir den schlimmsten Schmerz. Du musst dich jetzt unbedingt hinlegen.»

«Danke», hauchte Linda, «das muss ich allerdings. Ich will jetzt einfach nur in mein Zimmer gehen, die Rollläden schließen und mich ins Bett legen.»

Mama schaute ihr besorgt hinterher. «Und viel Wasser trinken, gell, du musst viel Flüssigkeit zu dir nehmen!»

Erst als Linda in ihrem Zimmer verschwunden und Mama wieder weg war, traute ich mich zu lachen. Wie großartig, dass Linda diesem Idioten in den Garten gekotzt hatte!

Ich liebte Emily sehr, aber die Verantwortung belastete mich. An einem weiteren Mittwochnachmittag, Papa war nur rasch in die Wohnung hinuntergekommen, fand er mich heulend vor. Emily hatte gerade den gesamten Brei auf den Boden geworfen, ihn sich zuvor in die Haare geschmiert und dann auch unter den Tisch gestrichen. Als ich in die Küche gegangen war, um einen feuchten Putzlappen zu holen, hatte sie auch noch das Fläschchen auf den teuren Teppich geworfen, auf den nun die Milch hinabtropfte. Als ich sie aus dem Kinderstühlchen zog, roch ich, dass sie zudem die Windeln voll hatte. Papa griff sofort zum Telefonhörer und rief Mama im Büro an: «Komm sofort runter, der Mittelstürmer ist total fertig mit den Nerven.» «Mittelstürmer», so nannte mich meine Familie neuerdings, seit ich nach Linda, der «Großen», nicht mehr die «Kleine» war. Das bedeutete es also, fertig mit den Nerven zu sein. Zuvor hatte ich mir darunter nie etwas vorstellen können.

In dieser Zeit lernte ich, was Stress mit süßen Bébés zu tun hat.

Ich war in der Zwischenzeit elf Jahre alt, aber mit der Geburt meiner kleinen Schwester wurde ich schlagartig erwachsen. Ich verlor nicht nur den Status als jüngstes Kind in der Familie, sondern überhaupt den Status «Kind». Zu meinem Leidwesen kam noch etwas Fürchterliches hinzu: In den darauffolgenden Winterferien entdeckte ich eines Morgens Blut in meiner Unterhose. Ich wusste, was das war und was es bedeutete, aber ich wusste nicht, dass das auch in so jungen Jahren beginnen konnte. Linda war damals etwas älter gewesen, als sie zu bluten begann. Die einzige Erklärung, die ich dafür hatte, war, dass ich an einer sehr schweren, seltenen, wenn nicht sogar tödlichen Krankheit litt. Diese Vorstellung beruhigte mich. Ich versuchte, es vor meiner Familie zu verheimlichen, aber bereits am nächsten Waschtag flog ich auf. Meine Mutter kam mit einer Unterhose in der Hand in mein Zimmer und strahlte: «Wie schön, jetzt bist du eine Frau!» Ich erklärte ihr, dass sie sich täusche, das sei nicht das, was sie meine, sondern eine seltene Krankheit. «Wäre dir das denn lieber?», fragte sie. «Ja, viel lieber», entgegnete ich. Daraufhin nahm sie mich in den Arm und sagte: «Irgendwann wird diese Krankheit vorbeigehen. Du wirst nicht daran sterben, das verspreche ich dir.»

Vor dem Abendessen, nachdem Papa wie üblich das Tischgebet gesprochen hatte, lächelte er mich stolz und liebevoll an und sagte: «Guten Appetit, mein kleines Fräulein.» Ich wäre am liebsten auf der Stelle tot umgefallen. Beim Gutenachtkuss flüsterte ich meiner Mutter ins Ohr: «Kann man eigentlich die Periode haben und trotzdem noch ein Kind sein?»

«Möchtest du denn lieber noch ein Kind sein?», fragte sie mich zurück. Als ich nickte, sagte sie mir: «Natürlich, das kann man. Es hat nichts miteinander zu tun. Das eine ist der Körper, das andere die Persönlichkeit. Schlaf gut, mein Kind!»

Wie gern wäre ich wie Mama, sie ist so unverkrampft in ihrem Körper. Hat das damit zu tun, dass sie als Bauerntochter aufgewachsen ist? Sie sagt immer, sie habe alles bei den Tieren gesehen: wie die Kälber auf die Welt kommen, wie sie größer werden, besamt werden, wieder Kälber gebären. Warst du auch so, Adele? Ich glaube, sie hat es dir abgeguckt, weil Großmama zwar auch Bäuerin, aber doch ganz anders ist, sie findet alle diese Sachen «wüst».

Der Albtraum
Juli 1989

Wieder war ein Schuljahr um. Sofia und ich waren seit einem Jahr in der Sekundarschule. Das Schuljahr verging zäh und mühselig. Ich fühlte mich so unsicher, irgendwie nirgends zu Hause, am wenigsten in meinem Körper. War ich ein Kind oder eine Jugendliche? Einzig unter Gleichaltrigen fühlte ich ein bisschen wohler, denn ich ahnte, dass sie sich ähnlich fühlten. Mir schien, dass unsere Unsicherheiten uns verbanden, wir standen auf wackligem Boden und hielten uns aneinander fest.

Ich begann mich nun auch öfters in meinem Zimmer zu verschanzen. Wenn ich nicht gerade in den Dienst ging oder auf Emily aufpasste, lag ich auf dem Bett und hörte Whitney Houston. Ich war ein großer Fan von dieser schönen Frau und ihrer starken Stimme, aber leider durfte ich keine Poster von ihr aufhängen. Das war nämlich Menschenverehrung, und das war den Zeugen Jehovas nicht gestattet. So schnitt ich alle Bilder, die ich von ihr fand, aus, sammelte sie und versteckte sie in einem Couvert unter meinem Bett. Wenn ich alleine im Zimmer war, betrachtete ich ein Bild nach dem anderen. Ich war bezaubert von Whitney. Das waren die schönsten Momente in dieser Zeit: Ich lag auf dem Bett, hörte ihre Liebeslieder an und träumte davon, Hand in Hand mit einem jungen, schönen Mann bei Sonnenuntergang am Strand spazieren zu gehen. Der Strand sollte genauso aussehen wie der auf meinem Poster, welches ich über meinem Bett aufgehängt hatte, und wie dort auch müsste ein weißer Schimmel uns begleiten. Der Traum funktionierte nur, weil ich mir vorstellte, dabei sehr dünn und wunderschön zu sein, denn ich war überzeugt, dass nur sehr schöne und sehr dünne Frauen die wahre Liebe – eben: Spaziergänge am Strand – finden könnten. Eine Überzeugung, die mich zu Tode betrübte, kaum war die Kassette fertig.

Mama hatte mich weinen gehört und klopfte an meine Zimmertür. «So ein Mist», dachte ich. Ich sammelte rasch meine Bilder zusammen und steckte sie zurück ins Couvert.

Mama trat ein und setzte sich zu mir aufs Bett. «Was ist los mit dir, warum weinst du in letzter Zeit so oft?»

«Weil ich zu dick bin», platzte es aus mir heraus, obwohl ich sie doch eigentlich nur hatte bitten wollen, mich alleine zu lassen.

«Das stimmt doch gar nicht!», antwortete sie und schüttelte dabei traurig den Kopf.

Ich dachte nur: «Die hat echt keine Ahnung.»

«Ich sage dir jetzt etwas ganz Wichtiges, hör mir gut zu: Ganz, ganz viele Frauen denken, sie seien zu dick, sie hätten zu kleine Brüste, zu dünne Haare, zu kurze Beine, zu große Nasen oder was auch immer. Sie denken vielleicht, dass sie deswegen das gute Leben oder die große Liebe verpassen. Aber das ist Blödsinn. Die Menschen sind verschieden und so auch die Geschmäcke. Du denkst jetzt vielleicht, dass nur Menschen, die wie Models oder, noch schlimmer, wie Barbies und Kens aussehen, schön sind. Aber in Wirklichkeit stimmt das nicht. Es gibt Männer, die haben gerne kleine, zierliche Frauen, und andere haben gerne große, üppige. Und auch wir Frauen sind ja so: Einige mögen lieber starke Männer, andere haben gerne die Feinen. Einige stehen auf blonde, große, andere lieber auf dunkle, südländische Typen. Es gibt Frauen, die mögen Männer mit großen Bäuchen und sagen: ‹Ein Mann ohne Bauch ist kein Mann›, aber die anderen schütteln dann nur den Kopf und meinen: ‹Oh nein, das ist doch schrecklich, ich mag Waschbrettbäuche.› So ist der Mensch, und das ist gut so. Stell dir vor, wie langweilig es wäre, wenn alle gleich aussehen würden!»

Ich überlegte kurz und fand, dass sie im Grunde recht hatte. Trotzdem wäre ich gerne die Barbie, die anderen könnten ja gerne vielfältig sein. «Ich finde mich trotzdem so furchtbar dick.»

«Gut, wenn du eine Diät machen möchtest, dann unterstütze ich dich dabei. Du kannst morgen damit beginnen. Ich habe letzthin beim Coiffeur in einem Heft von einer Ananas-Diät gelesen, die könntest du machen.»

Ich umarmte Mama und fühlte mich erleichtert. Schon bald würde ich ganz dünn sein.

Am nächsten Morgen setzte mir Mama zum Frühstück eine Büchse Ananas vor. Auf dem Schulweg fühlte ich mich leicht und glücklich. Am Mittag gab es für mich wieder Ananas, während die anderen Tomaten-Risotto mit sehr viel Parmesan aßen. Nach der Schule hatte ich einen Bärenhunger, und Mama riet mir, eine Büchse Ananas zu öffnen, die Hälfte davon schon jetzt und die zweite dann am Abend zu essen. Die anderen aßen ein Birchermüesli mit viel Rahm, dazu Brot und Hartkäse. Ich schlief ein mit knurrendem Magen, aber voller Stolz. Mich befriedigte der Gedanke daran, wie viele Kalorien die anderen im Gegensatz zu mir heute zu sich genommen hatten. Mir kam es so vor, als sei mein knurrender Bauch schon etwas dünner geworden.

Nach fünf Tagen war die Diät zu Ende. Ab dem zweiten Tag hatte ich nur noch gelitten und furchtbar schlechte Laune gehabt. Ich wurde wie besessen vom Essen und konnte nur noch an Spaghetti Carbonara, Schinkengipfeli, Schokoladentorte, Pommes Chips, Pommes frites, Bratwürste und Tiramisu denken. Und an Wienerli im Teig. Ich träumte sogar, ich wäre das Wienerli im Teig und leckte den Senf von innen her auf.

«Und, bist du nun glücklich?», fragte mich Mama am Samstagmorgen.
«Ja, glücklich, dass es vorbei ist. Ich schwöre, ich werde nie wieder eine Diät machen.»
Mama lächelte befriedigt.
«Sag mal, wieso hast du früher eigentlich immer Diäten gemacht? Ich kann mich an viele erinnern. Du sagst doch immer, wie schade es sei, dass keine deiner Töchter deine schönen, langen, schlanken Beine geerbt hat.»
Mama überlegte. «Ich dachte, die Liebe und Treue eines Mannes hätten mit dem Aussehen seiner Ehefrau zu tun.»
«Aha», entgegnete ich, «und du fandest Schlanksein schöner. Du warst ja auch noch schlanker damals. Sag mal, seit wann genau findest du denn eigentlich Vielfalt schön?»
«Jetzt werde nicht frech! Ich bin um einiges älter als du und habe schon verschiedene Moden erlebt. Als ich ganz jung war, wollten alle üppige Frauen sehen, du weißt schon, solche mit Kurven wie Marilyn Monroe. Irgendwann kippte das, und der Körper der Frau sollte plötzlich möglichst dünn sein, frei von jeglichen weiblichen Linien. Wir sollten uns nicht diesen Moden unterwerfen, das macht uns nur unglücklich und nagt am Selbstwertgefühl. Weißt du, was ich immer mache? Bevor ich aus dem Haus gehe, mache ich mich zurecht, schaue in den Spiegel, in dem ich am besten aussehe, du weißt schon, der bei uns im Gang. Dann posiere ich so, wie ich mir gefalle, und mit diesem Bild im Kopf gehe ich dann aus dem Haus.»

Nun ja, im Grunde änderte sich nicht viel an meinem Körper, doch ich hatte noch allerhand andere Sorgen. Größere, im Grunde genommen. Sofia zum Beispiel. Sie sandte weiterhin kein Zeichen, in die Wahrheit zu kommen. Überhaupt schien das Thema Religion sie nicht mehr sonderlich zu beschäftigen. So beruhigend es für mich im Grunde war, die Wahrheit zu kennen, so beängstigend fand ich diese auch immer öfter. Ich wurde mir langsam der Konsequenz des Ganzen bewusst und begann zu verstehen, was es wirklich hieß, eine Zeugin Jehovas zu sein oder eben nicht. Da ging es nicht nur um Geburtstagskuchen, Weihnachtsgeschenke und Zigaretten. Nein, da ging es um mehr: um Leben und Tod.

Ich wusste, das Ende war nahe, bald käme das Paradies. Dort würden wir ewig leben, in diesem Garten voller Obstbäume, in dem immer die Sonne schien. Wir würden unsere geliebten Verstorbenen wiedersehen, sofern diese denn wahre Diener Gottes gewesen waren, denn die würden allesamt von den Toten auferweckt werden.

Und die Weltlichen? Für die sah es übel aus. Sie würden alle vernichtet in Harmagedon, dem Ort, an dem die letzte, furchteinflößende und endgültige Schlacht Gottes stattfinden würde. Mich beunruhigte der Gedanke an all die Toten, die in der Endzeit herumliegen würden. All meine Schulkolleginnen und -kollegen, die Lehrer, die Verkäuferinnen, die Nachbarn, die Postauto-Chauffeure, die Straßenarbeiter, die Mütter und Väter, die Serviertöchter, Ärzte, Schuhmacher und Bäckerinnen. Alle tot. Auch Sofia, ihr jüngerer Bruder und ihre Eltern. Sofia musste ich verdrängen, und wenn ich das nicht schaffte, so betete ich zu Jehova, er möge sie trotzdem retten, wenigstens mir zuliebe.

Aber nicht nur vor diesen Leichenbergen, sondern auch vor der Zeit davor hatte ich Angst. Die Zeit, in der das alte System, in dem wir jetzt lebten, zu Ende gehen würde. Das würde nämlich eine Probezeit für uns sein, eine sehr, sehr harte Probezeit. Sie war sehr nahe, wie in Matthäus 24:7 steht, hatte Jesus doch prophezeit: «Denn Nation wird sich gegen Nation erheben und Königreich gegen Königreich, und es wird Lebensmittelknappheit und Erdbeben an einem Ort nach dem anderen geben. Alle diese Dinge sind ein Anfang der Bedrängniswehen. Dann wird man euch der Drangsal überliefern und wird euch töten, und ihr werdet um meines Namens willen Gegenstand des Hasses aller Nationen sein. Dann werden auch viele zum Straucheln gebracht werden und werden einander verraten und werden einander hassen.»

Wenn wir uns die Nachrichten anschauen, dann war es eindeutig, dass das Ende nahe sein musste. Auch wenn die Leitende Körperschaft sich schon mehrmals getäuscht hatte – sie hatte Harmagedon zuerst für 1914, 1925 und dann ein letztes Mal für 1975 vorhergesagt –, so waren die Zeichen der Zeit nun eindeutig. Die Brüder in New York nannten kein neues Jahr mehr, denn sie hatten von Jehova helleres Licht erhalten. Änderungen der Wahrheit waren ein großer Segen, denn in Sprüche 4:18 heißt es: «Aber der Pfad der Gerechten ist wie das glänzende Licht, das heller und heller wird». Die Leitende Körperschaft hatte erkannt, dass für Harmagedon kein Datum nötig sei, denn die Zeichen der Zeit sprächen für sich.

In der Tat, uns stand Schlimmes bevor, doch in Matthäus 24:13 ermunterte uns Jesus: «Wer aber bis zum Ende ausgeharrt haben wird, der wird gerettet werden. Und diese gute Botschaft vom Königreich wird auf der ganzen bewohnten Erde gepredigt werden, allen Nationen zu einem Zeugnis; und dann wird das Ende kommen.»

Dass wir überall auf der Welt predigten, gehörte auch dazu, zum Zeichen der Endzeit. Was für ein großartiges Gefühl,

Teil von etwas Großem historischen Ausmaßes zu sein, Teil einer göttlichen Prophezeiung!

Letzte Nacht hatte mich ein schrecklicher Albtraum heimgesucht. Ich war in Schweiß gebadet aufgewacht. Zitternd erinnerte ich mich an die Bilder aus dem Traum: Sie hatten uns geholt, die Männer in Uniform, die Armbinden mit Hakenkreuzen trugen. Sie drängten uns unten auf unserem Parkplatz in einen grauen Kastenwagen. Ich hatte kurz nach oben geschaut und gesehen, wie eine Nachbarin rasch den Vorhang zuzog. Zuerst luden sie Papa ein, dann Mama mit Emily im Arm, dann Linda und mich. Sie fuhren mit uns zum Bahnhof in Brig. Papa musste in einen anderen Zug einsteigen als wir. Kurz darauf rollte Papas Zug los, in Richtung Süden. Als sie Mama in einen Waggon stießen und ihr dabei Emily wegrissen, schreckte ich auf und schrie.

Wir hatten diese Woche in der Schule den Holocaust behandelt. Ich begriff, wie schlimm die vor uns liegende Endzeit tatsächlich sein würde. Die Grausamkeiten, die die Opfer des Naziregimes erleiden mussten, das waren die Proben, denen auch wir ausgesetzt sein würden. Ich hatte in der Versammlung gelernt, dass im Zweiten Weltkrieg auch Zeugen Jehovas verfolgt und in Konzentrationslager gesteckt worden waren. Die Glaubensbrüder hatten den Wehrdienst verweigert. Es war unglaublich beeindruckend, dass die meisten von ihnen Jehova tatsächlich treu geblieben waren. Im Gegensatz zu vielen anderen Opfern des Nazi-Regimes, die überhaupt keine Chance auf ein Entrinnen hatten – etwa Juden oder «Zigeuner» –, hätte ein Wort unserer Brüder genügt, sich von den Leiden zu befreien. Sie hätten Jehova verleugnen und so den Gang in die grausamen Lager vermeiden können. Und doch waren sie standhaft geblieben, im vollen Vertrauen auf das ewige Leben. Doch wie stand es um mich? Man würde auch uns aufspüren, einsammeln, voneinander trennen, quälen und zu vernichten versuchen. Je älter ich wurde und je mehr ich über das «Dritte Reich» erfuhr, desto furchtbarer wurden meine Erwartungen. Würde ich dort, im KZ, standhaft bleiben können? Und meine Eltern, meine Schwestern, meine Onkel und Tanten, die Cousinen und Cousins, all die Brüder und Schwestern? Würden sie diese Stärke und den Mut aufbringen? Würden wir uns dann im Paradies wirklich alle wiedersehen? Oder würde ich schwach werden, Jehova aus Feigheit verleugnen?

Ich war sicher, dass dies ein dämonischer Traum war, der mich einschüchtern sollte, und fürchtete mich sehr. Die Dämonen, die Diener des Teufels, versuchten uns Zeugen Jehovas nämlich immer wieder Angst einzujagen, uns zu verunsichern und vom wahren Glauben abzubringen. «Geht weg, ihr Dämonen!», sagte ich laut. Dann nannte ich Gottes Namen, denn ich wusste: Hörten die Dämonen den Namen «Jehova», würden sie auf der Stelle verschwinden.

Hattest du auch manchmal Angst, Adele? Wie gingst du mit diesen Gedanken um? Momentan beschleichen mich seltsame Gefühle: Ich fühle mich irgendwie privilegiert und doch diskriminiert, geborgen und doch bedroht, stolz und doch beschämt.

Ich versuche einfach, möglichst wenig an die Zukunft zu denken, oder zumindest nicht an diese. Lieber an Dinge wie: Wohin gehen wir in den nächsten Ferien? Soll ich snowboarden lernen oder weiterhin Ski fahren? Was werde ich nach der Sekundarschule machen? Was für einen Beruf könnte ich erlernen? Wen werde ich heiraten? Werden wir Kinder haben? Wie viele?

Die göttliche Ordnung
Februar 1990

Onkel Viktor hatte vor einigen Monaten sein Amt als Ältester abgegeben. Er tat das mit der Begründung, dass er einfach nicht allem gerecht werden könne: der Versammlung, der Familie und der Arbeit. Ein Jahr vor Emilys Geburt hatte Tante Livia nämlich noch Silvan, ihr drittes Kind, geboren, und sie waren in eine große Wohnung in unserem Wohnblock gezogen. Viktors Rücktritt fand Mama klasse: «Statt alles gleichermaßen zu vernachlässigen, hat er sich entschlossen, sich mehr seiner Familie zu widmen.» Papa hingegen konnte ihn nicht verstehen: Wie konnte jemand nur freiwillig aus solch einer Position zurücktreten?

An diesem Donnerstag stand Juri, mein inzwischen acht Jahre alter kleiner Cousin, das erste Mal auf der Bühne. Onkel Viktor und Tante Livia saßen heute in der Versammlung mit ihren Kindern in derselben Reihe wie wir, und so war ich direkt neben Julia. Tante Livia, die sonst in jeder Situation Haltung bewahrte, strahlte übers ganze Gesicht, als Juri nach vorne lief. Onkel Viktor hob Silvan auf seinen Schoß, sodass dieser besser nach vorne sehen konnte. Auch ich war gerührt von diesem kleinen, süßen, nervösen Jungen in Krawatte, der nun vorne auf der Bühne aus der Bibel vorlas. Wie schön er war mit seinen blonden Locken und seinen großen braunen Augen, wie gut er schon lesen konnte! Aber mich irritierte, dass Julia neben mir sichtlich schlecht gelaunt war. War sie traurig, böse oder womöglich sogar neidisch? Ich traute mich nicht, sie zu fragen, da Tante Livia gesagt hatte, wir dürften nur nebeneinandersitzen, wenn wir nicht schwatzen würden. Als Juri fertig war, klatschten wir alle besonders laut und lange, und er lief unter anhaltendem Applaus erleichtert und stolz zurück in unsere Reihe. Als er sich wieder zwischen Viktor und Livia hingesetzt hatte, lehnte ich mich etwas nach vorn und schickte ihm von der Seite her ein Küsschen zu. Julia starrte derweilen auf den Boden.

«Amen», sagten wir endlich, und wie immer begann kurz darauf ein fröhliches Plaudern im Saal. Ich wandte mich sofort an Julia und fragte: «Was ist los mit dir? Bist du traurig?»

«Nein», fauchte sie mich an, «ich bin nicht traurig, ich bin wütend. Weißt du, was Bernhard mir vor der Versammlung gesagt hat? Juri dürfe zwar heute auf der Bühne aus der Bibel vorlesen, aber ich könne dafür ab sofort bei jeder Versammlung nachsehen, ob es noch genügend Toilettenpapier auf dem WC gibt, und, wenn nicht, neues nachfüllen.»

Ich verstand nicht ganz, weshalb das Julia so wütend machte, ich half meiner Mutter regelmäßig, die Toilette hier zu putzen und den Teppich zu saugen. Es war ein Privileg, sich um den Königreichssaal zu kümmern. Weshalb kränkte sie das so?

Mich jedenfalls rührte es, dass der aufmerksame Bernhard auch an Julia und nicht bloß an Juri gedacht hatte. «Gott gibt jedem von uns eine Aufgabe, und egal, um was es sich dabei handelt, wir müssen sie dankbar annehmen. Freu dich doch einfach darüber, dass du nun auch groß genug bist, eine Verantwortung zu tragen», sagte ich zu ihr.

Julia schüttelte den Kopf, und ihre schönen braunen Augen wurden pechschwarz wie ihr glattes, glänzendes Haar.

Beim Abschied küsste ich den noch immer strahlenden Juri auf die Wange, strich ihm dabei über seinen Lockenkopf und klopfte ihm danach auf die Schulter: «Gut gemacht, mein

Lieber, ich bin stolz auf dich!» Dann wandte ich mich Julia zu und umarmte sie. Ihr langer, zierlicher Körper blieb steif und angespannt. Ich verharrte lange in der Umarmung und hatte plötzlich das Gefühl, dass ihre Wut auch auf meinen Körper überging.

Langsam löste ich mich von ihr, sah in ihre Augen und dachte: «Ich beginne, deine Wut zu verstehen. Wenn ich es mir recht überlege, dann steht der kleine Junge schon auf der Bühne, etwas, das nicht einmal seine Mutter darf. Sie muss sich von ihrem Jungen, ihrem Kind, belehren lassen. Und warum eigentlich? Nur, weil sie kein Mann ist.» Darüber wollte ich noch etwas nachdenken. «Wir sprechen ein anderes Mal darüber, einverstanden?»

Julia huschte eine klitzekleine Entspannung über das Gesicht. Sie holte tief Luft und sagte: «Ich habe keine Ahnung, wie viel Toilettenpapier noch da ist, und es ist mir auch völlig egal!»

Ich hielt kurz inne, zog meine Jacke an und schickte ihr auf der Türschwelle ein letztes Küsschen zu. Dann rannte ich durch den Regen, denn es lohnte sich nicht, den Regenschirm zu öffnen. Papa war bereits so nahe wie möglich an den Saal herangefahren. Meine Familie wartete im Auto auf mich, und ich sah schon von außen, dass Papa genervt und nervös auf das Steuerrad trommelte. Als ich die Tür öffnete, drehte sich Mama zu mir um und sagte verärgert: «Endlich!» Ich ließ mich schnell auf den Sitz hinter Papa fallen und schnallte mich an.

Auf der Heimfahrt legte Papa «Vaya Con Dios» ein. Bei «What's a Woman» drehte er die Lautstärke auf und begann mitzusingen. Meine Mutter auf dem Nebensitz stimmte sofort ein, und als auch noch Linda zu singen begann, schreckte Emily, die zwischen uns im Kindersitz fast eingenickt war, kurz auf, begann aber sogleich in die Hände zu klatschen.

Ich hingegen drehte meinen Kopf zum Fenster und blickte in die dunkle, nasse Winternacht hinaus. Dabei spürte ich sehr deutlich, dass sich Julias Wut irgendwo in meinem Körper eingenistet hatte. Zum Glück konnte niemand meine Tränen von den Regentropfen unterscheiden, die ich noch immer nicht aus meinem Gesicht gewischt hatte. Mir war klar, dass sich diese Wut nicht so schnell wieder vertreiben lassen würde.

Adele, wie war das eigentlich für dich? Was hast du dir dabei bloß gedacht? Dabei habe ich so viel Verblüffendes, so Keckes und Mutiges von dir gehört! Stark sollst du gewesen sein, Respekt habest du allen eingeflößt. Alles habest du anders gemacht als all die anderen Angepassten in eurem Saanenland, alle hätten von dir gesprochen, dich bewundert und zugleich gefürchtet. Hat es dich nicht gestört, dass du ausgerechnet auf der Bühne nicht predigen durftest, wo du das doch so gerne gemacht hast? Musstest du auch das Klo putzen und dich bedanken dafür?

Die Sehnsucht
Frühsommer 1991

Linda war nicht nur von zu Hause ausgezogen, sie hatte sogar das Land verlassen. Sie war jetzt 18 Jahre alt und war nach dem Abschluss der Handelsschule nach London geflogen. Dort wollte sie ein Jahr lang als Au-pair arbeiten und Englisch lernen. Sie hatte in den letzten Jahren eine große Leidenschaft für fremde Sprachen und Länder entwickelt. Papa und Mama hatten sie bei der Idee unterstützt, sie wussten: Fremdsprachen würden immer wichtiger werden. Linda durfte unter der Bedingung gehen, dass sie dort in London gleich in der ersten Woche die Versammlung aufsuchen und sich sofort mit Glaubensbrüdern und -schwestern vernetzen würde.

Für mich wurde es ein eigenartiger Sommer voller gemischter Gefühle. Auch das Wetter war in diesen Wochen eigenartig: Heiße, sonnige Tage wechselten sich mit grauen und nassen ab. Stabile Phasen gab es keine. Ich wusste nicht, ob sich meine Gefühle dem Wetter anpassten oder umgekehrt. Jedenfalls kam der Sommer nicht richtig in Gang. Ich war traurig wegen Lindas Weggang, freute mich aber sehr auf das Kollegium Spiritus Sanctus, wie das Gymnasium in Brig hieß, auf das ich nach den Sommerferien gehen würde. Trotz meiner Vorfreude machte ich mir aber auch Sorgen um meinen Ruf. Zeugen Jehovas sollten sich nämlich eigentlich für eine Lehre entscheiden und am besten etwas wie Schneiderin, Zimmermann, Zahnarztgehilfin oder Tiefbauzeichner werden. Für meine Lehrer in der Sekundarschule hingegen war es selbstverständlich gewesen, dass ich – genau wie Sofia auch – den Schritt ins Gymnasium machen würde. Bei uns in Naters war es üblich, dass die besten Schülerinnen und Schüler automatisch dorthin übertraten, für uns galt das letzte obligatorische Schuljahr als das erste in der Mittelstufe, wir rutschten quasi hinein. Diese Selbstverständlichkeit war es auch, die meine Eltern etwas überrumpelte, uns aber Diskussionen und Entscheidungen ersparte. Papa sagte: «Unser Mittelstürmer hätte sowieso so lange an unseren Nerven gesägt, bis wir zugestimmt hätten. Weshalb nur nannten wir sie jemals ‹Mittelstürmer›? A self-fulfilling prophecy!» Da war was dran, ich kämpfte immer mit meinen Eltern, wenn wir nicht gleicher Meinung waren. Meist waren sie auch untereinander uneins, was sich oft als mein Vorteil erwies, da ich sie gegeneinander ausspielen konnte. Ich hatte gelernt, mich immer wieder durchzusetzen.

Linda hingegen war nie in den Ring gegen die Eltern gestiegen. Meine Eltern fanden das vorbildlich, sie merkten nicht, dass Linda ein Fluchttier war. Ich suchte die Konfrontation – sie verschwand. Wie dem auch sei, ich spürte trotz allem, dass es meine Eltern ehrte, dass ich ins Kollegium geschickt wurde, mehr noch: Es machte sie richtiggehend stolz. Dass Linda die Handelsschule besucht hatte, hatte nie jemand in der Versammlung oder in der Verwandtschaft kommentiert oder kritisiert. Ich hoffte nun einfach, dass ich mit dem Gymnasium auch so einfach durchkommen würde. Aber ich zweifelte: War das Gymnasium nicht das Tor zur Universität, dem Hort weltlicher Weisheit schlechthin, der Weisheit, die Gott so missbilligte?

Nun war Linda also weg, und ich war traurig. Ich vermisste sie sehr, sogar nach den «Scheiß-Laune-Hosen» sehnte ich mich. Der einzige Vorteil, den ich in ihrem Auszug sah, war, dass ich nun für ein Jahr in das Zimmer mit dem separaten Bad ziehen durfte. Ich änderte nichts an ihrem Zimmer, obwohl mir das Poster vom karibischen Strand am Schrank, das von der New Yorker Skyline an der Wand und das mit der roten englischen Telefonkabine an der Tür nicht sonderlich gefielen. Sofia und ich hatten nämlich nach und nach einen anderen, unseren sehr eigenen Stil entwickelt. Wir mochten farbige Tücher, Kerzen und Räucherstäbchen. Schon vor einiger Zeit hatte ich das schreckliche Kitschposter in meinem alten Zimmer von der Wand gerissen und dort ein indisches Tuch aufgehängt.

Mich hier in Lindas Zimmer zurückziehen zu können tat mir aber gut, denn mein Verhältnis zu meinen Eltern, vor allem das zu Papa, wurde immer angespannter. Wir stritten uns ständig. «Wenn du dir nur auch Pluderhosen kaufen und dich nur noch im Zimmer verkriechen würdest, dann hätte ich wenigstens meine Ruhe!», pflegte er zu sagen. «Linda, die war auch in der Pubertät, aber sie blieb respektvoll und hat stets kooperiert. Gemacht, was wir von ihr verlangten, auch wenn sie dazu das Gesicht verzogen hat. Aber du meinst ja, du müsstest immer widersprechen, immer aufbegehren, gell?» – «Ja, genau, Linda hat es euch immer recht gemacht, darum ist sie ja nun auch nach England abgehauen!»

Ich fand Papa unerträglich. Wie sehr ich es genoss, ihn zu provozieren und herauszufordern. Etwa seine teuren Autos. Wie unglaublich doof ich die fand, nicht nur, weil das materialistisch war, sondern auch, weil er damit die Umwelt verpestete. Dass er immer joggen ging, bis ihm der ganze Körper wehtat, wie peinlich! Diese furchtbaren Wettläufe, an denen er regelmäßig teilnahm, ein Graus! Wie die da alle wie halbtote Hunde hechelnd und torkelnd ins Ziel angerannt kamen – nein danke, nichts für Menschen mit Grips im Kopf. Und dann Papas Arbeit, für die er so viel Zeit opferte: Häuser bauen in diesem sowieso schon so engen Land. Er zerstörte die wunderbare Landschaft hier, er verdiente sein Geld mit der Verschandelung der Alpen!

Je mehr wir stritten, desto mehr verhätschelte er Emily. «Affenliebe nennt man das, Affenliebe!», sagte ich ihm regelmäßig, was ihn zur Weißglut brachte.

Obwohl ich Lindas Weggang nach London bewunderte, nahm ich es ihr insgeheim übel, dass sie mich allein gelassen hatte. Und auch, dass sie nicht mehr Wege vorgespurt hatte. Sie hatte keine Kämpfe mit den Eltern geführt, sie hatte sich einfach nur zurückgezogen. Ich hingegen wollte mehr Freiheit, ich wollte weniger Emily hüten und mehr mit Sofia sein. Ich wollte mit Freundinnen und Freunden Snowboard fahren, in Seen baden und leidenschaftliche Bücher lesen. Ich begann, das Kino zu lieben, und wollte alle Filme sehen, die mich interessierten. Ich wollte das alles tun, wann ich wollte, ohne fragen zu müssen. Ich wollte in diesem Haus ein- und ausgehen, wie es mir passte. Je nach Laune unterstützte Papa alles oder verbot es. Ich hasste es, von seiner Willkür abhängig zu sein, und zeigte ihm gerne, wie sehr ich ihn für sein Hin und Her, für sein Auf und Ab verachtete.

An einem regnerischen Sonntagnachmittag – Papa und ich hatten uns wieder gestritten – verzog ich mich in Lindas Zimmer. Ich hatte Sehnsucht nach ihr und legte die CD ein, die sie vor ihrem Auszug hier immer gehört hatte: Jimmy Somerville. Ich stellte auf «For a Friend» und drückte die Repeat-Taste. Ich weinte und dachte über Linda nach. Was für ein sonderbarer Mensch sie war. Sie war so angepasst, wollte nicht anders als die anderen sein und war es doch immer und dabei stolz darauf. Ich verstand sie nicht. Sie mied Gruppen, wollte nicht auffallen und doch, war die Aufmerksamkeit einmal auf ihr, genoss sie diese. Sie begann zu leuchten, wenn ihre Talente zum Vorschein kamen – tanzen etwa, elegant Ski fahren oder fließend und akzentfrei fremde Sprachen sprechen. Und doch war sie im Grunde schüchtern und zurückgezogen. Ich fand sie feige, warum hatte sie nicht mehr gekämpft, auf der Schule oder auch zu Hause? Dennoch bewunderte ich ihren Mut, ohne auch nur mit der Wimper zu zucken für ein Jahr lang in ein fremdes Land, in eine riesige Stadt zu fliegen. Sie liebte das Abenteuer, sie war angezogen vom Exotischen und verstand es trotzdem immer sofort, sich dort einzufügen, um sich dann für einige Augenblicke wieder zu erheben und für was auch immer Applaus zu erhalten. Ich war mir sicher, dass sie schon nach wenigen Wochen für eine Britin gehalten würde, so wie man sie in Frankreich für eine Französin hielt. Wie ein Chamäleon nahm sie überall sofort die Sprache, den Akzent, aber auch das Verhalten an. Ab und zu wechselte sie aber für kurze Zeit ihre Farbe, stach hervor und genoss diesen Moment der Aufmerksamkeit. Ja, das war es, was sie so einzigartig machte. Sie war geheimnisvoll und fand in keiner Schublade Platz, denn sie war irgendwie feige und mutig, angepasst und unangepasst, zurückgezogen und exzentrisch zugleich.

Nachdem ich das Lied etwa 20 Mal gehört hatte, rannen mir keine Tränen mehr über das Gesicht. Ich begann mich zu freuen, denn in meinen Herbstferien würde ich Linda besuchen gehen. Ohne Eltern – das war so vereinbart! Am meisten freute ich mich darauf, sie wiederzusehen, am zweitmeisten auf den Camden Market. Ich hatte gehört, dass es nirgends eine so große Auswahl an Hippie-Kleidern und Accessoires zu kaufen gab wie dort. Ich war sehr froh, dass meine Eltern mir diesen Look erlaubten. Zipora etwa wäre auch gerne ein Hippie gewesen, doch für Onkel Friedrich kam das nicht infrage. Schon verständlich irgendwie, fand ich, standen doch die Hippies für Drogen und freie Liebe – nicht gerade das, was wir vertraten. Mama fand aber, das seien alles nur Looks, und so hatten uns Linda und ich zum Glück auch früher schon neonfarbene Pullover, Röhren-Jeans, Stiefeletten und Blazer mit Achselpolster anziehen dürfen.

Ich sparte monatelang für diesen Tag am Markt. Ich wollte mein Markenzeichen akzentuieren: Ich war zwar in der Wahrheit, aber – wie Sofia zwischenzeitlich auch – zugleich ein Hippie. Linda war kein Hippie, sie interessierte sich für fremde Länder, für Hotel-Rezeptionen, für Flughäfen und für Business-Kleider. Ich aber wollte individuell sein: die mit den guten Büchern, den tollen Filmen und den alternativen Kleidern. Das war gut so, wir positionierten uns unterschiedlich im Leben und grenzten uns voneinander ab. Zipora, die noch immer von ihrer Mutter eingekleidet wurde, hatte mich angefleht, ihr eine Hippie-Bluse aus London mitzubringen. Ein Geschenk dürften ihre Eltern ihr dann hoffentlich wohl nicht verbieten zu tragen. Oh, ich würde so viel Geld liegen lassen auf diesem Camden-Markt!

Der Bildungshügel
August 1991

Sofia und ich waren durch Naters geradelt und hatten die Rhone überquert. Der Sommer war erst gegen Ende der Sommerferien eingetroffen, und so war es heute brütend heiß. Gleich nach der Brücke, am Bahnhof von Brig, sagte sie: «Komm, wir stellen unsere Fahrräder hier ab, dann können wir zusammen mit den anderen zum Schulhaus hinauflaufen.» Ich fand das eine gute Idee, denn wir wollten keinen einzigen Augenblick dieses denkwürdigen Montags verpassen. Wir fügten uns in den Schwarm all der Schüler und Schülerinnen ein, die aus dem Bahnhof strömten. Sie waren alle mit dem Zug oder dem Postauto aus ihren Dörfern, Kleinstädten und Seitentälern gekommen, denn das Kollegium Spiritus Sanctus in Brig war das einzige deutschsprachige Gymnasium im Wallis.

Sofia war in der Zwischenzeit nicht nur ein Hippie, sondern auch eine Feministin geworden. Sie hatte ihr Haar kurz geschoren und mit Henna rot gefärbt. Es war kaum zu glauben, doch sogar mit dieser Frisur sah sie noch immer toll aus. Ihre großen blauen Augen, die dunklen langen Wimpern und ihre vollen Lippen schienen sogar noch besser zum Ausdruck zu kommen.

Ich trug ein dunkelblaues Top, die hellblau-gelbe Batik-Pluderhose mit goldenem Blumendruck und ganz viel Silberschmuck. So sahen Studenten aus, das wussten Sofia und ich, und das zog uns an: die Welt der Pluderhosen und langen Röcke, des auffälligen Silberschmucks und der langen, offenen oder dann kurz geschorenen, farbigen Haare, der altmodischen Ledertaschen und der Räucherstäbchen. Ich musste etwas betrübt feststellen, dass die Hippie-Kleider an Sofia irgendwie echter aussahen als an mir. «Eine wahre Christin im Hippie-Look, das hat etwas von einer Verkleidung», dachte ich. Ich betrachtete mich im Vorbeigehen unsicher im Spiegel eines Schaufensters und stellte erleichtert fest: Doch, ich sehe aus wie ein Hippie, meine rotblonden, langen, offenen Haare und diese Hose – das sieht echt aus. Genau so, wie ich es bezweckte: Ich fiel auf und doch nicht aus der Reihe.

So liefen Sofia und ich nun also heute zum ersten Mal als Teil dieses Schwarms junger Menschen die Bahnhofstraße hinauf. Gymnasiastinnen, was für ein aufregendes Wort! Unsere Herzen klopften, doch wir versuchten, eine gleichgültige Miene aufzusetzen. Wie peinlich, wenn man uns die Vorfreude und die Aufregung ansehen würde! Wie intelligent, wie unnahbar, wie abgeklärt sie doch aussahen, diese Schüler der oberen Klassen. Am Ende der Bahnhofstraße bogen wir links in die enge Alte Simplonstraße ein, wo sich der Schwarm von jungen Leuten so verdichtete, dass er wie ein einzelnes, selbstständiges Wesen aussah.

Das Wesen bestieg dem Stockalperpalast entlang den «Bildungshügel», wie er in Brig genannt wurde.

Oben angelangt betrachtete ich ehrfürchtig den Altbau des Kollegiums Spiritus Sanctus. Hier wurden die unteren Klassen unterrichtet. So sah er also aus, der Ort, an dem «die Weisheit der Welt» gelehrt wurde.

Beim Betreten des Gebäudes fühlte ich sie nicht nur, ich roch sie geradezu. Ich sog mir die Lungen voll mit diesem Duft, ich wollte mich ihr stellen, dieser Weisheit, sie durchschauen und so meinen Glauben an Gott festigen. Ich würde nicht nur mir, sondern auch den Brüdern und Schwestern den Beweis liefern, dass die weltliche der göttlichen Weisheit nicht annähernd das Wasser reichen konnte. Doch dafür musste ich sie erst einmal kennenlernen. Ich war sicher, dass ich auch besser missionieren könnte, kannte ich die Lehren der Welt.

Diese Atmosphäre berauschte mich, ließ mein Herz vor Vorfreude fast zerspringen und jagte mir gleichzeitig eine Heidenangst ein. Die eine Hälfte des Herzens flatterte vor Ehrfurcht, die andere bebte vor Verachtung. Wie sehr mich diese Zerrissenheit belebte! Gut, dass mein Glaube an das ewige Leben so stark war. Was könnte mich erschüttern?

Die erste Versammlung in dieser Woche machte mich etwas nervös. Es war meine erste Woche als Gymnasiastin, und ich genoss diesen Status zweifelsfrei, doch die Brüder und Schwestern würden mich nicht dafür rühmen. Beim Vorbereiten auf die Versammlung hatte es wieder Streit gegeben. Papa hatte eine Dusche genommen, stand danach wie immer nackt vor dem Badezimmerspiegel und schnitt seinen Bart zurecht. Obwohl – oder vielleicht weil – Zeugen Jehovas eigentlich keinen Bart trugen, war Papa sehr stolz auf den seinen. Wir verstanden nicht, weshalb Barttragen unchristlich sein sollte, wurde Jesus doch in unserer Literatur immer mit Bart abgebildet. Mama fand, das Immer-glatt-rasiert-Sein sei eine typisch amerikanische, sprich blöde Mode, und stand voll und ganz hinter Papa, der ihr mit Bart viel besser gefiel. Obwohl sie schon angezogen war, wusste ich, dass er sehr viel früher als sie bereit sein würde. Kurz darauf tigerte Papa dann auch schon in Anzug und Krawatte durch die Wohnung und versuchte, uns anzutreiben. Er stellte sich auf die Türschwelle des Badezimmers, in dem meine Mutter eben erst ihre Haare toupierte, und sagte mit lauter Stimme: «Jetzt beeil dich, Frieda! Hast du eigentlich schon einmal gelesen, was die Bibel über Frauen, goldene Schmucksachen, aufwendige Frisuren und auffallende Kleider ...» Meine Mutter ließ ihn nicht aussprechen, drehte sich zu ihm um, schaute ihm direkt in die

Augen und zischte ihn an: «Erspar mir diesen Paulus. Der hatte doch einfach ein Problem mit Frauen, deswegen war er ja auch ledig. Er war nicht ein Menschen-Liebender wie Jesus, nein, er war ein Paragrafenreiter!»

«Aha, du spielst dich wieder einmal auf wie Isebel! Du weißt, was mit diesem rebellischen Weib geschah, gell?» Ja, wir wussten es alle, dass die rebellische Isebel aus dem Alten Testament aus einem Turm geschmissen und von hungernden Hunden aufgefressen wurde. Wir kannten diesen Spruch von ihm und verdrehten nur die Augen.

«Du irrst dich, ich bin nicht wie Isebel, ich bin wie Adele. Wir sind stolz darauf, Frauen zu sein, und wir sind sicher, dass uns Gott so geschaffen hat, dass wir Freude an der Schönheit haben. Adele ist eine Gesalbte, das weißt du, und trotzdem hat sie sich immer mit den edelsten Stoffen gekleidet! Willst du etwa auch über sie richten?»

Papa stapfte wutentbrannt aus der Wohnung. Als wir ins Auto stiegen, trommelte er aber bereits wieder zufrieden auf das Steuerrad. Ich staunte einmal mehr, wie rasch sich seine Launen ändern konnten. Er hörte «Lady In Red» und sang leise mit. Chris de Burgh – sein momentaner Lieblingssänger – galt in der Wahrheit eigentlich als dämonisch. Man sagte, er produziere Lieder, die rückwärts gehört Teufelsanbetungen enthielten. Papa fand, das sei alles Quatsch, und ehrlich gesagt konnte auch ich mir nicht vorstellen, wie um Himmels willen man Lieder rückwärts hören könnte und weshalb sich jemand so etwas überhaupt ausdenken und es dann auch mühselig umsetzen sollte. Wie auch immer, es war ein gutes Zeichen, dass er dieses Lied hörte. Als sich Mama angegurtet hatte, blickte er sie an und sagte: «Toll sehen Sie aus in dieser roten Bluse, Frieda Henriette, passt wunderbar zu Ihrem blonden Haar. Darf ich Sie küssen, schöne Frau?» Sie lächelte ihn an, streckte ihm aber die Wange entgegen, damit der frisch aufgetragene Lippenstift nicht verschmierte. Nach dem Kuss leuchtete sie und sah noch schöner aus als zuvor. Papa blickte anschließend in den Rückspiegel und sagte zu uns Töchtern: «Kann es losgehen, die jungen Damen da hinten?» Ich setzte meine Sonnenbrille auf, öffnete das Autofenster und strecke meine Hand in die warme Luft.

Mama sagt, du seist stolz gewesen, eine Frau zu sein, und habest – obwohl du sehr klein warst – nie Komplexe gehabt. Adele, du warst nicht so, wie man es damals von einer Bauernfrau erwartet hat. Fleißig, stattlich, unkompliziert, angepasst und leicht gebärend solltet ihr sein. Aber ja nicht auffällig! Doch du hast damit geprahlt, beim Stoffhändler immer die feinsten, schönsten und teuersten Stoffe zu kaufen, und hast deine selbst genähten Kleider gerne vorgeführt.

Du kanntest doch sicher den Bibeltext, dass sich Frauen nicht schön kleiden und schmücken sollen? Du bist doch eine der 144 000, die im Himmel sind und einmal über uns regieren werden? Hast du mit Gott eine Mischrechnung gemacht? Jedenfalls kenne ich unter allen Brüdern und Schwestern niemanden, der jemals schlecht über dich gesprochen hat. Nein, ausnahmslos alle zollen dir höchsten Respekt.

Die dritte Ansprache heute hielt Onkel Viktor. Schon in seinem ersten Satz bemerkte ich eine eher ungewöhnliche Strenge und Ernsthaftigkeit in seiner Stimme. Er bat uns alle, gleich zu Anfang 1. Korinther 3:19 aufzuschlagen. Nachdem auch der Letzte im Saal zu rascheln aufgehört hatte, las er langsam und deutlich: «Denn die Weisheit dieser Welt ist Torheit bei Gott; denn es steht geschrieben: ‹Er fängt die Weisen in ihrer eigenen List.›» Danach machte er eine lange Pause und schweifte mit seinem Blick über das Publikum. Bei mir angekommen, hielt er inne, schaute mir direkt in die Augen und fuhr fort: «Wahre Diener Gottes besuchen keine weiterführenden Schulen. Wir wissen, dass die Zunge des Teufels glatt ist und uns zu verführen sucht. Weltliche Bildung untergräbt unseren Glauben an Jehova.» Dann ließ er seinen Blick wieder von mir ab, predigte aber noch weitere 20 Minuten zu diesem Thema. Nach jedem dritten Satz sah er wieder mich an und machte bei mir sichtlich länger Halt als bei allen anderen. Jede und jeder im Saal wusste, an wen dieser Appell gerichtet war. Ich überlegte mir gerade, ob ich mich jetzt schrecklich und schuldig fühlen sollte. Doch weder das eine noch das andere Gefühl wollte sich einstellen. Ich sah unentwegt nach vorne und grübelte darüber nach, weshalb er das jetzt wohl gerade tat. Mir fielen viele Gründe ein. Doch wie ich es drehte und wendete: Eine liebevolle Absicht dahinter konnte ich nicht erkennen.

Die Freundin in der Wahrheit
Dezember 1991

Ich verbrachte die Altjahrswoche zusammen mit meinem Cousin Juri bei unseren Großeltern in Gstaad. Juri war, wie ich es früher gewesen war, ganz und gar ein Fan des Bauerntums. In früheren Jahren, als wir zwei gemeinsam hier in den Ferien weilten, hatten wir immer um die Wette gemolken, um die Wette gemistet, um die Wette das Vieh zurück in den Stall getrieben. Mich jedoch interessierte das alles in der Zwischenzeit nur noch mäßig, mein Fokus lag nun mehr auf dem Skifahren und auf der Clique von jungen Leuten in Onkel Emanuels Haus unten im Dorf. In dieser Woche waren all deren Verwandte und auch befreundete Brüder und Schwestern aus Italien zu Besuch, viele junge Männer und Frauen in meinem Alter und etwas älter – das war doch um einiges spannender als die Kühe in Großvaters Stall.

Gstaad war zu dieser Jahreszeit besonders prächtig, nirgends sonst hatte ich je so viel Weihnachtsbeleuchtung gesehen. Jedes einzelne Haus war entlang der Dachrinne mit einer Leuchtkette versehen. Fast alle Bäume trugen Lichter und über der Dorfstraße hingen Sterne. Es schien, als wolle Gstaad dem Himmel die Show stehlen. Dass in dieser Woche auch noch Schnee lag, machte den Anblick perfekt: ein Dorf wie aus dem Märchen. Man munkelte, zurzeit verbrächten auch Madonna und Johnny Hallyday sowie ein gewisser Roman Polanski, der mir nichts sagte, die Festtage hier. Am einzigen Tag in dieser Woche, an dem die Sonne nicht schien, schneite es, und ich beschloss, im Dorf spazieren zu gehen, in der Hoffnung, den einen oder anderen Star anzutreffen. In den Schaufenstern war goldener Schmuck ausgestellt und Uhren, die wohl mehr kosteten als Liz Taylors Haus. An den Schaufensterpuppen hingen Festkleider, die einen zum Träumen anregten. Wie schön mussten die Feste dieser Reichen und Schönen sein! Ich malte mir aus, wie sich die Frauen in diesen Kleidern und in Pumps, prächtig frisiert, sorgfältig geschminkt, die Männer im Anzug, mit Schlips, Lackschuhen und Gel im Haar, an die reich gedeckten Tische setzten, bestückt mit edlem Porzellangeschirr, Kristallgläsern und Silberbesteck, dekoriert mit echten Blumen und goldenen Kerzenständern. Die wunderbarsten Speisen dieser Welt wurden ihnen dort serviert, und sie tranken Champagner und teuersten Wein. Leider hatte ich auf meiner Promenade durch Gstaad kein bekanntes Gesicht gesehen. Nur Onkel Emanuel war mir zwischen all den Pelz tragenden Damen und Herren in seinem Arbeitsoverall und in Gummistiefeln über den Weg gelaufen.

Heute hatte die Sonne geschienen, und ich war mit meinen Cousins und deren italienischen Verwandten Ski fahren gegangen. Ich war sehr müde, denn ich hatte mich auf der Piste wirklich verausgabt. Diesen Jungs wollte ich in keiner Weise nachstehen, was mir viel Anstrengung und Energie abverlangt hatte. Nun freute ich mich auf die Versammlung, oder sagen wir, auf die Zeit danach. Carla hatte mich zum Dessert eingeladen und gesagt, sie fahre mich spät nachts dann wieder hinauf zu den Großeltern. Ich kannte die Stimmung dort gut, es war herrlich bei Carla und Emanuel zu Hause in dieser Zeit. Wir Jungen versammelten uns dann immer um den Küchentisch, die Alten waren im Wohnzimmer, denn alle hätten in einem Raum keinen Platz gehabt. Da ging es heiter zu und her, vor allem aber geräuschvoll: Jeder sprach laut in seiner Sprache, niemand hörte zu.

Wir waren früh im Versammlungssaal, denn im Gegensatz zu meiner Mutter war meine Großmutter immer schnell umgezogen und frisiert. Sie schminkte sich ja auch nicht. Sie hatten etwas auf mich warten müssen, da ich nach der Dusche auch noch Zeit vor dem Spiegel brauchte. Großpapa war zum Glück ein geduldiger Mensch. Er sagte kein Wort, als ich mich etwa fünf Minuten nach den beiden auf die hintere Bankreihe des Wagens setzte. Ich hoffte, dass der Geruch nach Kuhmist, der sich in diesem Auto auf ewig eingenistet hatte, nicht mein Parfum überlagern würde.

Als wir ankamen, waren noch nicht viele Bekannte da. Dafür eine unbekannte Familie. Ich konnte sie bereits von draußen durch das Fenster sehen. Wer war das? Ich erkannte einen Mann und eine Frau im Alter meiner Eltern und zwei junge Mädchen, eines etwa in meinem Alter, das andere ein bisschen älter. In der Garderobe hängte ich sofort meinen Wintermantel an den Haken und kontrollierte vor dem Spiegel in der Toilette noch einmal meine Frisur. Ich war zufrieden mit meinem von der Wintersonne gebräunten, gesunden Teint, stolz darauf, dass man den Abdruck meiner Skibrille sah, und machte mich auf in den Saal.

Als ich eintrat, fixierte mich das jüngere der beiden Mädchen sofort. Sie lief auf mich zu, streckte mir ihre Hand entgegen und sagte: «Hallo, ich bin Rebekka, wie heißt du?»

Ihre Direktheit überrumpelte und freute mich. Ich stellte mich vor und fragte, ob sie das erste Mal in Gstaad sei.

«Ja», antwortete sie, «wir sind zum ersten Mal hier. Wir verbringen die Ferien bei Familie Zingre, die du ja bestimmt kennst.»

Stimmt, Erwin hatte sich letzten Sommer vermählt. Uns hatte das alle erstaunt, da er eigentlich schon viel zu alt zum Heiraten war. Nun hatte er aber diese Frau geheiratet, die auch Kinder in die Ehe brachte.

«Meine Mutter ist befreundet mit Esther, der Frau von Erwin, und sie haben uns in die Ferien zu sich eingeladen.»

Ich musste mir Rebekka genauer ansehen. Ihre Schönheit verblüffte mich, sie hatte etwas Exotisches an sich. Ich sah kurz zu ihrer Schwester hinüber.

«Das ist meine ältere Schwester Tamara, sie ist 18 Jahre alt», sagte sie.

«Witzig, meine ältere Schwester Linda ist auch 18! Sie ist momentan in London, ich habe sie dort im Herbst besucht. Mannomann ist London eine coole Stadt, total multikulti! Sag mal, sind deine Eltern beide Schweizer?», fragte ich sie anschließend.

Sie lachte: «Ja, wir sind zu 100 Prozent Schweizer, aber du bist nicht die Erste, die meint, ich sei zumindest halb Italienerin, Spanierin oder sonst was Südländisches. Schau dir meinen Vater da vorne an, ich sehe ihm sehr ähnlich, nicht?»

Ich betrachtete ihren Vater und nickte.

Dann fragte sie mich: «Und du? Bist du halbe Irin oder Holländerin oder Schwedin oder so was?»

«Nein, nein», erwiderte ich etwas beschämt, «leider nicht. Auch meine Vorfahren sind alle vor hier. Schade eigentlich, so ein Mix hätte uns wohl nicht geschadet!»

Rebekka lachte. Was für einen schönen, großen Mund sie hatte, und diese weißen Zähne! «Du hast so schöne Haare, und ich mag deine Sommersprossen», meinte sie.

Ich entschied mich, sie zu mögen, und war gespannt, wie meine Cousins auf die fremden Gäste reagieren würden.

Nachdem wir endlich «Amen» gesagt hatten, drehte sich Rebekka gleich wieder zu mir um. Ich sah meine Onkel und Cousins und auch die jungen italienischen Brüder zu ihr und ihrer Schwester blicken. Obwohl ich sie gernhatte, hasste ich die Art meiner Oberländer Verwandten, Frauen, vor allem die jungen, zu begutachten: Jede wurde auf der Stelle mit Blicken gescannt, mit eingeübten Phrasen bewertet, auf einer Notenskala eingestuft und in der Rangfolge der schönen Frauen auf einen Platz verwiesen. Sie waren sich natürlich fast nie einig und konnten stundenlang darüber streiten, welche aufs Podest kam und welche nicht. Nicht nur neue Frauen wurden diesen Prüfungen unterzogen, auch die bekannten kamen jedes Mal von Neuem dran und konnten in der Reihenfolge auf- oder absteigen. Ihnen entging kein Kilo, das man zu- oder abgenommen hatte, kein Pickel blieb unentdeckt, keine besonders vorteilhafte oder eben unvorteilhafte Bekleidung unkommentiert. Obgleich ich dieses Verhalten zutiefst verachtete, setzte es mich unter einen enormen Druck, zu gefallen und möglichst gute Noten zu erzielen. Komplimente beflügelten mich, Kritik verletzte mich zu Tode. Ich schaffte es einfach nicht, sie nicht ernst zu nehmen, ihre Aussagen zu ignorieren. Meine Mutter hingegen hatte ein entspanntes Verhältnis zu ihren männlichen Verwandten: «Das sind halt Bauern, die haben das auf dem Kuhmarkt gelernt. Sie können nicht anders, als jede zu taxieren.»

Ich überlegte, ob ich darüber lachen oder weinen sollte, entschied mich aber gegen beides. Die Aussage war einfach nur entsetzend!

Adele?!

Rebekka schien von diesen Blicken wenig beeindruckt zu sein. Sie wusste ja noch nichts von der harten Notenskala und der erniedrigenden Reihenfolge. Ich merkte ihr und auch ihrer Schwester an, dass die beiden männliche Aufmerksamkeit gewohnt waren und es sie nicht sonderlich nervös machte.
«Gehst du morgen auch Ski fahren?», fragte sie mich.
«Ich hab's vor.»

«Was meinst du, wollen wir zusammen gehen?»
Wie damals bei Sofia sagte ich auch heute zu Rebekka nur: «Ist gut.» Ich spürte, dass auch das wieder der Anfang einer großen Freundschaft war. Ich zweifelte nicht daran, dass ich ab sofort eine zweite beste Freundin hatte. Ich überlegte mir, ob ich das Sofia erzählen sollte. Besser nicht, entschied ich noch in diesem Moment.

Rebekka und ich gingen in den kommenden drei Tagen immer zusammen auf die Skier. Die Bitten meiner Cousins, ebenfalls mitkommen zu können, verneinte ich mit fadenscheinigen Ausreden. Rebekka gegenüber ließ ich das unerwähnt.

Als wir wieder zu Hause waren, schrieben Rebekka und ich uns fast wöchentlich Briefe. Sie wohnte im Norden des Landes, fast an der Grenze zu Deutschland. Wir hingegen ganz im Süden, gleich an der italienischen Grenze. Wir konnten uns nicht oft besuchen, telefonierten aber regelmäßig. Sehr zum Leidwesen meines Vaters, der mir jeden Monat, nachdem die Telefonrechnung ins Haus geflattert war, die Leviten las. Es verging kein Tag, an dem ich nicht mit Sofia, Zipora oder Rebekka oder mit zweien von ihnen oder gar mit allen dreien telefonierte. Papa fiel zum Glück keine genügend harte Strafe ein, um das zu unterbinden. Dass er mir das Taschengeld kürzte, juckte mich nicht, ich tat nur so.

Das Familienstudium
Mai 1992

Die Auffahrtstage verbrachte ich bei Rebekka und ihrer Familie. Sie lebten in einem schmucken Einfamilienhaus mit Garten in einem kleinen Dorf inmitten hügeliger, grüner Landschaft.

Meine Verwandten und Freunde hatten stets behauptet, dass der Aargau langweilig und unspektakulär sei, ein einziger, trostloser Siedlungsbrei, der den ganzen Winter lang in dickem Nebel versinke. Irgendwo stimmte das auch, die Dörfer waren tatsächlich leblos. Die biederen Architekten, Gärtner und Hausfrauen hier verstanden es, jeglichen Rest Charme wegzuputzen und auszujäten, aber das hatte ich auch sonst überall in der Schweiz gesehen.

Bei unserem Spaziergang durch die blühenden Kirschbäume auf den sanften, grünen Hügeln musste ich allerdings feststellen, dass unsere Vorurteile falsch waren. Ich verliebte mich richtiggehend in diese Gegend und war geradezu hingerissen von diesem Unspektakulären. Die Landschaft strahlte eine Unaufgeregtheit und Gelassenheit aus, die ich bis anhin nirgends wahrgenommen hatte. Nichts lenkte vom Hier und Jetzt ab, alles lag ausgewogen nebeneinander, nichts stahl etwas anderem die Show, nichts raubte einem fast den Atem. Kein dramatischer Berg, kein glänzend blauer See, kein grüner Fluss und kein brandendes Meer zog die alleinige Aufmerksamkeit des Betrachters auf sich. Alles lag harmonisch und gleichberechtigt nebeneinander und strahlte eine Ruhe aus, die mich erfüllte und glücklich stimmte.

Leider hatten wir dieses Mal nur vier Tage miteinander. Rebekka und ich waren aber gut darin, jede Stunde intensiv zu nutzen. Waren wir nicht gerade in ein Gespräch über die Schule, über Mode, Musik oder unsere großen Schwestern verwickelt, sprachen wir von jungen Brüdern. In ihrer Versammlung gab es eine Menge davon. Davon konnte ich im Wallis nur träumen. Ich hatte mich lange nicht entscheiden können, ob ich mich in Rolf, Daniel, Levi, Martin oder Fabian verlieben sollte. Nachdem ich in jeden von ihnen einige Wochen verliebt gewesen war, hatte ich mich für Levi entschieden. Humor war das, was mich bei Männern am meisten bezauberte. Der Lustigste von allen war mit Abstand Levi, und ich fand ihn auch sehr intelligent. Rebekka gestand mir, dass ihr mein Cousin Sven gefalle. Ich war außer mir, denn das wäre in zweierlei Hinsicht perfekt: Erstens wären wir dann verwandt, und zweitens würde sie mir dann keinen der hiesigen Männer streitig machen, schön, wie sie war.

Wie gern ich hier in die Versammlung ging, da ich all die jungen Leute sah! Am Donnerstag waren wir ewig im Königreichssaal geblieben und hatten miteinander gesprochen. Rebekkas Eltern hatten uns fast ins Auto zerren müssen. Wir Jungen hatten diskret darüber gesprochen, dass wir im Sommer einen Tag lang das Gurtenfestival in Bern besuchen wollten. Nun mussten wir alle unsere Eltern nur davon überzeugen, dass das unserem Glauben in keinerlei Hinsicht schaden würde, da wir ja als geschlossene Gruppe hinzugehen planten.

Am Freitagvormittag gingen wir in den Dienst. Rebekkas Eltern waren sehr gute Christen. Vor allem ihre Mutter war eifrig, sprach über nichts lieber als über die Wahrheit, ging viel öfter predigen als meine und las viel in der Bibel. Sie unterwarf sich ihrem Mann. Ihn mochte ich auch sehr gern, er war so unkompliziert, vital und jugendlich, obwohl er auch schon fast 50 war. Er ging mit Tamara in den Dienst, ich mit Rebekka. Als wir zu viert im Auto saßen, schaute er mich plötzlich im Rückspiegel an und sang «Siebzehn Jahr, blondes Haar» von Udo Jürgens. «Papa, hör auf, du bist peinlich!», zischte Tamara ihn vom Nebensitz aus an. «Findet ihr mich auch peinlich?», richtete er sich im Rückspiegel an uns. «Nein, ich finde es lustig», entgegnete ich. «Na ja», fügte Rebekka an. Wir vereinbarten, dass sie uns in Rebekkas Gebiet abladen und in zwei Stunden wieder dort abholen würden. Bis dorthin strahlte Rebekkas Vater unentwegt und sang: «Siebzehn Jahr, blondes Haar!»

«Ach, mein Papa, echt! So peinlich!», stöhnte Rebekka, nachdem wir ausgestiegen waren.

«Und meiner erst! Aber im Ernst, ich mag deinen Vater, er ist so lustig und lebensfroh! Vor allem, wenn er abends sein Gläschen selbst gebrannten Kirsch trinkt, dann strahlt er noch glücklicher. Wirklich, mach dir keine Sorgen, ich finde ihn toll, er liebt das Leben, das merkt man.»

«Ja, da hast du schon recht. Auch wenn er mich oft ärgert, so bringt er doch immer etwas Leichtes und Fröhliches in die Familie, aber peinlich finde ich ihn trotzdem.»

«Du hast keine Ahnung, was ein peinlicher Vater ist, bevor du nicht meinen richtig kennengelernt hast», warnte ich sie lachend. Wir sprachen gerne über unsere Väter, Mütter und natürlich über Tamara und Linda und wetteiferten darüber, wer den peinlicheren Vater, die strengere Mutter und die nervigere Schwester hatte.

Als wir wie vereinbart zwei Stunden später wieder ins Auto stiegen, strahlte Rebekkas Vater noch mehr als zuvor. «Hallo ihr zwei Lieben, ist es gut gelaufen?»

«Nicht schlecht», antwortete Rebekka, «wir konnten fast zehn Zeitschriften abgeben. Aber von den Rückbesuchen war leider kein einziger zu Hause heute Vormittag.»

«Also bei uns war es heute ganz lustig, gell, Tamara?», wandte er sich an seine ältere Tochter auf dem Nebensitz. Sie schaute kurz zurück und verdrehte die Augen. «Wisst ihr, was uns einer an der Tür gesagt hat? Für ihn sei Gott überall! Als ich zurückfragte: ‹Was meinen Sie mit überall?›, antwortete er: ‹Ganz einfach überall. In jedem Baum, in jedem Apfel, überall.›» Er musste laut lachen und fügte an: «Stellt euch vor, Gott im Apfel, meine Güte, was für eine Idee, darauf muss einer erstmal kommen!» Er lachte immer wieder und schüttelte dabei den Kopf.

Wir lachten mit, aber ich flüsterte Rebekka ins Ohr: «Ich finde, das ist gar nicht so eine abwegige Vorstellung.»

Sie schaute mich an und meinte: «Ja, wenn man länger darüber nachdenkt, ist da vielleicht sogar was dran.»

Rebekkas Vater schüttelte immer wieder den Kopf, lachte und sagte: «Gott im Apfel, na so was. Und der Apfel im Schlafrock ist dann eigentlich der Gott im Apfel im Schlafrock, oder was?»

Rebekkas Mutter hatte in der Zwischenzeit Schupfnudeln zum Mittagessen für uns vorbereitet. Ich kannte diese Speise nicht und wunderte mich, dass diese Familie Süßes zu Mittag aß. Doch es schmeckte vorzüglich. Rebekkas Mutter war nicht nur eine sehr gute Christin, sie war auch eine exzellente Hausfrau. Sie pflegte Haus und Garten vorbildlich, machte Gemüse ein, kochte selbst Konfitüre und buk jedes Wochenende einen Kuchen. Rebekka erwähnte am Mittagstisch beiläufig, dass wir vorhätten, im Sommer das Gurtenfestival zu besuchen, und schob sich danach eine Gabel Schupfnudeln in den Mund.

Am frühen Abend bereiteten wir uns gemeinsam auf die Versammlung vom Sonntagmorgen vor und studierten den

«Wachtturm». Nach dem Familienstudium nickte Rebekkas Mutter plötzlich ihrem Mann zu und übernahm das Wort. Sie bat uns, 2. Timotheus 3:1 aufzuschlagen. Nachdem wir die Stelle gefunden hatten, las sie vor: «‹Dieses aber erkenne, daß in den letzten Tagen kritische Zeiten dasein werden, mit denen man schwer fertig wird. Denn die Menschen werden eigenliebig sein, geldliebend, anmaßend, hochmütig, Lästerer, den Eltern ungehorsam, undankbar, nicht loyal, ohne natürliche Zuneigung, für keine Übereinkunft zugänglich, Verleumder, ohne Selbstbeherrschung, brutal, ohne Liebe zum Guten, Verräter, unbesonnen, aufgeblasen vor Stolz ...›», hier legte sie eine Pause ein, richtete den Blick auf Rebekka und zitierte den Rest der Bibelstelle auswendig: «‹... die Vergnügungen mehr lieben als Gott.› Sag, Rebekka, was ist ein Festival anderes als reines Vergnügen?»

Rebekka hielt dem Blick stand, rollte den vor ihr liegenden «Wachtturm» zusammen, hielt ihn an ihr rechtes Auge, schloss dabei das linke und betrachtete ihre Mutter durch das Rohr hindurch. Genau deshalb liebte ich sie so!

Ich wandte meinen Blick strikt auf die vor mir auf dem Tisch liegende Zeitschrift, unterstrich einen beliebigen Satz darin und bemühte mich voller Konzentration, nicht laut loszuprusten.

Das Open-Air-Festival
Juli 1992

Mitte Juli besuchten wir das erste Open-Air-Festival in unserem Leben. Wir, eine große Gruppe von wahren Christinnen und Christen, denen man das glücklicherweise nicht ansah. Wir hatten alle von unseren Eltern das Okay bekommen, sofern wir den letzten Zug nach Hause nehmen würden. «Schon gut, Mittelstürmer, geh mit den jungen Brüdern und Schwestern an das Gurtenfestival. Ihr wisst ja, wo die Grenzen sind», hatte Papa gesagt. Ich hatte Glück, denn Papa mochte Musikfestivals auch. Ich hatte auch Zipora angefleht mitzukommen, und zu unser aller Erstaunen hatten selbst ihre Eltern eingewilligt.

Rebekka gefiel das nicht sonderlich, irgendwie fühlte sie sich in Ziporas Anwesenheit nicht wohl. Ich hingegen liebte Zipora nach wie vor, ihre schauspielerische Art, wenn sie sich in Gruppen befand, sie war so witzig und unterhaltsam, manchmal auch theatralisch traurig oder wütend. Mich begeisterten ihre Vitalität und ihre Dramatik. «Ich finde, Zipora gehört nicht so richtig zu dieser Clique», hatte Rebekka letzthin spitz gesagt. Levi hatte sofort entgegnet: «Was ist denn das für ein Schwachsinn! Natürlich gehört sie dazu, was soll denn das schon heißen, jemand gehört dazu oder nicht. Wer sollte denn darüber bestimmen?» Er schüttelte den Kopf und verdrehte die Augen, und ich liebte ihn gleich noch einen Zacken mehr.

Das Gurtenfestival berauschte uns: die laute Musik, die halb nackten, verschwitzten Leiber, das heiße Wetter, die ausgelassene Stimmung, die Stände mit dem exotischen Essen, der Markt mit den Hippie-Kleidern und dem Silberschmuck, das

Bier, das wir in großen Mengen tranken, der Blick von diesem Hügel aus auf die Lichter der darunterliegenden Stadt. Mich beflügelte zusätzlich, dass Levi in meiner Nähe war. Uns allen war sehr heiß dort oben auf dem Gurten.

Am Wochenende danach waren wir wieder ganz die Alten: die Jungs in Krawatte, die Mädchen im Rock. Inzwischen fand der Sommerkongress nicht mehr im Hallenstadion, sondern im Stadion Letzigrund statt. Wir konnten die Mittagspausen kaum erwarten, in denen wir uns auf dem großen Rasen in der Mitte trafen. Wir aßen zusammen die Sandwiches, die unsere Mütter vorbereitet hatten, und sprachen leise über das Festival. «Nächstes Jahr gehen wir alle drei Tage, einverstanden?», sagte Levi kauend, und wir nickten ihm alle ebenfalls kauend zu.

Am Samstagabend durften wir Jungen abends zusammen auswärts essen gehen. Wir trafen uns in einer Pizzeria, in der uns die Eltern um zehn Uhr wieder abholen würden.

Während wir auf das Essen warteten, überlegte ich, ob ich die anderen fragen sollte: «Glaubt ihr wirklich, wirklich, wirklich an das Paradies? Für mich ist es einfach so schwierig, mir das vorzustellen. Wir alle, genau so, wie wir jetzt hier auf dieser Gartenterrasse zusammensitzen, werden dann auch im Paradies zusammen sein. Wie sich das anfühlen wird? Werden wir dann sagen: Wisst ihr noch, damals, als es Zürich und sein Fraumünster noch gab, da saßen wir einmal in dieser Pizzeria und haben über das Paradies gesprochen? Und erinnert ihr euch an das Gurtenfestival? An Bern, an das Bundeshaus?» Ich konnte das alles irgendwie nicht glauben und wünschte, die anderen könnten mir helfen, es zu tun. Doch ich ließ es sein, denn Gespräche dieser Art waren nicht üblich unter Brüdern und Schwestern. Die Frage würde sie irritieren und ich wollte kein Stolperstein sein.

Ob du dir dein Leben im Himmel als eine der 144 000 geschlechtslosen Auserwählten vorstellen konntest, Adele? Ganz ehrlich, ein ewiges Leben im Himmel hätte ich mir noch viel weniger vorstellen können als eines auf der Erde.

Als die Pizza kam, brachte ich fast keinen Bissen herunter. Der Grund dafür waren nicht die Fragen in meinem Kopf, sondern Levi neben mir. Nie zuvor hatte ich eine halbe Pizza stehen lassen.

Ja, die Kongresse erhielten für uns plötzlich eine neue Bedeutung. Wir trafen hier nicht nur einmal im Jahr alle Brüder und Schwestern und Verwandten, es war nicht mehr nur die Zeit, in der wir uns geistig nährten, in der Wahrheit motiviert und gestärkt wurden – es war auch der Ort, an dem wir das andere Geschlecht versammelt vorfanden. Jede und jeder, die oder der für eine spätere Heirat infrage kommen würde, war hier in diesem Stadion. Die Mädchen hielten jedenfalls bereits Wochen vor dem Kongress Diät und bräunten ihre Körper. Diese drei Tage, das war unsere Zeit, unser Jagdgebiet.

Sofia würde ich nur vom Gurtenfestival erzählen. Sie würde bestimmt beeindruckt sein, dass wahrer Glaube weltliche Vergnügungen nicht komplett ausschließen müsste, genösse man diese denn maßvoll. Ich vergaß dabei, dass «maßvoll» keine Eigenschaft war, die Sofia in ihrem Leben anstrebte.

Die Sommernacht
Juli 1993

Musikfestivals gehörten für mich von nun an fest zum Sommer. Auch im Jahr darauf war es wieder so weit. Mama fuhr mit Emily zu ihren Eltern nach Gstaad, Linda hatte einen Sommerjob in einem Restaurant auf der Bettmeralp angenommen und wohnte in unserem Chalet, Papa und ich waren zu Hause geblieben und hatten es – was in letzter Zeit erstaunlich oft vorkam – ziemlich gemütlich miteinander. Er arbeitete wie immer viel in seinem Büro, und ich hatte einen Sommerjob in einem Kiosk angetreten. Abgesehen von den Versammlungsabenden, an denen wir nur rasch etwas Einfaches zum Essen zubereiteten, gingen wir immer auswärts essen. Papa fragte mich, ob ich mit ihm B. B. King hören komme, der spiele nämlich heuer am Montreux Jazz Festival. Obwohl ich Alternative Rock bevorzugte, stellte ich es mir trotzdem irgendwie schön vor, mit Papa an ein Blues-Konzert zu gehen.

Endlich war der Donnerstag da. Papa und ich waren in Bestlaune und machten uns schick. Wir genossen es, uns für einmal nicht für die Versammlung, sondern für einen herrlichen Festival-Sommerabend bereit zu machen. Als Papa aus dem Schlafzimmer kam, musste ich kurz schlucken. Er war ganz in Weiß gekleidet und hatte sich sogar extra für den Anlass weiße Schuhe gekauft. Herrje, dachte ich, wenn Sofia und die anderen vom Kollegium ihn so sehen würden – er sieht aus wie ein Lackaffe! Papa sah mich ebenso wenig begeistert an in meinem Hippie-Sommerkleid. Er mochte diesen Stil nicht und konnte sich einfach nicht erklären, wie eine junge Frau solche Schnitte, Stoffe und Muster anziehen konnte. Kleider sollten Frauen doch eigentlich hübscher machen, fand er. So scannten wir einander kurz, sagten aber nichts. Es würde so oder so ein schöner Abend werden, das war beiden klar.

Wir stiegen in den frisch gewaschenen Audi. In Naters und in Brig war es mir peinlich, in diesem teuren Auto neben dem weiß gekleideten alten Mann zu sitzen. Aber sobald wir auf der Autobahn waren, genoss ich es. Wir fuhren das ganze Wallis bis zum Genfersee hinab. Papa hatte Blues aufgelegt, was wunderbar zu dieser herrlichen Sommerabendstimmung passte. Ab und zu sangen oder summten wir mit und sahen einander lächelnd an. Manchmal ist er echt cool und ich habe ihn wirklich gern, dachte ich mir.

Nachdem wir das Auto geparkt hatten, schlenderten wir an der Seepromenade von Montreux entlang. Dieses Ambiente war einfach unschlagbar schön. Ein exotischer Essensstand folgte auf den anderen. Tausende von gut gelaunten Menschen genossen das Essen, die Musik, die Abendstimmung, den Ausblick auf den Genfersee und die dahinterliegenden französischen Hügel. Zwischen den Essenständen gab es auch immer wieder Marktstände, die alternative Kleider und Schmuck verkauften. Überhaupt: Es war erstaunlich, dass Papa und ich in unseren so unterschiedlichen Outfits beide irgendwie hier hinpassten, denn hier gab es beides: Schicke und Alternative. Wie für uns zwei gemacht!

Ich war entzückt über all die dargebotenen Waren und blieb an jedem einzelnen Schmuck- und Kleiderstand stehen.

«Nun komm schon, ich habe Hunger», drängelte Papa.

«Warte rasch, ich will mir nur noch die Silberringe an diesem Stand hier ansehen.»

Zuerst nahm ich verschiedene Geldbeutel und Handtaschen in die Hand und betrachtete die farbigen Tücher. Mir fiel auf, dass jedes einzelne Stück einen kleinen Fehler aufwies.

«Schau mal, diese Ware ist total schlecht, alles ist fehlerhaft!», wandte ich mich Papa zu.

«Diese ‹Fehler›, wie du sie nennst, sind wohl Absicht. Ich habe einmal in einem Artikel gelesen, dass es in Indien üblich ist, in jedes Kunst- und Handwerk einen kleinen Schönheitsfehler einzuarbeiten. Dies aus Respekt vor dem Göttlichen, da nur die göttliche Schöpfung perfekt ist. Menschengemachtes hingegen, so glauben sie, ist nur mit Fehlern perfekt.»

Das beeindruckte mich, doch ich neckte Papa lachend: «Dann ist dein reines, weißes Outfit wohl nicht so in deren Sinne, he?»

Nun wandte ich mich dem Schmuck zu. Papa beugte sich ebenfalls über die große Auswahl und sagte: «Kannst du dich wieder einmal nicht entscheiden?»

«Ich finde es schwierig, zwischen diesem Ring und dem zu wählen.»

«Ich würde den mit dem indischen Zeichen nehmen, der passt besser zu deinem grünen Kleid als der mit dem Türkis-Stein», fand er. «Wenn du willst, kaufe ich ihn dir, als Erinnerung an diesen Abend.»

«Ja, den wollte ich von Anfang an, aber meinst du nicht, dass das Zeichen vielleicht etwas Dämonisches bedeutet? Ein hinduistischer Gott oder so?»

«Ach so, ja, das kann sein.» Papa wandte sich an den Verkäufer mit der Rasta-Frisur und den thailändischen Fischerhosen und fragte auf Französisch, was das Zeichen auf dem Ring bedeute. «Om», sagte er. «Om?», fragte ich zurück. «Om?», fragte auch Papa.

«Ja, Om, das ist das Zeichen für das allumfassend Universelle, aber auch das Zeichen für Stille.»

«Nicht dämonisch, oder?», fragte ich Papa.

«Nein, kein Problem.» Papa gab dem Verkäufer das Geld und sagte zu mir: «So, jetzt gehen wir aber essen.»

Wir einigten uns auf einen türkischen Stand, der Kebab verkaufte. «Ich wollte schon immer einmal einen Kebab essen, hast du auch Lust?», fragte mich Papa. Ich war sofort einverstanden, da auch ich noch nie etwas Türkisches gegessen hatte. Wir setzten uns mit den zwei riesengroßen, mit Fleisch, Zwiebeln, Salat und viel Sauce gefüllten Kebabs in der Hand auf das Mäuerchen der Seepromenade.

«Wie isst man das wohl?», fragte Papa mich.

«Na wie schon, man isst es einfach», entgegnete ich und biss hinein. Schon beim ersten Bissen tropfte mir Sauce auf meinen langen Rock. «Oh nein», entfuhr es Papa, und ich entgegnete: «Scheißegal, Hippies sind nicht so spießig und regen sich wegen jeder Kleinigkeit auf.» Ich strich trotzdem mit dem Finger über den Stoff, hob das bisschen Sauce auf und schleckte sie vom Finger ab. Dank des Batikmusters war kein Fleck mehr zu sehen. Ich aß weiter, während Papa aufstand, sein rechtes Knie auf das Mäuerchen hob, sich danach leicht nach vorn beugte und endlich in den Kebab biss.

«Mmh, schmeckt gut», sagte er, was ich bestätigte. «Scheiße!», fluchte er plötzlich. Ich drehte mich zu ihm, um zu sehen, was los war. Er schaute entsetzt auf sein hochgestelltes Knie: Ein Vogel hatte ihm mitten auf den Oberschenkel auf die weiße Hose geschissen! Ich konnte mich nicht zusammennehmen und begann zuerst ganz leise, aber dann immer lauter zu lachen. Auch er lachte zuerst leise, dann immer lauter und prustete los: «Wirklich ein Scheiß!»

Nach dem schönen Konzert, das mir aber ehrlich gesagt nicht so wichtig war wie das Drumherum des Festivals, fuhren wir wieder das lange Tal hinauf. Es waren kaum noch Autos auf der Autobahn in dieser warmen Sommernacht. Wir hörten wieder Blues und waren beide in unsere Gedanken versunken. Papa würde bestimmt wieder melancholisch, das wusste ich. Es war immer so, wenn etwas Schönes zu Ende ging.

«Weißt du, ich vermisse den See schon mein ganzes Leben lang.»

«Aber du bist ja gar nicht am Genfersee aufgewachsen», versuchte ich ihn vom Thema abzulenken.

«Nein, nicht an diesem, aber an einem See. Du musst wissen, ein See ist nicht einfach ein See, es ist ein Lebensgefühl. Ich weiß nicht, wieso ich in diesem engen Tal, umgeben von Bergen lebe, wo ich doch viel glücklicher an einem See wäre.»

Was sollte ich darauf sagen? Ich entschied mich, zu schweigen, und drehte die Musik etwas lauter auf.

Nach einigen Minuten stellte Papa die Musik wieder leiser: «Ich bin jetzt bald so alt, wie mein Vater war, als er sich das Leben genommen hat.»

Die Geschichte meines Großvaters erschreckte mich jedes Mal, wenn Papa davon sprach. Meine Großmutter war mit nur 46 Jahren an Brustkrebs gestorben. Wenige Monate danach hatte sich Papas Vater in einer Alphütte erhängt. Mir lief wie immer ein Schauder über den Rücken, wenn ich mir das vorstellte.

«Mein Vater arbeitete sein Leben lang in einer Fabrik, du weißt, wir lebten ärmlich, aber er liebte Gesellschaft und er liebte es zu feiern. Immer wieder schleppte er Besuch an, den meine Mutter dann zu bekochen hatte. Sie tat mir immer leid, aber ich mochte diese Abende, die meist damit endeten, dass mein Vater auf dem Tisch tanzte.» Er machte eine Pause, aber ich spürte, dass er noch mehr erzählen wollte, und schwieg besser. «Weißt du, in unserer Wohnung in Rorschach konnte man den See nur vom Fensterchen auf der

Toilette aus sehen. Wenn ich traurig war, mich einsam fühlte, ängstlich, glücklich oder verliebt, dann schloss ich mich als kleiner Junge immer in die Toilette ein, klappte den Klodeckel herunter und kletterte darauf. Ich sah auf den Bodensee, um eine Ahnung der weiten Welt zu erhalten, einer Welt, in deren Richtung ich meine Sehnsüchte und Ängste schickte. Der See, so erzählte es mir mein Vater, sei es auch gewesen, der sie beschützt habe im Zweiten Weltkrieg. Von diesem Fensterchen aus konnte man während des Krieges sehen, wie Bomben auf die deutschen Städte des Nordufers niederprasselten. Andere Städte, Schaffhausen etwa, die direkt an der Grenze und eben nicht durch einen See geschützt waren, hatten irrtümlicherweise auch Bomben abbekommen, nicht aber Rorschach, dem See sei Dank.»

«So ein See ist wirklich etwas Wunderbares», sagte ich nach einer Weile und hoffte, Papa würde das Thema wechseln. Ich merkte aber, wie er weiter in düstere Gedanken absank, ich kannte diesen Gesichtsausdruck und fürchtete ihn. Er hatte diese charmante, überschwängliche, intensive, großzügige, manchmal sogar grenzenlos verschwenderische Seite, und plötzlich konnte er ins Abgründige und Destruktive rutschen. Er war fähig, jeden fröhlichen Augenblick zu bereichern und zu verstärken, jedes Fest anzufeuern, doch auch, plötzlich alles komplett zu zerstören.

«Eigentlich ist es ungerecht, wenn ich älter werde als mein Vater.»

«Was ist denn das jetzt für ein Schwachsinn?», entgegnete ich entsetzt. Ich hoffte, er würde jetzt nicht wieder ankündigen, dass auch er sich eines Tages das Leben nehmen würde. Wie sehr ich es hasste, wenn er das sagte! «Du hast viele schöne Gründe, älter zu werden als dein Vater. Dein Vater war verzweifelt, er hat den frühen Tod deiner Mutter nicht verkraftet, er fühlte sich überfordert, plötzlich mit der jüngsten Tochter so ganz alleine. Aber du, du hast es schön, du darfst das Leben genießen!»

Papa nickte. «Du hast recht, Abende wie diese, dafür muss man sehr dankbar sein.»

«Oh ja, es war wirklich ein schöner Abend, vielen Dank, dass du mich mitgenommen hast. Danke auch noch einmal für den Ring, er wird mich immer daran erinnern. Darf ich die CD wechseln?

«Klar.»

Ich zog den Blues aus dem CD-Schlitz, kramte in meiner Hippie-Tasche nach einer selbst gebrannten CD und schob diese hinein. Ich wählte Lied Nummer drei und sagte: «Achte auf den Text!» Ich drehte die Lautstärke wieder auf, und wir hörten uns gemeinsam «Perfect Day» von Lou Reed an.

Als wir zu Hause ankamen, sang Lou Reed noch immer. Wir blieben auf dem Platz vor unserem Haus bei laufendem Motor sitzen und hörten das Lied zu Ende. Dann stieg ich aus dem Wagen und Papa fuhr ihn in die Garage. Als auch er ausgestiegen war, sagte ich zu ihm: «Ich finde es schön, dass wir beide ein Andenken von diesem Abend nach Hause nehmen: Ich habe einen Om-Ring am Finger und du einen Vogelschiss auf der Hose.»

«Ein ‹Perfect Day› eben», stellte Papa lachend fest.

Die Taufe
August 1993

Kindstaufen waren nichts für uns wahre Christen. Wir verabscheuten die Praxis der Ungläubigen, ihre neugeborenen Kinder zu taufen. Gott wünschte sich doch freiwillige Gläubige! Was war ein Glaube ohne freien Willen denn schon wert?

Die Gelegenheit, uns taufen zu lassen, hatten wir dreimal im Jahr: im Winter, im Frühling oder im Sommer. Jede Versammlung gehörte einem Kreis an, jeder Kreis einem Bezirk. Unsere Kreiskongresse fanden im Frühling und im Winter in Interlaken statt, der Bezirkskongress im Sommer in Zürich. Ich hatte mir immer schon gewünscht, an der Taufe am großen Sommerkongress teilzunehmen. Entschloss man sich zur Taufe, wurde man ab dann Bruder oder Schwester genannt und gehörte offiziell der Gemeinschaft der Zeugen Jehovas an. Das war sehr schön, aber ab dann konnte man bei Fehltritten auch öffentlich zurechtgewiesen oder sogar ausgeschlossen werden. Wir wussten, dass diese Entscheidung eine große Verantwortung mit sich bringen würde und reiflich überlegt sein musste. Ausgeschlossene waren für uns so gut wie tot, denn wir unterbanden jeglichen Kontakt mit Menschen, die sich von Gott abgewandt hatten. Wir sollten sie nicht einmal grüßen, wenn wir ihnen zufällig über den Weg liefen. Auch wenn das auf den ersten Blick anders aussehen mochte, wenn es vielleicht hart oder unmenschlich wirkte, so lernten wir in der Versammlung, dass es in Tat und Wahrheit ein Akt der Liebe war. Wie sonst hätten Ausgeschlossene ermuntert werden können, wieder zurück ins Licht der Wahrheit zu kommen? Eben. Es war die beste Art, ihnen zu zeigen, wie sehr uns ihr Überleben am Herzen lag.

Diesen Sommer ließ ich mich taufen. Was für ein schöner Tag das war! Wir Täuflinge wurden in Bussen aus dem Hallenstadion in ein städtisches Schwimmbad in der Nähe gefahren. Dort zogen wir uns ein Badekleid an und stellten uns am Beckenrand in einer Reihe auf. Ein Bruder in kurzen Shorts und einem weißen T-Shirt stand im Wasser des etwa einen Meter tiefen Schwimmbeckens, in das wir einer nach dem anderen hineinstiegen. Er umarmte uns mit einem Arm, packte uns an der linken Schulter, hielt uns mit der rechten Hand die Nase zu und tauchte uns kurz ins Wasser.

In diesem Moment, Adele, als er mich wieder hochzieht und alle klatschen, bin ich erfüllt von Glück und unendlicher Liebe. Ich spüre ganz deutlich, dass die Hingabe an Jehova die beste Entscheidung meines Lebens ist.

Auch Zipora und mein Cousin Sven hatten sich an diesem Tag taufen lassen. Ich war stolz darauf, dass ich allen beweisen konnte, dass man eben doch ins Gymnasium gehen und trotzdem eine wahre Christin sein konnte. Ich freute mich auch für meine Eltern, die sich vor gewissen Brüdern und Schwestern immer wieder für meine Ausbildung verteidigen mussten. Ich lieferte heute allen den ultimativen Beweis dafür, dass sich weltliche Bildung und wahrer Glaube nicht ausschlossen, sofern der Glaube denn stark genug war. Mehr und mehr traute ich mich, die an der Schule besprochenen Bücher auch Zipora weiterzugeben. Sie verschlang alles, was ich ihr zu lesen gab. Hermann Hesses «Steppenwolf» etwa erklärten wir zu unserem gemeinsamen ultimativen Lieblingsbuch. Obwohl sie ihre Ausbildung zur Altenpflegerin sehr mochte, wollte sie nebenbei mehr über die Weisheit der Welt erfahren. Mir gefiel Ziporas Wissensdurst, gepaart mit ihrer wundervollen sozialen Art, mit der sie auf alle Menschen zugehen konnte.

In der Zwischenzeit konnten sich unsere Väter Hotels leisten. Ich vermisste auf der einen Seite Familie Zapollas Wohnung, freute mich aber doch über den Komfort eines Hotels, vor allem deshalb, weil wir am Sonntagmorgen vor dem Kongress nicht auch noch die Wohnung putzen und die Betten abziehen mussten. Wir schliefen jeweils im Novotel; Zipora und ihre Familie, die früher immer im Novotel logiert hatten, inzwischen sogar im Hilton. Wir gaben uns große Mühe, zu allen Angestellten dort freundlich und zuvorkommend zu sein, egal ob zur Putzfrau, dem Mann am Eingang, den Leuten an der Rezeption oder den Angestellten, die uns das Frühstück servierten. Wir zogen unsere Namenskärtchen für den Kongress immer schon am Morgen zum Frühstück an, sodass man uns als wahre Christen erkennen konnte. Wir waren außerordentlich nett und respektvoll, da wir keine Schmach auf Gottes Namen bringen wollten. Die Leute sollten gut über uns denken, wir wollten «Zeugnis ablegen», und wer weiß, vielleicht konnten wir sie durch unser respektvolles Verhalten ebenfalls in die Wahrheit bringen.

Am Abend nach der Taufe gingen Ziporas, Svens und meine Familie mit uns drei Täuflingen im Hilton essen. Wir füllten fast die Hälfte des Restaurants. Ich fühlte mich weltgewandt wie ein Star und stellte im Verlauf des Abends fest, dass unsere gepflegten Kleider, aber auch der Pianist, der uns zum Essen vorspielte, viel zu dieser Stimmung beitrugen. Das Ambiente war gut, wir fühlten uns alle nobel und religiös zugleich, wir trugen auch zum Abendessen noch immer voller Überzeugung und Stolz die Namenskärtchen an unseren Kleidern. Ich saß neben Zipora und war wie immer, wenn ich mit ihr zusammen sein konnte, selig. Als Onkel Oskar die Rechnung verlangte und Papa sein Portemonnaie aus der Tasche zog, gebot ihnen Onkel Friedrich Einhalt: «Keine Diskussion!» Er wandte sich an den Kellner und sagte: «Sie können es auf mein Zimmer schreiben.»

Frisch getauft war ich sehr motiviert, auch anderen ein so schönes und befriedigendes Erlebnis zu ermöglichen. Es gab nichts Wichtigeres, als diese unwissenden Menschen im Wallis zu warnen. Was ihnen sonst in Harmagedon drohte, war nicht lustig. Ich verstand, dass diese Pflicht ein Privileg Gottes war, eine heilige Aufgabe, die er uns höchstpersönlich übertragen hatte. Doch die Erfüllung dieser göttlichen Mission hatte in Tat und Wahrheit etwas Glanzloses an sich. Das wurde mir wieder bewusst, als ich mich das erste Mal nach meiner Taufe für den Dienst vorbereitete. Fast alle Menschen, die uns die Tür öffneten, wimmelten uns mit «Ich habe keine Zeit», «Ich habe kein Interesse» oder «Ich habe meine Religion» ab. Wir hatten in der Versammlung gelernt, auf diese Standardausreden mit Standardantworten zu reagieren, doch meist standen wir trotzdem nach kürzester Zeit wieder vor verschlossenen Türen.

Nun war ich kein kleines Kind mehr, sondern eine getaufte Schwester, die selbst predigte und selbst Gebiete bearbeitete. «Gebiete» nannten wir plastifizierte Kartenausschnitte, auf denen ein Bündel Straßen und Häuser mit einer roten Linie eingegrenzt war. Unsere Aufgabe war es nun, alle Häuser innerhalb dieser Grenze aufzusuchen, an jeder einzelnen Wohnungstür zu klingen und auf einem Zettel die Namen der Personen und unsere entsprechenden Bemerkungen dazu festzuhalten. In diesen «Notizen», wie wir sie nannten, vermerkten wir dann in Abkürzungen, wer nicht zu Hause war («NH»), wer kein Interesse («KI») hatte, wer keine Zeit

(«KZ»), wem wir wie viele Zeitschriften abgeben konnten (zum Beispiel «2») und wen wir in einem Nachbesuch erneut aufsuchen würden («NB»). Erst wenn jede Tür besucht war, wir jede Person angetroffen hatten, tauschten wir die Gebietskarte gegen eine neue aus. Die alte lag dann einige Monate brach, bevor ein anderer Bruder oder eine andere Schwester das Gebiet wieder von vorne zu beackern begann.

Sehr selten kam es vor, dass man eine Person fand, die tatsächlich interessiert an der Wahrheit war. Diese wurde dann wöchentlich aufgesucht, wir nannten diese Besuche «Heimbibelstudien», mit dem Ziel, dass die Person mit der Zeit auch an der Versammlung teilnehmen würde. In all den Jahren, die meine Eltern bereits im Wallis dienten, hatten wir das als Versammlung nicht mal bei einem halben Dutzend Menschen erreicht. Diese Zahl beelendete mich, wenn ich an die Tausenden von Stunden dachte, die wir hierfür jahrelang aufgewendet hatten. Doch darum ging es ja nicht. Es ging darum, den Menschen die Möglichkeit zu geben, sich zu Jehova zu bekennen. Das war unsere Aufgabe, nicht, sie zu retten. Es lag einzig in den Herzen der Menschen, die Wahrheit anzunehmen.

Als ich ein Kind war, hatten sowohl meine Eltern als auch die Brüder und Schwestern der Versammlung Verständnis dafür gezeigt, dass ich nicht in Naters in den Dienst gehen wollte. Zu seltsam und peinlich wäre es gewesen, wenn ich dort auf Schulkameraden oder auf unsere Lehrpersonen gestoßen wäre. Nun aber war ich im Kollegium, und da wurde es komplizierter. Da die Gymnasiasten aus den verschiedensten Dörfern und Seitentälern stammten, konnte hinter jeder Tür ein bekanntes Gesicht auftauchen. Immerhin: Die Chance war klein, aber ausgeschlossen war es nicht.

Nun ging ich also das erste Mal als getaufte Zeugin in den Dienst. Es war Mittwochnachmittag, und ich war mit Michael verabredet, das freute mich, denn er war ein geselliger Mensch, jung, lustig, groß, blond, gut aussehend, mit strahlendem Lachen. Linda, die wieder zu Hause wohnte und Ende des Sommers ihre Ausbildung an der Tourismusfachschule beginnen würde, hatte vor, heute mit Michaels Bruder predigen zu gehen. Wie immer trafen wir uns alle um 14 Uhr im Königreichssaal, wo wir uns mit genügend Exemplaren der Zeitschriften «Der Wachtturm» und «Erwachet!» in verschiedenen Sprachen eindeckten. Nachdem ein Bruder abschließend ein Gebet gesprochen hatte, brachen wir in Zweiergruppen in alle Himmelsrichtungen auf.

Michael und ich hatten beschlossen, heute in sein Gebiet zu fahren, ein abgelegenes Dorf im Mattertal. Ich freute mich darauf, denn einen Weg durfte man jeweils auf den Berichtszettel aufschreiben, den wir alle am Monatsende in der Versammlung abgaben. Wir zählten alle Stunden zusammen, sodass wir eine Übersicht hatten, wie viele Stunden jeder in der Versammlung gepredigt hatte. Das taten alle Versammlungen, und so konnte am Jahresende auch erhoben werden, wie viele Stunden insgesamt in unserem Land und sogar auf der ganzen Welt gepredigt worden waren. Diese Zahl wurde Jahr für Jahr in der Weltzentrale in New York publiziert. Da wir die Berichtszettel auch mit unserem Namen versehen mussten, konnten die Ältesten in den einzelnen Versammlungen zudem sehen, wer von uns nachgelassen hatte, wer Ermunterung und Unterstützung brauchte.

Sehr schön, Michael fuhr ganz langsam, und wir führten ein unterhaltsames Gespräch in seinem kleinen, roten Auto. Das waren quasi die geschenkten Stunden im Dienst und somit meine liebsten. Nach etwa 45 Minuten Fahrt in dieser herrlichen Berglandschaft waren wir angekommen. «Manchmal denke ich, wir leben eigentlich schon jetzt im Paradies», sagte Michael und zeigte mit dem Finger auf das vor uns liegende Gebirge, auf dessen Spitzen Schnee lag. Er parkte das Auto am Dorfrand. Wir machten uns mit unseren Taschen voller Zeitschriften, der Bibel, der Gebietskarte und den Notizblättern auf zum ersten Haus. Es war ein heißer Tag, ich war froh, dass ich ein T-Shirt, einen Rock und Sandalen tragen durfte. Der arme Michael schwitzte in seiner Krawatte und in der langen Hose, doch wenigstens trug er ein kurzärmliges Hemd, welches seine schönen, sonnengebräunten Arme zeigte.

An den ersten paar Türen lief es wie gewöhnlich. Irritierte oder genervte Menschen, die uns so rasch wie möglich loswerden wollten. Dann steuerten wir ein Einfamilienhaus an. Am Zaun war ein Zettel befestigt, auf dem «ACHTUNG, HUND BEISST!!!!!!!» zu lesen war. Wir spähten in den Garten, sahen aber keinen Hund. Dann öffneten wir langsam das Gartentor, und als nichts geschah, liefen wir die paar Meter zur Haustür und klingelten. Wir dachten schon, es sei niemand zu Hause, als sich die Tür doch noch öffnete. Ein großer, dicker Mann mittleren Alters baute sich vor Michael auf, schnaubte und zischte dann: «Verschwindet sofort von meinem Grund!» Er packte einen Stein, der am Eingang bereitlag, erhob seine Stimme und schrie uns an: «Wenn ihr nicht in drei Sekunden meine Zauntür hinter euch schließt, werfe ich mit diesem Stein nach euch. Und wagt es nie wieder, hierher zu kommen, das nächste Mal hole ich meine Knarre aus dem Schlafzimmer! Sagt das auch euren Kumpels, diesem Sektenpack!»

Michael und ich rannten sofort los. Ich versicherte mich unterwegs, ob im Garten auch wirklich kein Hund war, und zog die Zauntür hinter mir zu. Mit schnellen Schritten entfernten wir uns vom Haus. Ich glaubte, unsere beiden Herzen laut klopfen zu hören, denn wir hatten wirklich Angst bekommen. Als wir nicht mehr in Sichtweite des Hauses waren, lehnte sich Michael an eine Mauer. Er wartete, bis sich sein Atem wieder beruhigt hatte, holte langsam die Notizen aus seiner Tasche und schrieb «KI» neben den Namen des dicken, wütenden Mannes. Er zeigte mir den Zettel und fragte: «Hast du ihn auch so verstanden?» Daraufhin brachen wir beide in lautes Gelächter aus. So aufregend konnte der Dienst sein!

In der folgenden Stunde liefen wir weiter wie gewohnt alle Straßen und Treppenhäuser ab. Ein bisschen aufgeregter, aber auch ängstlicher als sonst klingelten wir an jede einzelne Tür, nahmen die Namen der Bewohner auf und hielten unsere Bemerkungen fest. Dann endlich ein Name mit «-ic»! Am liebsten klingelte ich bei Ausländern, denn diese ließen einen für gewöhnlich ins Haus, zumindest die Jugoslawen, meine Favoriten, bei denen war es fast sicher. «Gell, ich bin dran?», fragte mich Michael, und ich bejahte. Das passte sowieso gut, denn Michael war Pionier und dabei, Serbokroatisch zu lernen. Die Pioniere und Pionierinnen in unserer Versammlung begannen momentan alle, eine Fremdsprache – etwa Albanisch, Portugiesisch oder eben Serbokroatisch – zu erlernen, um diese Menschen besser erreichen zu können. Allein dass sie sie in ihrer Sprache begrüßen konnten, schätzten diese Wohnungsinhaber für gewöhnlich sehr, was uns etliche Türen öffnete.

Michael klingelte. Als eine Frau uns aufmachte, sagte er: «Dobar dan, Frau Babic.» «Dobar dan», entgegnete sie verwundert. «Bestimmt wundern Sie sich, dass fremde Menschen bei Ihnen klingeln. Wir wollten Sie fragen, ob Sie sich auch schon die Frage gestellt haben, weshalb Gott wohl das

Böse zulässt?» «Ja», antwortete die Frau nach einer Weile mit starkem Akzent, «das habe ich mich auch schon gefragt. Kommen Sie herein.» Sie bat uns, im Wohnzimmer Platz zu nehmen, und ging in die Küche, um Kaffee aufzusetzen.

Sehr schön, dachte ich, einfach verdiente Zeit zum Aufschreiben. Michael und ich trauten uns in diesen Minuten nicht, viel miteinander zu sprechen, und sahen uns vom Sofa aus im Wohnzimmer um. Am Fenster hingen beige Vorhänge, durch die man hinaus-, aber wohl nicht hineinblicken konnte. Rechts und links davon waren Ziervorhänge aus dickem, dunkelgrünen Samt drapiert, die mit einer goldenen Schnur zusammengebunden und an der Wand befestigt waren. Das opulente Sofa war ebenfalls beige und mit grünen Zierkissen passend zu den Samtvorhängen bestückt. Der Salontisch vor uns war aus dunklem Holz, darauf lag eine weiße Häkeldecke. Der Teppich unter dem Salontisch war auch beige und mit braunen Ornamenten versehen. Uns gegenüber stand eine große, schwere Wohnwand, in die ein Fernseher integriert war. Darin befanden sich zudem etwa zwei Dutzend Bücher, sechs schön verzierte Weingläser, drei verschiedenfarbige Vasen und viele Bilder, auf denen glückliche Menschen zu sehen waren. Auf einigen erkannte ich die Frau in der Küche. Auf dem Hochzeitsbild war sie noch blutjung und stark geschminkt. Sie trug ein weißes, üppiges Kleid mit Puffärmeln. Auf dem größten Bild und dem, welches wir vom Sofa aus am deutlichsten erkennen konnten, sah man sie – kaum älter als auf dem Hochzeitsbild – mit zwei dunkelhaarigen Jungs. Das mussten ihre Söhne sein. Beide trugen weiße Hemden und schwarze, kurze Hosen. Der Ältere schaute eher streng, der Jüngere versuchte es auch, aber aus seinen Augen blitze Schalk hervor. Ich fand ihn süß und lustig.

Nun kam die Frau mit einem Serviertablett ins Wohnzimmer zurück. Darauf befanden sich eine Kaffeekanne, eine

Schnapsflasche, drei winzig kleine Kaffeetässchen und drei Schnapsgläschen sowie eine Schale mit Keksen. Sie schenkte uns Kaffee ein, goss je etwas Schnaps in die Gläschen, setzte sich auf den Sessel rechts von uns, zeigte auf den Tisch und bat uns, zuzugreifen. Ich blickte unsicher zu Michael, der mich daraufhin kurz angrinste und fürs Erste einen kleinen Schluck aus dem Gläschen nahm. Daraufhin stellte er erneut die Frage nach Gott und dem Bösen, aber die Frau entgegnete nichts. Er sprach weiter, während auch ich das Gläschen hob und einen kleinen Schluck daraus trank. Ich spürte das erste Mal im Leben bewusst, wie mir eine Flüssigkeit langsam den Hals hinunterrann, in den Magen gelangte und sich dort setzte. Dort unten entfaltete sie eine wohlige Wärme, die sich nun auch hinauf zum Herz und von dort aus langsam bis unter die Kopfhaut und in die Finger- und Zehenspitzen hinein ausbreitete. Ist das ein wunderschönes Wohnzimmer, dachte ich, das war mir zuvor gar nicht aufgefallen.

Ich war froh, dass Michael das Gespräch führte und ich das neuartige Gefühl voll und ganz auskosten konnte. Er erklärte der Frau, dass Gott Wunderbares mit diesem Planeten vorhabe. Dass in der Bibel stehe, gute Menschen könnten ewig in einem Paradies auf Erden leben, glaubten sie nur daran. Auch der Krieg in ihrer Heimat lasse erkennen, dass das Ende nahe sei. Kriege, Krankheiten und Naturkatastrophen würden nun noch zunehmen, was weitere Zeichen für die Endzeit und somit für den baldigen bevorstehenden Systemwechsel seien. In der Bibel sei das schon vor Tausenden von Jahren niedergeschrieben worden, und nun gingen die Prophezeiungen tatsächlich in Erfüllung. Wir hätten das Glück, in dieser wegweisenden Zeit zu leben, und damit die Chance, in diesem letztmöglichen Augenblick den wahren Gott kennenzulernen und sich zu ihm zu bekennen.

Michael predigte nicht nur, er kam voll und ganz ins Schwärmen. Die Frau nickte immer wieder und sah uns mit leeren Augen an. Ich merkte, dass sie froh war, dass wir da waren, aber ich hatte nicht das Gefühl, dass sie Michael Glauben schenkte. Ich war nicht mal sicher, ob sie uns verstand. Sie sah irgendwie traurig und zugleich hart aus. Sie rührte mich, ich mochte sie, doch etwas an dieser Situation ließ mich erschaudern und beschämte mich. Ich mochte mich nicht damit auseinandersetzen und kippte mir den letzten Schluck Kaffee in den Mund. Igitt, mein Mund war plötzlich voller Kaffeesatz! Schnell nahm ich einen erneuten Schluck Schnaps zum Nachspülen. Nun lächelte die Frau zum ersten Mal kurz und entschuldigte sich: «Das ist jugoslawischer Kaffee, nicht italienischer. Den letzten Schluck trinken wir nicht.» Dann goss sie mir noch ein zweites Glas Schnaps ein.

Zum Abschied hinterließen wir ihr einen «Wachtturm» und ein «Erwachet!» auf Serbokroatisch. Die Frau nahm die Zeitschriften gerne entgegen. Es zauberte ihr ein weiteres Lächeln auf das Gesicht, diese in ihrer Muttersprache zu erhalten. Wir hatten die Zeitschriften immer auf Albanisch, Serbokroatisch, Türkisch, Italienisch, Portugiesisch oder Spanisch zur Hand. Wir fragten Frau Babic, ob wir sie wieder besuchen dürften, was sie bejahte. «Babic: NB, 2», schrieb Michael auf seinen Zettel, nachdem sie die Tür geschlossen hatte.

Auf dem Heimweg stellte ich glücklicherweise fest, dass Michael deutlich schneller fuhr als auf dem Hinweg. Schade, dass der Dienst nicht immer so aufregend und erfolgreich war wie heute. Wir genossen die rasante Heimfahrt im Abendlicht und waren glücklich, drei Stunden gemacht zu haben.

Fünf Stunden schrieb ich am Monatsende auf den Berichtszettel. Als ich ihn in das entsprechende Kästchen im Königreichssaal einwarf, fragte ich mich, wann mich die Ältesten wohl ansprechen würden. Sechs Stunden waren der Durchschnitt unter normalen Brüdern und Schwestern, die nicht Pioniere waren. Nun hatte ich diesen Monatsdurchschnitt schon viele Male unterschritten. Das würde vielleicht Folgen haben. Erst letzten Monat hatten sie Linda dazu ermuntert, doch etwas öfter in den Dienst zu gehen. Ich hatte mir immer wieder überlegt, ob ich nicht ein paar Stunden dazuerschwindeln sollte. Doch was hätte das für einen Sinn? Jehova wusste ja ohnehin Bescheid. Was nützte es mir, die Ältesten zu bescheißen, wenn doch Jehova es war, der über mein Leben oder meinen Tod entschied?

Die Lust und die Liebe
April 1995

Am Kollegium war plötzlich nichts mehr wie zuvor. Sofia hatte sich in einen etwas älteren Jungen namens Dominik verliebt. Dominik hatte blonde Haare, große, blaue Augen und war leider ebenfalls am Kollegium. Seit elf Jahren stand ich zum ersten Mal wieder alleine auf dem Pausenplatz. Sofia und Dominik knutschten jede Pause die gesamten 15 Minuten lang durch. Es war entsetzlich, ich wusste einfach nicht, wie ich die Zeit totschlagen konnte.

Doch auch ich spürte den Frühling nach diesem langen, kalten Winter. Ich war noch verliebter als gewöhnlich. Seit ich mich erinnern konnte, war ich immer verliebt gewesen. Im Kindergarten hatte mich Philipp verzückt, in der ersten Klasse Mirco, in der zweiten Daniel, in der dritten zuerst Didier, dann Andreas, dann Philipp und schließlich wieder Mirco, von der vierten bis zur sechsten Matthias. In der Sekundarschule wechselten sie öfters, sodass ich mich nicht mehr an jeden Namen erinnern konnte. Im ersten Jahr am Kollegium schwärmte ich einmal für niemanden, im zweiten Jahr konnte ich mich nicht zwischen Beat und Diego entscheiden.
Aber nun war der Fall klar: Die Wahl fiel auf Bruno.

Wir lesen momentan im Literaturunterricht «1984». Ein tolles Buch – aber wahnsinnig gefährlich! George Orwell beschreibt darin «Doppeldenk». Das bedeutet, dass ein Mensch Widersprüche, die sich gegenseitig eigentlich ausschließen, in seinem Denken vereinen kann. Es ist erschreckend: In meinem Kopf habe ich die Wahrheit, aber auch die Weisheit der Welt. Und mich schaudert noch mehr: Bei mir ist nicht nur das Den-

ken gespalten, sondern auch das Fühlen. Ich liebe beide, Bruno und Levi. In der Welt ist Sofia meine beste Freundin, in der Wahrheit Rebekka. «Doppelfühl», wenn man so will. Das Gruseligste dabei ist, dass ich diese Gedanken nur mit meinem «Welt-Hirn» denke, in meinem «Wahrheit-Hirn» aber existieren sie nicht.

Ich kann mir nicht vorstellen, dass du, Adele, so gespalten warst. Für dich gab es nur diese eine Welt, die des zweifellosen Glaubens, Denkens und Fühlens. Ich beneide dich um diese Eindeutigkeit, aber ich bin selbst schuld. Ich wollte die Weisheit der Welt besser kennenlernen. Eines kann ich jetzt schon sagen: dass sie verführerisch ist und dass der Teufel mit einer glatten Zunge spricht! Ich bete jeden Abend für einen starken Glauben, so stark, wie der deine war.

Bruno stammte aus einem Dorf nahe der Sprachgrenze des Wallis und war mit Abstand der süßeste Gymnasiast hier am Kollegium. Sofia hatte sich immer nur in Jungs mit blauen Augen verliebt: «Gegen große, blaue Augen kann ich mich einfach nicht wehren», hatte sie schon in der Grundschule immer gesagt. Ich war froh, dass wir nicht dieselben Jungen liebten, denn ihre Chancen auf deren Aufmerksamkeit waren ungleich höher als meine. Sie wurde ganz offensichtlich von Jahr zu Jahr schöner, was ich zu verdrängen suchte. In der Zwischenzeit waren ihre Haare wieder gewachsen, und sie zog sich nun auch wieder etwas weiblicher und gepflegter an. Ich hatte zum Glück noch ein anderes Leben, mein Jagdgebiet, in dem sie nicht verkehrte. Von meinem Heiratsmarkt war sie ausgeschlossen. Ich glaubte in der Zwischenzeit nicht mehr daran, dass sie je in die Wahrheit kommen würde. Das hatte nicht nur Nachteile.

Bruno hatte blondes, halblanges Haar und braune Augen. Er war ein Hippie. Er trug selbst gefärbte T-Shirts, löchrige Jeans und Doc-Martens-Stiefel. Ich hatte nie ein Wort mit ihm gewechselt und beabsichtigte dies auch nicht. Er war ja ein Weltlicher und deshalb tabu. Doch er inspirierte mich zum Träumen.

So füllte ich die Pausenzeit: Ich träumte davon, mit Bruno die Welt zu bereisen. Wir würden per Autostopp weiterkommen, uns im Sonnenuntergang küssen, in wilden Bars die Nächte durchtanzen und unsere letzten Münzen mit Bettlern oder armen Kindern teilen. Um wieder Geld zu verdienen, würde er am Straßenrand im Abendlicht auf seiner Gitarre spielen, und ich würde dazu singen. Die Leute würden so gerührt sein, uns aber kein Geld geben können. Sie würden uns dafür in ihre ärmlichen Häuser einladen, uns ein Stück Brot und etwas Suppe anbieten, wir würden dort weiter singen und tanzen, bis es am Schluss ein Quartierfest geben würde, bei dem alle Essen und Trinken und Instrumente mitbringen und wir alle zusammen bis zum Sonnenaufgang feiern würden.

Neben den Träumereien nutzte ich die Pausen auch zum Nachdenken über die Liebe. In Levi war ich ja auch noch immer verliebt. Vor ihm und vor allen anderen jungen Brüdern aus Rebekkas Versammlung war ich als Fünfjährige in Mario, dann in Thomas, irgendwann in Cousin Reto, dann in Alessandro, meinen Cousin zweiten Grades, auch einmal, glaube ich, in Urs, dann ein zweites Mal in Mario und schlussendlich bestimmt drei Monate lang in Marcel verknallt. Nun also Levi, der zwar leider recht schmächtig war und zudem etwas kleiner als ich, aber eben: Er war lustig und intelligent.

Rebekka war zu dieser Zeit bereits mit meinem Cousin Sven liiert, ein prächtiges und vorbildliches Paar. Darüber war ich in zweierlei Hinsicht froh: Erstens würden wir nun wirklich verwandt sein, und zweitens wäre sie damit definitiv aus dem Rennen. Für die ledigen Brüder war das ein Jammer, denn sie war ja unglaublich schön und damit sehr begehrt. Neben ihr hatten wir anderen jungen Schwestern einen schweren Stand. Sie sagte mir zwar immer, wie schön sie mich fand. Sie meinte es ehrlich, was mich rührte, und dennoch war sie schöner als ich.

Ich war letztes Wochenende zu ihr gefahren und hatte in der Versammlung endlich wieder einmal Levi gesehen. Als Rebekka und ich uns an diesem Abend nebeneinander zu Bett legten, sagte sie vor dem Einschlafen zu mir: «Du bist verliebt in Levi, nicht? Ich finde es wichtig, dass wir uns gut überlegen, wem wir uns unterwerfen wollen. Wir müssen Männer heiraten, die wir respektieren. Jehova will, dass wir uns unseren Ehemännern unterordnen, deshalb müssen wir wirklich gut wählen.» Ihre Aussage erstaunte mich, beeindruckte mich aber auch. Sie zeigte echte Reife, denn über so etwas hatte ich noch nie nachgedacht. Rebekka hatte recht, es war in der Tat wichtig, richtig zu wählen. Dass Levi heiraten auch bedeuten würde, mich ihm zu unterwerfen, hatte ich mir zuvor tatsächlich noch nie so überlegt. «Weißt du, Pauline hat ja vor zwei Jahren Marco geheiratet. Sie ist ein echtes Vorbild für uns alle, das sagt auch Tamara. Sie unterwirft sich Marco und ist trotzdem nicht unscheinbar oder verkrampft. Sie respektiert einfach ihre Rolle und lässt Marco die wichtigen Entscheide treffen. So möchte ich auch einmal sein, untertan, aber dennoch irgendwie selbstbewusst und cool.» Das stimmte, ich fand Pauline auch selbstbewusst und cool. Aber dass sie sich Marco unterwarf, davon hatte ich bis anhin nichts gemerkt, doch ich hatte ja auch noch nie darüber nachgedacht. Sowieso hatte ich bisher die Begriffe «Vorbild» und «Unterwürfigkeit» nie zusammengedacht.

Nachdem Rebekka an diesem Abend eingeschlafen war, hatten mich ihre Aussagen plötzlich erschreckt. Ich sah sie mir im Mondlicht, das zum Fenster hineinschien, an und war fassungslos. So eine wunderschöne, junge, vitale und kecke Frau. Ich betrachtete ihre braunen, langen Haare, ihre vollen Lippen, ihre hohen Wangenknochen und ihren dunklen Teint. Gewiss, ich hatte an unzähligen Versammlungen gehört, dass sich die Frauen den Männern unterwerfen sollten. Meine Mutter hatte sich meinem Vater nie wirklich unterworfen, deshalb hatte ich auch nie länger über diese Regel nachgedacht. Aber dass das einmal auch konkret werden könnte, dass ich mich also tatsächlich damit auseinandersetzen müsste, das realisierte ich damals zum ersten Mal. Ich stellte mir vor, dass sich Rebekka in drei, vier Jahren offiziell meinem Cousin Sven unterwerfen würde. Sie würde im weißen Kleid in der Versammlung Richtung Bühne gehen und auf den zwei Stühlen davor zusammen mit Sven Platz nehmen. Ein Bruder würde ihnen sagen, dass sie heute den ewigen Bund der Ehe, bei dem die Regel galt, dass der Mann der Frau vorstand, schließen würden. Alle würden gerührt sein und applaudieren. Abgesehen vom Gedanken an das schöne Hochzeitskleid, das sie dabei tragen würde, wurde mir schwindelig bei diesem Gedanken.

Ich lief nach der Pause mit der Frage in meinem Kopf in den Unterricht: Könnte ich mich Levi unterwerfen? Als die Geschichtsstunde vorbei war, stellte ich fest, dass ich noch immer in Levi verliebt war. Die Ängste und Bedenken waren in der Zwischenzeit verflogen. Ganz im Bewusstsein meines klaren Verstandes zählte ich auf Levi, denn der war ja clever. Welcher clevere Bruder würde schon von einer Frau erwarten, dass sie sich wirklich unterwirft?

Mir fiel während einer weiteren Pause wieder ein, was der junge Bruder letzthin gesagt hatte, der kürzlich zu uns ins Wallis gezogen war, um uns zusammen mit seiner eben geehelichten Frau beim Missionieren zu unterstützen: «Ich will nicht, dass Brigit arbeitet. Für mich war es immer klar, dass eine Frau zu Hause bleibt. So hat sie auch mehr Zeit zum Predigen. Zum Glück ist Brigit eine bescheidene und anspruchslose Frau, ihr macht es nichts aus, kein eigenes Geld zu verdienen. Sie legt ja auch keinen Wert auf Schmuck und Kleider, eine solche Frau habe ich immer gesucht, eine mit einem stillen und milden Geist.» Brigit hatte ihn dabei verliebt lächelnd angesehen. Mich hat die Szene angewidert, doch ich nickte den beiden ernsthaft zu.

Auch erinnerte ich mich mit Schaudern an den letzten Sommerkongress, an dem der Bruder mit der piepsigen Stimme mit erhobenem Zeigefinger laut ins Mikrofon gekrächzt hatte: «Auch wenn euch die Weltlichen momentan etwas anderes einreden wollen: Frauenemanzipation gibt es nicht bei den Zeugen Jehovas! Die göttliche Ordnung ist klar und unmissverständlich. Ich bitte euch, Epheser 5:21 aufzuschlagen.» Er hatte seine Stimme wohl etwas überstrapaziert, denn in der kurzen Pause – als es im gesamten Stadion raschelte – räusperte er sich und las danach etwas leiser vor: «Seid einander untertan in der Furcht Christi. Die Frauen seien ihren Männern untertan wie dem Herrn, denn ein Mann ist das Haupt seiner Frau, wie der Christus auch das Haupt der Versammlung ist, er, der Retter dieses Leibes. In der Tat, wie die Versammlung dem Christus untertan ist, so seien es auch die Frauen ihren Männern in allem.» Die Bibelstelle kannte ich natürlich, doch so explizit hatte ich deren Fazit noch nie gehört: Frauenemanzipation ist kein Thema bei uns. Das durfte Sofia niemals mitkriegen, denn diese Aussage würde meine schwindend kleine Hoffnung, dass sie eines

Tages doch noch eine Zeugin Jehovas werden könnte, endgültig zerschlagen.

Solche Dinge überlegte ich mir in den elend langen Pausen, während sich Sofia und Dominik leidenschaftlich küssten und fanden, die Pausen gingen viel zu schnell vorbei.

Als wäre alles nicht schon kompliziert genug gewesen, geschah an einem weiteren Frühlingsabend etwas Erschütterndes: Ich lag im Bett und konnte nicht einschlafen. Ich öffnete das Fenster, und der Wind trug wellenartig den Duft des Frühlings in mein Zimmer. Wir hatten nach der Versammlung wie gewohnt eine Flasche Rotwein geöffnet. Seit meinem 18. Geburtstag Anfang des Monats durfte ich mit meinen Eltern jeweils ein Glas mittrinken. Linda war zu diesem Zeitpunkt wieder einmal im Ausland, sie absolvierte im Rahmen ihrer Tourismus-Ausbildung ein Praktikum in einem Hotel in Ecuador, um Spanisch zu lernen. Ich genoss die kleine Erwachsenenrunde, als Emily bereits zu Bett gegangen und eingeschlafen war.

Nun lag auch ich im Bett. In meinem Kopf schien sich alles leicht zu drehen, und mir war trotz des geöffneten Fensters heiß. Ich fuhr mit meinen Händen über meine Brüste, das war ja erlaubt. Ich dachte plötzlich an Andreas. Wie schön er war! Auch er war unlängst mit seiner Frau zu uns ins Wallis gezogen. Andreas war mittelgroß, eher fein gebaut und hatte dichtes, braunes Haar und strahlend weiße Zähne. Wir hatten nach der Versammlung miteinander gesprochen, und er hatte mich gefragt, ob wir am Samstag zusammen in den Dienst gehen wollten. Nun stellte ich mir ihn vor und streichelte ... Um Gottes willen! Andreas war mit der schönen Michelle verheiratet! Es durchfuhr mich wie ein Blitz. «Du sollst nicht die Frau deines Mitmenschen begehren noch seinen Sklaven, seine Sklavin, noch seinen Stier, noch seinen Esel, noch irgendetwas, was deinem Mitmenschen gehört», stand in den Zehn Geboten. Ob da auch die Männer der Mitmenschen gemeint waren? Gehörten sie ihren Frauen? Durfte man verheiratete Männer begehren? Ich ließ sofort von meinem Körper ab und überlegte: sicher nicht! Ich war wieder erstaunt, dass ich die Bedeutung von Gesetzen, die ich von Kind an gehört hatte, erst nach und nach begriff.

Ich verdrängte Andreas aus meinen Gedanken und malte mir den ledigen Levi aus. Wie gerne hätte ich geheiratet! Wohin sonst mit der Lust? Ich träumte den Traum vom weißen Kleid und von einer leidenschaftlichen Hochzeitsnacht. So dachte ich jetzt also an Levi, aber das Gefühl, das ich vorhin empfunden hatte, stellte sich nicht wieder ein. Dann halt mit Bruno, im Hippie-Bus, aber auch das klappte nicht. Plötzlich realisierte ich mit Schrecken, dass ich gerade dabei gewesen war, zwei Sünden zu begehen: erstens, einen Verheirateten zu begehren, und zweitens, überhaupt erotische Fantasien zuzulassen.

Letzte Woche hatte Papa mit mir im Buch «Fragen junger Leute – Praktische Antworten» die beiden Kapitel über Masturbation studiert. Dort hieß es, dass sexuelle Erregungen des jugendlichen Körpers zwar ganz normal seien, es aber nicht erlaubt sei, die Geschlechtsorgane zu reizen oder an ihnen herumzuspielen. Ich hatte Papa gefragt, ob denn Brüste auch Geschlechtsorgane seien. Er hatte kurz gelächelt und verneint, was mich erleichterte, denn Zipora hatte mir erzählt, ihr Vater sage, Brüste seien mitgemeint.

Mit Schaudern fiel mir wieder ein, was Papa daraufhin erzählt hatte: «Als ich ein heranwachsender Knabe war, ging mein Vater einmal mit mir auf den Friedhof. Wir machten Halt vor einem Kindergrab. Auf dem Grabstein stand ‹Rudolf Walder, 1948–1959›. Vater sagte daraufhin: ‹Schau, dieser Junge hat masturbiert.› Ich glaubte ihm damals, aber das war natürlich gelogen. Es war einfach seine Art, mir klarzumachen, dass Gott es uns verbietet, uns lustvoll zu berühren.» In unserem Jugendbuch hieß es tatsächlich, früher habe man geglaubt, Masturbation führe zu Warzen, geröteten Augenlidern, Epilepsie oder Geisteskrankheiten, aber heute wisse man, dass dem nicht so sei. Nichtsdestotrotz: Masturbation, so steht dort, sei zwar keine schwerwiegende Sünde wie etwa Hurerei, aber eine unreine Gewohnheit, die wir bekämpfen müssen. Wir müssen unmoralische Gedanken vertreiben! Und wie? Indem wir vor dem Schlafen in der Bibel lesen und beten.

Ich war zu müde zum Lesen, aber das spielte keine Rolle mehr. Mein Körper war inzwischen ohnehin abgekühlt, die Lust am Fantasieren war mir von selbst vergangen. Die Lust in den Lenden war einer Wut im Bauch gewichen. Nur, gegen wen sollte sich meine Wut richten? Ich betete und versuchte einzuschlafen, was mir aber erst lange nach Mitternacht gelang.

Wie du wohl mit der Lust umgingst? Mama hat erzählt, du habest von der «Sache zwischen Mann und Frau» als von etwas «ganz wunderbar Schönem» gesprochen. Du zogst nach vier Kindern vorsorglich in ein eigenes Kämmerlein, doch auch dort habe mein Urgroßvater dich zum Glück immer gefunden. Ich finde den Gedanken an Adele, meine lustvolle Urgroßmutter, Mutter von acht Kindern, schön. Aber was hast du vor der Heirat gemacht?

Amerika
Juli 1995

Einmal mehr stand ich mit meinem Vater auf Kriegsfuß. Einen so peinlichen und unvernünftigen Menschen hatte die Welt – und auch die Wahrheit – zuvor nicht gesehen. Er hatte mich gezwungen, meinen Cousin Juri mit ins Kino zu nehmen. Tante Livia hatte uns gebeten, an diesem Tag auf Juri aufzupassen. Just heute lief der Film «Mein blühendes Geheimnis» von Pedro Almodóvar im Kino, und den wollte ich nicht verpassen. Juri wollte um jeden Preis mit, und Papa sagte mir, ich dürfe nur gehen, wenn ich ihn mitnähme.

Widerwillig machte ich mich mit Juri im Schlepptau zu Fuß auf den Weg nach Brig. Unterwegs drohte ich ihm: «Das ist kein Film für Kinder, er wird dir nicht gefallen. Du wirst ihn nicht mal verstehen, und ich werde dir nichts erklären. Du sitzt einfach still neben mir und sprichst kein Wort! Ich tue so, als wärst du nicht da. Und in der Pause kaufe ich dir auf keinen Fall ein Cornet, nur damit das klar ist.» Juri willigte bereitwillig in alles ein, was mich nur noch wütender machte. Wie gerne sah ich mir Filme von diesem Format alleine an, und nun musste ich wegen Papa diesen Buben mitnehmen. Er verdarb mir damit das Gefühl von Freiheit und einem aufregenden Leben.

Ich tat die ganze Zeit lang so, als wäre ich alleine, wandte mich Juri erst auf dem Nachhauseweg wieder zu und fragte, ob ihm der Film gefallen habe.

«Das ist der beste Film, den ich je gesehen habe.»

«So ein Scheiß, ich glaube dir kein Wort!», entgegnete ich.

«Doch, ich habe noch nie einen Film so gut gefunden.»

«Na dann erklär mir den Film doch bitte», bat ich ihn spöttisch.

«Er hat sich in sie verliebt und hat an ihrer Stelle heimlich ihre Bücher geschrieben. Dann hat sie sich auch in ihn verliebt.» Juri sprach von da an regelmäßig von diesem Film, er erzählte es seinen Eltern, den meinigen – mit Vorliebe meinem Vater –, seiner Schwester und auch den Schulkollegen immer, wenn das Thema Kino oder Film im Gespräch war. Mich nervte es jedes Mal erneut, aber mit der Zeit wurde ich unsicher, ob es nicht tatsächlich wahr war, ob das für ihn wirklich der beste Film war, den er je gesehen hatte. Ich jedenfalls fand «Mein blühendes Geheimnis» großartig und nahm mir vor, von nun an jeden Almodóvar-Film anzusehen.

Für meine Mutter waren die Streitereien zwischen meinem Vater und mir eine doppelte Belastung. In ihren schlimmsten Momenten schrie sie uns an: «Ich habe die Nase voll von euch zwei Pubertierenden zu Hause!» Das konnte ich nachvollziehen. Ich hatte in der Tat Gefühlsschwankungen – aber auch ein Recht darauf, denn ich war jung. Doch er, er tauchte per Kopfsprung in jedes meiner Gefühle hinein, übernahm es unverzüglich und verdoppelte es dadurch bei uns beiden. Wir schrien uns fast nur noch an, verachteten uns und gingen uns, wenn immer möglich, aus dem Weg. Doch auch Mama nervte mich. Wir zankten oft. Sie war so dominant, ich konnte sie kaum mehr aushalten. Und immer dieses Geschminke. Ich konnte ihre Parfums und Haarsprays nicht mehr riechen! Das pseudofeministische Geschwafel! Aber trotzdem hatte sie nie ihr eigenes Geld verdient. Man konnte sie im Grunde nicht ernst nehmen.

Ganz ohne Absicht allerdings hatte ich an einem Samstagabend kurz vor den Sommerferien einen fürchterlichen Streit angezettelt. Zuvor war ich im Kino gewesen und hatte mir «Fresa y Chocolate» angesehen. Ich war entzückt über diesen kubanischen Film und betroffen vom harten Schicksal dieser schwulen Männer. Als ich nach Hause kam, saßen meine Eltern im Wohnzimmer, tranken Wein und sprachen über die bevorstehenden Mallorca-Ferien. Ich setzte mich zu ihnen und erzählte, wie toll der Film war. «Wisst ihr, eigentlich verstehe ich nicht, weshalb Gott Homosexualität verbietet.»

«Weil das abartig ist, mich schaudert bei dem Gedanken daran, wie die ... wäh!, so eklig!», meinte Papa.

«Ach, tu nicht so, die können doch nichts dafür, dass sie so sind, wie sie sind. Das sind Arme», konterte meine Mutter.

«Was Arme?», sagte Papa nun, «das sind nicht arme, das sind widerliche Kreaturen! Die sollte man alle ...», er machte zwar eine Sprechpause, wurde aber zunehmend erregter.

«Die sollte man alle was?», fragte ich ihn, hob meinen Blick und sah ihm herausfordernd und eindringlich in die Augen.

Papa nahm einen weiteren Schluck Wein und fuhr fort: «Ausgelöscht werden sie alle in Harmagedon, gut so ... pfui Teufel!»

«Jetzt hör auf damit! Ich glaube nicht, dass Jehova grundsätzlich etwas gegen Schwule hat. Er hat nur etwas dagegen, dass sie ihr Begehren ausleben. Heilen kann man die Armen nicht. Aber sie müssen lernen, ihr Begehren zu kontrollieren, wie Ledige zum Beispiel auch. Sie dürfen ihren Trieb nicht ausleben, nur das ist es, was Gott verlangt. Und zwar nicht nur von den Schwulen und Ledigen!» Mama regte sich nun auch auf.

Papa antwortete: «Du kannst es drehen und wenden, wie du willst, meine Liebe: Die Bibel äußert sich klar und deutlich zu diesem Thema: ‹Männer, die bei männlichen Personen liegen, werden Gottes Königreich nicht erben›, sagt Paulus im Korintherbrief!»

Jetzt wurde Mama wütend: «Gell, es ist schwierig, sein Begehren zu kontrollieren, oder etwa nicht, du leuchtendes Vorbild?»

Bevor das nun wieder in einen Ehestreit mündete, versuchte ich auf das eigentliche Thema zurückzukommen: «Gibt es eigentlich auch schwule Brüder?»

«Gott bewahre! Wie kannst du so etwas nur fragen? Die haben bei uns nichts verloren. Schwule Brüder ...», schüttelte Papa den Kopf.

«Natürlich gibt es schwule Brüder und bestimmt auch lesbische Schwestern. Die tun mir alle leid. Einige bleiben bestimmt ledig, andere heiraten trotzdem und versuchen, ein normales Leben zu führen. Die tun mir einfach so furchtbar leid.»

Nun war es Zeit für mich, auf Papas Seite zu wechseln, denn mich ärgerte es, dass Mama immer alle leidtaten: «Gell, du fühlst dich immer dann als besonders guter Mensch, wenn dir jemand leidtun kann?» Es tat gut, das endlich einmal auszusprechen. Mich begann es nämlich zu nerven, dass sie immer wieder arme, alte, behinderte oder einsame Gestalten an unseren Esstisch schleppte.

«Geht's noch, du freche Göre! Das ist jetzt wirklich eine respektlose und undankbare Aussage!», entfuhr es Mama entsetzt. Ihr traten dabei Tränen in die Augen.

Mich beeindruckten ihre Tränen nicht, sie kamen immer, wenn Mama die Argumente ausgingen.

«Merkst du jetzt, was du mit deiner tollen isebelschen Erziehung erreicht hast? Gell, für das Gegenüber ist das nicht so schön. Spürst du nun, wie das auf andere wirkt? Was du ‹emanzipiert› nennst, ist doch meistens einfach nur anmaßend und respektlos!», stellte Papa daraufhin voller Genugtuung fest.

Ich nahm es ihm sehr übel, dass er nun gegen mich schoss, obwohl ich mich dazu überwunden hatte, mich auf seine Seite zu stellen.

«Ich bin nicht rebellisch wie Isebel, ich bin selbstbewusst wie Adele!», protestierte Mama, die sich wieder gefasst hatte und ihr Kinn anhob.

«Nein, du bist nicht selbstbewusst. Du bist stolz. Du sagst, ich müsse mein Begehren unter Kontrolle halten. Mit dem Stolz ist es aber dasselbe: Du musst den Stolz kontrollieren, sonst kontrolliert der Stolz dich!»

Jetzt ging es wieder los. Es war immer dasselbe.

Mir blieb nichts anderes übrig, als «Gute Nacht» zu sagen und mich auf mein Zimmer zurückzuziehen. Ich wusste: Dieser Krach hatte eben erst begonnen. Diese Streitereien konnten ganze Tage oder auch länger andauern. Und irgendwann würden sich meine Eltern wieder in den Armen liegen, als ob nichts geschehen wäre. Mich regte das nur auf. Ferien mit denen auf Mallorca – nein danke, das tat ich mir nicht an!

Dieses Erlebnis und andere Überlegungen hatten mich zu meinem Sommerjob geführt: Ich wollte erstens ja möglichst wenig Zeit mit meinen Eltern verbringen. Zweitens wusste ich, dass den Führerschein zu haben ein Maximum an Freiheit bedeuten, aber sehr teuer sein würde. Drittens hatten Studenten Studentenjobs, nur Herrensöhnchen und -töchterchen fuhren in unserem Alter noch mit ihren Eltern in die Ferien. Und viertens hatte uns Mama immer geraten, eines Tages finanziell unabhängig von einem Mann zu sein. Mir saß ihre Aussage tief in den Knochen: «Ich habe bis zu meiner Heirat auf der Bank gearbeitet und mein eigenes Geld verdient. Als Papa und ich dann in den Flitterwochen auf Mallorca weilten, kriegte ich am ersten Tag einen Sonnenbrand. Ich bat Papa um Geld, um mir eine Sonnencreme zu kaufen. Als er sah, wie teuer Sonnencremes waren, sagte er, das kaufe er nicht, ich solle fortan im Schatten liegen.»

Diese Geschichte hatte sie uns immer wieder erzählt – und sie hatte ihre Wirkung erzielt. Nein, ich ging diesen Sommer nicht mit meinen Eltern und Emily nach Mallorca, ich würde arbeiten gehen, eigenes Geld verdienen und mir damit den Führerschein finanzieren.

Linda hatte eben die Tourismusfachschule abgeschlossen und war zu unseren Großeltern nach Gstaad gefahren. Sie wollte ein paar Wochen lang Großmutter unterstützen, die sich einen Arm gebrochen hatte. Damit Emily nicht alleine mit ihren alten Eltern sein musste, nahmen sie auch noch unseren Cousin Silvan nach Mallorca mit. Diese Lösung passte für alle.

Sofia hatte sich bereits einen Job besorgt. Schlau und schnell, wie sie war, hatte sie sich bei der eben eröffneten McDonald's-Filiale in der Industriezone von Brig beworben und den Job auch gleich bekommen. Ich rief ebenfalls an, und ohne große Fragen erhielt auch ich auf Anhieb eine Stelle für einen Monat.

«Heute bist du an der Fritteuse. Zieh diese Uniform an. Du hast ein Anrecht auf 15 Minuten Pause pro Halbtag, in dieser Zeit stempelst du aus. Einstempeln am Morgen erst, wenn du die Uniform anhast, Ausstempeln, bevor du sie ausziehst», wies mich mein Chef am ersten Arbeitstag an.

Leider waren Sofia und ich quasi nie zusammen eingeteilt, und wenn, dann nicht am selben Ort oder nicht in derselben Schicht. Es gab vier Aufgabenbereiche: erstens frittieren und Burger zusammenstellen, zweitens an der Kasse Bestellungen aufnehmen und Geld einkassieren, drittens am Mikrofon für die Drive-in-Kunden Bestellungen aufnehmen und bei der Ausgabe am Fenster einkassieren oder viertens Tische, Böden und Toiletten reinigen. Der Kassen-Job war der tollste, und da war ich zum Glück auch am häufigsten eingeteilt.

Im Gegensatz zu Sofia und mir war unser Chef ein großer McDonald's-Fan. Er sah sehr zufrieden aus auf seiner Stelle und hörte nicht auf, die Vorzüge dieser Restaurantkette zu rühmen: «Stellt euch vor, McDonald's gibt es auf der ganzen Welt. Überall schmecken die Menüs gleich. McDonald's ist günstig, alle können es sich leisten. Bei uns sind alle und alles auf der Welt gleich.» Da hatte er allerdings recht, diese Idee gefiel mir auch.

Immer wieder musste ich auch die Spätschicht übernehmen, aber das machte mir überhaupt nichts aus. Ich mochte diese Schicht. Es war Sommer und glücklicherweise meist noch immer warm, wenn ich nach Mitternacht auf mein Fahrrad stieg und nach Hause radelte. Der Weg durch das Industrieareal und die ganzen Stadtumfahrungen war hässlich, aber das war mir egal. Obwohl ich müde war und nach der Arbeit ganz übel nach Frittierfett stank, genoss ich diese Momente. Es war Sommer und ich war alleine. Ich fuhr die üblichen 20 Minuten und stellte mein Fahrrad vor unserem Wohnblock ab. Meistens brannte nur noch im ersten Stock unten rechts Licht, manchmal auch in der obersten Wohnung links.

Ich liebte diese Augenblicke. Ich war alleine in der Wohnung, niemand war da, alle waren weg. Leider musste ich immer zuerst Mamas tausend Blumen auf dem Balkon gießen, aber danach legte ich meine stinkenden Kleider ab, nahm eine Dusche, wickelte danach ein Frotteetuch um meinen Körper und eines um meine Haare, nahm mir ein Glas aus dem Küchenschrank, goss eine halbe Flasche Bier hinein, füllte den Rest des Glases mit Citron auf und setzte mich auf den Balkon. Ich hörte die Grillen zirpen und fühlte mich glücklich und erwachsen.

An einem dieser Abende saß ich auf dem Balkon und dachte noch einmal darüber nach, was mein Chef am ersten Tag über McDonald's gesagt hatte: überall auf der Welt alle und alles gleich. Diese Gleichheit und Brüderlichkeit sprach mich an. Doch plötzlich stiegen Zweifel in mir auf und ließen sich nicht mehr vertreiben: McDonald's rühmte sich desselben wie unsere Glaubensgemeinschaft: Überall auf der Welt alle und alles gleich – was bedeutete das?

Ich stellte mir vor, nur noch die Wahl zwischen Big Mac, Cheeseburger, Double Cheeseburger und Chicken Nuggets zu haben. Dazu Coca-Cola oder Milkshake. Zum Dessert Apfeltasche oder ein McSundae. Kein Cordon bleu, Tartare oder Riz Casimir. Keine Antipasti, keinen Amarone, keinen Coupe Dänemark, keinen Tee crème. Keine Schweinsbratwurst, keine Tapas, keine Spargel mit Sauce hollandaise, keinen Heida, keinen Rioja. Nie eine Quarktorte, nie Apfelmost und keinen Hobelkäse. Weder Carpaccio, Filet im Teig noch Quiche Lorraine. Geschweige denn Ratatouille. Nie eine heiße Schokolade, nie Tortillas, kein Panaché, kein Couscous, keinen Geflügelsalat, kein Vitello tonnato oder Tiramisu. Nie Thai Curry, Chicken Tikka Masala, auch kein Raclette oder Fondue. Nicht einmal Pizza. Niemals ein Birchermüsli, auch keinen warmen Aprikosenkuchen mit Rahm und sicher keinen Gorgonzola ...

Ich nahm einen Schluck Panaché aus meinem Glas und genoss ihn wie nie zuvor. Die unangenehmen Gedanken verschob ich auf morgen. Wie schön die Grillen zirpten!

Am nächsten Morgen wurde ich durch einen Telefonanruf geweckt. Ich erschrak und hatte Angst, dass ich verschlafen oder meinen Einsatzplan durcheinandergebracht hätte und nun mein wütender Chef am Draht wäre. Doch der Anruf war für meinen Vater.

«Ist er wirklich nicht erreichbar auf Mallorca?», wollte der Mann wissen.

«Nein, wirklich nicht», sagte ich, denn ich wollte meinen Vater im Urlaub nicht von Geschäftsanliegen behelligen lassen.

«Wie schade, Ihr Vater hätte etwas zu feiern, das würde seine Ferien bestimmt noch verschönern. Er hat nämlich ein Cabriolet gewonnen!»

«Er hat was???»

«Ihr Vater hat bei unserem Wettbewerb mitgemacht und ein Golf Cabriolet Pink Floyd gewonnen!»

«Was? Großartig! Vielen Dank, ich rufe ihn gleich an!», erwiderte ich und legte auf. Ich gab augenblicklich die spanische Nummer ein, die mir meine Mutter auf einen Zettel geschrieben und neben das Telefon gelegt hatte. Meine Mutter nahm sofort ab. «Ist Papa da?»

«Nein, er ist im Meer schwimmen. Warum?»

«Sag ich dir später. Kauf eine Flasche Cava und stell sie kühl! Ich rufe am Abend noch einmal an.»

Meine Schicht bei McDonald's begann um elf Uhr. Ich war so aufgeregt! Zum Glück musste ich an diesem Tag nur Tische, Böden und Toiletten putzen. Ich wäre den Kunden gegenüber wohl kaum aufmerksam gewesen. Abends radelte ich schneller als je zuvor nach Hause und gab noch vor dem Duschen erneut die spanische Nummer ein. «Hol den Cava und hör mir gut zu!», sagte ich zu meinem Vater. Als er wieder am Telefon war, fuhr ich fort: «Heute Morgen rief mich ein Herr an. Er sagte mir, du habest ein Cabriolet gewonnen.»

«Was?», lachte er ungläubig, «etwa das Golf Cabriolet Pink Floyd?»

«Genau!»

«Siehst du, ich wusste immer, dass ich eines Tages etwas gewinnen werde. Und ihr habt mich immer ausgelacht, wenn ich wieder einen Wettbewerb ausgefüllt habe!» Er freute sich wie ein kleines Kind. Ja, so war es, er hatte nie einen Wettbewerb ausgelassen.

«Stimmt, ich habe wirklich nicht daran geglaubt, dass überhaupt jemand je etwas gewinnt.»

Er lachte, ich hörte den Korken knallen und ihn zu Mama sagen: «So, Frieda Henriette, heute trinken wir! Die Versammlung lassen wir ausnahmsweise ausfallen.»

Ich freute mich riesig für ihn, machte mir aber auch Sorgen. Er galt als materialistisch in der Versammlung. Gewiss, seine großzügigen Spenden waren dort hochwillkommen, aber er gab schon etwas zu viel auf Geld und Besitz. Ich fand ihn ebenfalls materialistisch. Auch wenn ich das nur gerade mir gegenüber zugab: Für mich war das sehr praktisch: die schöne Wohnung, das tolle Ferienhaus, die vielen Kleider und unsere Ferien, darauf hätte ich nicht verzichten wollen. Noch etwas fiel mir plötzlich auf: Auch wenn die meisten meiner Onkel nicht weniger Geld hatten, keine günstigeren Autos fuhren und keine bescheideneren Ferien machten – den Ausdruck «materialistisch» hörte ich nur im Zusammenhang mit meinem Vater, dem Gefallenen. Als ein Ältester ihn letzthin wieder gewarnt hatte, nach Materiellem zu streben bringe kein Glück, hatte Papa ihm grinsend entgegengesetzt: «Geld allein macht nicht unglücklich!»

Ich ging auf den Balkon, hob mein Panaché, stellte mir meinen Vater mit dem Cava-Glas auf der Dachterrasse in

Mallorca vor und sagte von Herzen: Prost, Papa, auf dein Golf Cabriolet Pink Floyd. Das klang nach Sex, Drugs and Rock and Roll und gefiel mir.

Als meine Eltern aus den Ferien zurückkamen, war alles schnell beim Alten. Papa und Mama nervten, Papa noch mehr. Wir stritten täglich mehrmals. Es war mir peinlich, wie er nun immer mit lauter Musik in seinem neuen Cabriolet davonrauschte. Ich als Gymnasiastin hatte etwas gegen teure, umweltverpestende Bluffer-Autos und als Christin fand ich das, wie gesagt, «materialistisch». Ich verriet niemandem, wie sehr ich die Fahrten in diesem Wagen liebte. Dort hinten zu sitzen, mit Sonnenbrille und offenen Haaren, das war ein Lebensgefühl, das ich nicht mehr hätte missen wollen.

Hauptsache, man sah es mir nicht an.

Ich hatte im Sommer genug Geld bei McDonald's verdient, um meinen Führerschein zu machen. An einem Samstagmittag – die Schule hatte wieder begonnen – fragte ich Papa, ob er die ersten Male mit mir fahren könne, da ein Fahrlehrer ja sehr teuer sei. Zu meinem Erstaunen willigte er ein, doch natürlich weder in seinem Audi noch im neuen Cabriolet, sondern in Mamas Toyota.

Mama schaute uns vom Balkon aus zu. Ich setzte mich zum ersten Mal in meinem Leben auf den Fahrersitz, Papa nahm auf dem Nebensitz Platz. Was für ein Bild!

Unsere Herzen klopften, meines aus Angst vor dem Fahren, seines aus Angst um das Auto. Mein Vater liebte seine Autos, wenn auch den Toyota am wenigsten. Ich drehte den Schlüssel und trat gleichzeitig auf Kupplung und Bremse.

«Jetzt aufs Gas!», sagte Papa.

Ich ließ meine Füße genau dort, wo sie waren, sie schienen schwer wie Blei zu sein.

«Aufs Gas, habe ich gesagt!» Papa wurde immer nervöser und ungeduldiger. «Gas geben, Gas!!!», fuhr er mich an.

Schnell löste ich den rechten Fuß und trat mit voller Wucht auf das Gaspedal. Der Toyota machte einen Riesensprung in den vor uns stehenden Apfelbaum und verstummte augenblicklich. Ich starrte auf den Baum, der leicht gebeugt, aber gespenstisch nahe an der Windschutzscheibe stand, und hatte noch das Knirschen des sich verbiegenden Blechs im Ohr.

Auch Papa tat nichts anderes, als auf diesen Baum zu starren.

Das war's jetzt, dachte ich. Ich sah vor meinem inneren Auge bereits die BLICK-Schlagzeile: «Sektierer schlägt Tochter tot!» Als ich nach einem unerträglich langen Augenblick meinen Kopf langsam, Millimeter für Millimeter, zu Papa zu drehen begann, tat er es mir gleich. Ich erwartete, dass er gleich seine Hand erheben würde, doch als sich unsere Blicke kreuzten, wir uns in die Augen schauten, begann er so laut und herzhaft zu lachen wie selten zuvor. Ich stimmte in sein Lachen ein, und langsam öffneten wir unsere Türen, stiegen aus und lachten weiter.

Mama stand wie gelähmt auf dem Balkon, und ich konnte sehen, wie bleich sie in der Zwischenzeit geworden war. Als sie uns lachen hörte, stimmte auch sie ein und konnte nicht aufhören damit. Papa rannen inzwischen vor lauter Lachen Tränen übers Gesicht.

Zwei Monate später war ich bereits im Besitz des Führerscheins. Ich schaute ihn mir immer und immer wieder an und dachte: Jetzt bin ich erwachsen, dieses Zeugnis beweist es.

Ein Jahr später, an einem frühen Sonntagmorgen, versenkte Papa sein Cabriolet in einem Kanal. Er war von der Straße abgekommen, auf dem Nachhauseweg von einem Ort, an dem wahre Christen eigentlich nicht verkehren, und in einem Zustand, in dem sie sich nicht befinden sollten. Da er glücklicherweise, obwohl es noch Nacht war, bei geöffnetem Dach gefahren war, konnte er dem sinkenden Wagen entkommen und ans Ufer schwimmen. Ich hatte mir danach viele Male überlegt, ob ihm der Gewinn eines Cabriolets eigentlich Pech oder Glück gebracht hatte.

Nach dem Unfall wurde Papa für ein Jahr der Führerschein entzogen. Als sich Mama einmal ans Steuer setzte und Papa nebendran, rief uns ein Nachbar lachend zu: «Aha, den Ausweis im Kühlschrank!» Mama schämte sich ganz fürchterlich. Ein Zeuge Jehovas, dem der Ausweis entzogen wurde! Papa aber nickte ihm grinsend zu. Ich saß wie immer hinter den beiden, schämte mich etwas und grinste zugleich. Er war in der Tat nicht der einzige Mann in diesem Tal, der sich eine Zeit lang von seiner Frau chauffieren lassen musste.

Linda, die beschlossen hatte, fix nach Gstaad zu ziehen, und nun dort im Tourismusbüro arbeitete, war an diesem Donnerstag zum Glück für ein verlängertes Wochenende nach Hause gekommen. Sie saß in der Versammlung neben mir. Wieder hatte Bernhard Papa von der Bühne aus zurechtgewiesen. Danach folgte eine Ansprache von Hans, die er mit Sprüche 20:1 begann: «Der Wein ist ein Spötter, berauschendes Getränk ist ungestüm, und jeder, der davon irregeht, ist nicht weise.» Als Ältesten absetzen konnten die Brüder Papa nicht mehr, doch er musste erneut ein Jahr lang schweigen in der Versammlung. Wieder hatte uns Bernhard nach der Versammlung gesagt, dass er Papa trotzdem sehr möge und respektiere, dass Menschen Schwächen hätten, sich aber bessern könnten. Bernhard war überzeugt, dass Gott unserem Vater verzeihen würde, da dieser ja wieder bereut hatte. Papa sagte uns, er habe bereut, aber er sei ein schlechter Mensch und werde es immer bleiben. Diese Aussage machte mich traurig, aber auch wütend. Immer wieder hatte Papa gesagt, er sei im Gegensatz zu Mama, die ein grundsätzlich guter Mensch sei, eben ein grundsätzlich schlechter. Ich ahnte, dass es vor allem dieses «grundsätzlich» war, an dem ich mich so störte.

Ich hoffe, du hättest Papa noch immer gemocht. Ich kann mich einfach nicht entscheiden, welchem Teil meiner Familie ich mich eigentlich verbundener fühle. Mama steht für Normalität, Struktur, Disziplin, Vernunft und Stärke. Sie ist die Größte in unserer Familie. Unsere Familienfotos sind die einzigen, die ich kenne, auf denen die Mutter alle anderen überragt.

Doch auch Papas Welt zieht mich an, trotz all der Launen und Schwankungen. Er ist so anstrengend, aber auch so lebendig. Papa ist maßlos in allem, was er tut. Nicht nur, wenn es ums Essen oder Trinken geht, auch bei der Arbeit oder im Sport. Er steckt so viel Schweiß und Fleiß in sein Geschäft, läuft Marathons und Bergläufe. Ich habe nie jemanden getroffen, der mehr Raclette-Scheiben und mehr Weißwein in einen so schlanken Bauch packen kann, bis sich dieser zu einer riesigen Kugel formt. Auch niemanden, der länger nichts tuend in der prallen Sonne liegt, bis er krebsrot ist. Im Grunde machte und mache ich mir immer Sorgen um Papa. Er fährt zu schnell Auto, joggt bis über seine Grenzen hinaus, schwimmt im Meer so weit hinaus, bis wir ihn kaum mehr sehen. Sag, Adele, müsste sich nicht eher der Vater um die Tochter sorgen als umgekehrt?

Nach der Versammlung, bei der Bernhard «Bruder Franz» öffentlich zurechtgewiesen hatte, waren wir alle sehr bedrückt. Auf der Heimfahrt schwiegen wir, auch Emily. Papa, der nun auf dem Beifahrersitz saß, hatte nicht einmal Musik aufgelegt.

Als wir uns zu Hause alle aufs Sofa setzten, öffnete Mama trotzdem eine Flasche Wein. Sie schenkte uns Erwachsenen je ein Glas ein, Emily goss sie Apfelsaft ins Glas. Niemand sagte etwas, aber plötzlich grinste Linda. Wir sahen sie erstaunt an. «Tut mir leid, aber die Vorstellung, wie du da in Kleidern aus dem Kanal schwimmst, finde ich einfach zu lustig!»

Papa entgegnete ebenfalls grinsend: «In den ersten Sekunden, als ich schwamm, hörte ich noch B. B. King singen. Als ich aber am Ufer angekommen war, verstummte er plötzlich. Ich drehte mich um und sah noch kurz die Heckscheibe sinken.»

Sogar Mama, der eigentlich überhaupt nicht nach Lachen zumute war, lachte jetzt.

Das Pub
November 1996

Ab und zu konnte Sofia mich überreden, nach der Schule mit ihr ins Britannia Pub zu gehen. Sie hätte das viel öfter gewünscht, als ich es zuließ, doch heute war ich es ihr schuldig. In der Pause nach dem Kunstunterricht am Vormittag, als sie mich gebeten hatte, am Wochenende doch bitte einmal wieder mit ihr auszugehen, war sie nach meiner Antwort ausgerastet: «Du sagst mir seit Jahren ins Gesicht, es tue dir leid, du könnest nicht mitkommen, denn ‹schlechte Gesellschaft verdirbt nützliche Gewohnheiten›. «Das bin ich also für dich, ‹schlechte Gesellschaft›! Hast du dir jemals überlegt, wie das auf mich wirkt? Findest du das schmeichelhaft, so nach zwölf Jahren Freundschaft? Denkst du eigentlich nie an mich? Du und deine Religion, ihr seid so selbstgefällig! Weißt du was? Ich suche eine andere beste Freundin! Geh du doch zu deiner braven Rebekka, mit der bist du in bester Gesellschaft! Ich suche mir derweilen so eine richtig geile schlechte Gesellschaft!»

Uff, das war starker Tobak! Ich überlegte, ob ich in den Versammlungen oder Kongressen je eine Entgegnung auf solche Vorwürfe gelernt hatte, aber mir fiel nichts Entsprechendes ein.

Sofias Eifersucht auf Rebekka hingegen gefiel mir, sie glich etwas die meine auf Dominik aus. Ich pflegte nach Wochenenden, die ich mit Rebekka verbracht hatte, von ihr zu schwärmen. Ich erzählte Sofia, wie schön und nett Rebekka sei und was für anregende Gespräche ich wieder mit ihr geführt hätte. Aber heute musste ich aufpassen, ich verstand den Ernst der Situation.

Ich war sowieso etwas verstört an diesem Morgen. Unser Kunstlehrer hatte uns gemalte Bilder gezeigt, die nach Fotografien entstanden waren. Auf einem A4-Blatt gab er dabei eine Kopie von einem Bild namens «Betty» von einem gewissen Gerhard Richter in die Runde. Sofia und ich hatten uns glücklicherweise ans Pult hinten rechts, gleich neben dem Fenster, gesetzt. Sie reichte mir das Bild weiter und flüsterte dazu: «Die sieht ja aus wie du!» Das Bild lag die ganze Stunde lang auf meinem Pult, ich konnte den Blick kaum noch davon abwenden. Als mir Sofia etwas zuflüstern wollte, machte ich streng «pssst!» und hielt den Zeigefinger vor meinen Mund.

Eine junge, blonde Frau mit zusammengebundenen Haaren war darauf abgebildet. Sie drehte ihren Kopf nach hinten, vom Betrachter weg. Sie trug ein weißes, mit einem roten Blumenmuster versehenes Jäckchen mit Kapuze. Das Jäckchen war geöffnet, sodass man den rosa Pullover darunter sehen konnte. Die Frau blickte nach hinten, doch der Hintergrund bestand nur aus schwarzer Farbe. Genau deswegen zöge uns das Bild so in seinen Bann, weil der Vordergrund so konkret, der Hintergrund aber abstrakt dargestellt sei. Ich hörte dem Lehrer nur mit einem Ohr zu, da mich die Technik nicht interessierte. Doch das Wort «Bann» nahm ich wahr. Die Frau, die mir tatsächlich glich, hatte sich von irgendetwas abgewandt, wusste aber nicht, wohin sie ihren Blick nun richten sollte.

Wovon wandte sie sich ab? Oder wandte sie sich zu etwas hin? Was war da? Ein ungutes Gefühl regte sich in mir, das ich mit dem Klingeln der Schulglocke aber zum Glück verdrängen konnte. Wir hatten fünf Minuten Zeit, um uns ins Mathe-Zimmer zu begeben.

Dieser Gang ins Pub war absolut notwendig. Ich musste Sofia zeigen, wie viel sie mir bedeutete. Als wir dort eintraten, sahen sich wie immer alle Männer nach Sofia um. Wir liefen direkt zur Bar und bestellten dort ein Bier. Der Typ hinter der Theke streckte uns einen Stapel Jetons entgegen und sagte: «Oh je, jetzt geht's wieder los!» Er wusste, dass wir in der Jukebox immer dasselbe Lied wählten, und das ein paar Mal hintereinander: «Losing My Religion» von R.E.M.

Seit ich im letzten Sommer an einem Open-Air-Festival deren Konzert erlebt hatte, verging keine Woche, in der ich dieses Lied nicht mehrmals hörte. Nie hatte ich bis anhin einen Song gehört, der mich dermaßen berührte wie dieser. Wann immer ich dieses Lied hörte, lief mir ein Schauer über den Rücken, ein Schauer, bestehend aus Angst, Ahnung und Lust.

Ich mochte nicht darüber nachdenken, weshalb Sofia und ich diesen Song so mochten, wir sprachen nie darüber, wir wählten ihn einfach immer. Quasi unser ganzes Taschengeld ging dafür drauf. Das Gerücht ging um, R.E.M. würden im kommenden Jahr im Hallenstadion spielen. Das wär' was, stellte ich mir vor: einmal zusammen mit Sofia in coolen Kleidern wild tanzend im Hallenstadion zu sein und nicht mit Rebekka dort am Sommerkongress, schön gestylt auf Gattensuche!

Unser Thema heute waren die Bücher, die wir zurzeit im Literaturunterricht lasen und besprachen. Dabei verglichen wir die Literatur der Sturm-und-Drang-Epoche mit der Literatur der Aufklärung. Wir hatten Goethes dramatischen Roman «Die Leiden des jungen Werther» und das wesentlich politischere Drama «Emilia Galotti» von Gotthold Ephraim Lessing lesen müssen. Sofia meinte, sie habe beide gut gefunden, doch der «Werther» lese sich viel leichter.

«Stimmt, finde ich auch», sagte ich daraufhin. «Aber die Gedanken der Aufklärung, die sich bei Lessing versteckt wiederfinden, sind schon auch spannend.»

Sofia nickte.

Was ich ihr nicht sagte, war, dass ich mir heimlich wünschte, auch einmal eine Schriftstellerin zu sein. Doch worüber hätte eine wahre Christin schon schreiben können? Und vor allem: schreiben dürfen? Sturm, Drang und Aufklärung waren nun wirklich nichts, das zur Wahrheit passte.

Du warst ein neugieriger Mensch, Adele, ein wissbegieriger, und hattest intellektuelle Ambitionen. Wenn ich mir dich vorstelle, in diesem Bauerndorf – lange bevor Hollywood, die Popwelt Amerikas, der Jetset, die oberste Garde der klassischen Musik und die milliardenschweren Geschäftsleute und Gauner aus aller Welt Gstaad für sich entdeckt hatten –, dann kann ich plötzlich verstehen, dass diese Zeitschriften, die man dir ins Dorf brachte, deine Neugier geweckt hatten. Du wolltest lesen, du wolltest geistige Nahrung, eine größere Welt als die bisherige, Grenzen überschreiten. Wenn ich mir vor Augen führe, wie wenig Lesestoff es in deiner Zeit, in deiner Umgebung gegeben hat, dann wird mir klar, weshalb die Schriften der Bibelforscher ein so großer Segen für dich waren.

Beim Thema Aufklärung kamen wir auch gleich auf den Philosophieunterricht. Dort behandelten wir momentan Immanuel Kant und den kategorischen Imperativ. «Weißt du, im Grunde sagt der nichts anderes, als Jesus bereits 1700 Jahre zuvor auch gesagt hat.» Ich wühlte in meiner Schultasche und zog das Philosophie-Mäppchen heraus. Als ich die Stelle gefunden hatte, las ich Sofia vor: «Kant schrieb: ‹Handle nur nach derjenigen Maxime, durch die du zugleich wollen kannst, dass sie ein allgemeines Gesetz werde.› So ein Geschwurbel! Merkst du, wie gestelzt das klingt? Die goldene Regel von Jesus heißt schlicht: ‹Alles daher, was ihr wollt, das euch die Menschen tun, sollt auch ihr ihnen ebenso tun›, ganz einfach. Das ist eben der Unterschied, das ist göttliche Weisheit, die versteht jeder! Nicht so elitäres Geschwafel, das nur die wenigsten kapieren!»

Sofia sagte nichts, nahm einen Schluck Bier, sah sich etwas im Pub um und begann zu wippen. R.E.M. waren gerade wieder beim Refrain angelangt.

Dasselbe, was ich Sofia eben gesagt hatte, hatte ich am Morgen nach dem Unterricht, als alle Schülerinnen und Schüler bereits aus dem Schulzimmer gegangen waren, auch meinem Philosophielehrer gesagt: «Ich finde die Philosophen zwar interessant, und doch kann mich keiner so berühren wie Jesus Christus, da dieser bis zum bitteren Ende nicht nur geredet, sondern konsequent nach seinen Überzeugungen gelebt hat. Und das, ohne jemals zu sündigen! Wie viele Philosophen haben wohl schon schöne Theorien aufgestellt, aber alles andere als ein vorbildliches Leben geführt?»

Daraufhin hatte mich der Lehrer angesehen und gefragt: «Was macht ein Wegweiser? Läuft er etwa in die Richtung, die er anzeigt?»

So ein Blödsinn, hatte ich gedacht und war irritiert aus dem Schulzimmer gelaufen.

Ich erzählte Sofia nichts vom Wegweiser. Gerade hatte «Losing My Religion» neu angefangen. Der Barkeeper, der Sofia sonst nur anhimmelte, kam auf unseren Tisch zu und sah sie verärgert an: «Genug R.E.M. für heute, das geht uns allen auf den Wecker.»

«Sorry, die Jetons sind schon drin. Aber es kommt nach diesem Mal nur noch einmal», entgegnete sie und lächelte ihn charmant an.

Er hob spielerisch drohend den Zeigefinger und zwinkerte ihr entzückt zu.

Die Reifeprüfung
Sommer bis Winter 1996

Anfang des Sommers hatten wir die Matura abgeschlossen. An der Diplomübergabe leuchtete Papa noch heller als Tante Livia damals, als Juri zum ersten Mal auf der Versammlungsbühne stand. Er schenkte mir ein wunderschönes, echt goldenes Gemmen-Schmuckset, bestehend aus einer Halskette und einem Ring. Ich umarmte ihn fest und betrachtete den Schmuck anschließend sehr aufmerksam. Wie schön Gold glänzte. Wie die Weisheit der Welt, die mich so sehr faszinierte und die die Einfachheit der Wahrheit fade erscheinen ließ. Mama half mir, die Halskette anzuziehen, und ich steckte den Ring an meinen linken Ringfinger. Wir ließen den Abend in einem der edelsten Restaurants von Brig ausklingen.

Am Abend darauf wollten wir Maturandinnen und Maturanden ein letztes Mal miteinander feiern, bevor wir dann in unsere Sommerferien gingen und das Wallis in alle Himmelsrichtungen verließen. Ich war nicht oft ausgegangen und wenn, dann nur bis 23 Uhr. Papa hatte zu Hause immer schon vom Balkon aus heruntergeschaut, ob ich auch wirklich pünktlich kam. Ich hatte meine Eltern nie enttäuscht.

«Ist in Ordnung, meine Maturandin, geh du mit den anderen feiern, aber du weißt, um 23 Uhr bist du zu Hause.»

Ich sah Mama direkt in die Augen und erwiderte: «Tut mir leid, Mama, heute komme ich nach Hause, wann ich will. Diesen Abend gibt es nur einmal in meinem Leben, und ich möchte nicht auf die Uhr schauen. Ich komme einfach, wann ich komme.»

Sie schaute mich zuerst ungläubig, dann zornig an und öffnete den Mund. Dann sagte sie doch nichts, setzte sich auf den Küchenstuhl und meinte: «Scheint, ich hätte nichts zu melden, Mittelstürmer.»

«Nein, nichts», entgegnete ich.

Abends half sie mir trotzdem, meine Frisur zu richten, küsste mich zum Abschied auf die Wange und flüsterte dabei «Genieß es!» in mein linkes Ohr. Als Papa zum Abschied aus dem Wohnzimmer rief: «Schönen Abend, bis um 23 Uhr, gell?», winkte mich Mama zur Tür hinaus und sagte leise: «Ich kümmere mich darum.»

Ich musste mich beeilen, denn Sofia wartete unten an der Straße mit ihrem Fahrrad auf mich.

Wir verbrachten den Abend in einer neuen Bar in Brig, zogen danach aber weiter an das Bachufer der Saltina, an dem wir ein Feuer machten. Einige hatten Gitarren mit, andere viel Alkohol, Zigaretten oder Marihuana. Ich trank und sang viel, und immer wieder sah ich zwei, die sich eng umschlungen von der Gruppe entfernten. Ich genoss diesen Abend, war stolz, wie einfach es mir fiel, den Zigaretten, den Joints und den Jungs zu widerstehen.

Als ich frühmorgens nach Hause kam, war Papa noch immer wach und lag auf dem Sofa vor dem laufenden Fernseher. Er erhob sich sofort und lief auf mich zu. Ohne ein Wort zu sagen, fing er an, meine Kleider, mein Haar und meinen Mund zu beschnuppern. Ich ließ ihn gewähren und sagte dann ruhig: «Ich habe kein Cabriolet versenkt, falls es dich wundernimmt. Weißt du was? Ich fasse mich nicht mal zwischen den Beinen an, wo hingegen dir eine einzige Frau offensichtlich nicht reicht!»

Daraufhin hörte er auf zu schnuppern, schaute mich entsetzt an, erhob aber nicht die Hand, entgegnete nicht einmal etwas. Er wandte sich von mir ab und lief Richtung Schlafzimmer.

Auch am nächsten Tag griff er das Thema nicht wieder auf.

Ende des Sommers verließen die meisten meiner Kameradinnen und Kameraden das Wallis und zogen in eine Universitätsstadt. Ich hatte mich gegen die Uni entschieden. Einerseits hatte ich ja nun gemerkt, dass die Weisheit der Welt nicht stark genug war, um die Weisheit Gottes zu überschatten. Andererseits hatte ich das ungute Gefühl, dass meine Heiratschancen mit der Matura schon beträchtlich gesunken waren. Ein Uniabschluss würde mich womöglich zu ewiger Jungfräulichkeit verdammen – Gott bewahre!

Sofia war nach Berlin gezogen, um Maskenbildnerin zu werden. Ich entschied mich für den Beruf der Bibliothekarin, fand einen Ausbildungsplatz in der Landesbibliothek und zog dafür nach Bern. Bibliothekarin, das passte, war mit meiner Religion vereinbar, verlangte kein universitäres Studium – und trotzdem, fand ich, haftete dem Beruf irgendwie etwas Schöngeistiges an.

Ich hatte eine kleine, charmante Dachwohnung mitten in der Stadt gefunden und freute mich unglaublich darauf, alleine zu leben. Meine Eltern halfen mir beim Umzug. Vieles durfte ich von zu Hause mitnehmen, da sich dort einiges angesammelt hatte in den letzten Jahren: Bettwäsche, Frotteetücher, Küchentücher, Pfanne, Geschirr. Mama hatte vor, am Umzugstag in meiner neuen Wohnung für uns drei zu kochen. Doch vorne an der Ecke war ein Take-away, und wir bestellten uns Pizzen. So lebte man eben in der Stadt. Ich fühlte mich vom ersten Tag an weltmännisch und war stolz darauf, nun hier zu leben.

Gleich am ersten Donnerstag besuchte ich zum ersten Mal die Versammlung, der ich meiner neuen Wohnadresse wegen zugeteilt worden war, denn in Bern gab es gleich mehrere davon.

Hatte ich keine Versammlung, verbrachte ich die Zeit nach der Arbeit auf dem Fahrrad. Die mittelalterlichen Häuser und Gassen in der Altstadt, die Reichenviertel mit den Botschaften, die in mir ein mondänes Gefühl auslösten, die ruhigen und gepflegten Wohnquartiere, aber auch die heruntergekommenen Stadtteile und Ecken, übersät mit Graffitis, belebt von Ausländern, Alternativen und Arbeitern, faszinierten mich. Von den Brücken aus betrachtete ich die weißen Berge in der Ferne. Ich vermisste sie und genoss trotzdem den weiten Himmel, der bis zu ihnen reichte. Alles erkundete ich, spähte in Restaurants und in Geschäfte, ging zur Universität, mischte mich unter die jungen Leute und versuchte mir vorzustellen, wie es sich wohl anfühlte, Studentin zu sein. Ich suchte insbesondere Quartiere, Straßen und Orte auf, die ich aus Liedern dieser viel besungenen Stadt kannte: das Weissenbühl, Bümpliz, die Schützenmatt, die Rathausgasse, die grüne Aare. Einmal fuhr ich im Neuner-Tram und einmal wartete ich auf das letzte Tram. Sogar ins Shoppyland ging ich, ich wollte sehen, wo die Verflossene das ganze Geld des Verschmähten ausgegeben hatte. Ich sog das Stadtleben in mich auf, fühlte mich frei, weil niemand mich und ich niemanden kannte.

Überhaupt: Ich kam nicht aus dem Staunen heraus und beobachtete alles, was ich sah, und lauschte allem, was ich hörte. Mir fiel etwa auf, dass kaum eine Frau, die in der Bibliothek arbeitete, geschminkt war oder Nagellack trug. Während einer Kaffeepause hörte ich meinen Arbeitskolleginnen zu. Ich begriff, dass sie Frauen verachteten, die Haarspray verwendeten, Schminke auftrugen oder sich gar die Fingernägel lackierten. Sie sagten, solche Frauen würden sich den Männern anbiedern, sich zum Objekt machen, sie stünden für das genaue Gegenteil einer selbstbestimmten, unabhängigen und starken Frau. Man solle sich doch umsehen, nur Hausfrauen oder höchstens Sekretärinnen oder Assistentinnen würden so herumlaufen.

Das verwirrte mich, denn ich hatte meine Mutter genau ihrer Aufmachung wegen immer als fortschrittlich und modern empfunden.

Adele, alles wird irgendwie komplizierter. Wie soll sich denn nun eine Frau anziehen, wie soll sie sich geben? Ich weiß es nicht, mich dünkt, es komme immer irgendwie auf die Umgebung, auf die anderen drauf an. Aber wenn ich an dich denke, wie unpassend du eigentlich warst, eine eitle und adrette Bauernfrau in der ersten Hälfte des 20. Jahrhunderts in der biederen Schweiz, dann scheint mir, die anderen hätten dich wenig gekümmert.

Meine Eltern besuchte ich nur selten. Das erstaunte meine Arbeitskollegen, denn sie meinten, Walliser würden doch jedes Wochenende nach Hause reisen. Immer wieder musste ich den Unterschied zwischen einer Walliserin und einer, die nur dort geboren und aufgewachsen ist, erklären. Das leuchtete allen ein.

Linda lebte weiterhin in Gstaad, Zipora in einem kleinen Dorf im Emmental. Rebekka wohnte noch immer bei ihren Eltern, meine kleine Cousine Julia besuchte in der Zwischenzeit das Kollegium in Brig. Das machte mich sehr stolz, ich fühlte mich Onkel Viktor gegenüber als Gewinnerin. Spitz hatte ich ihn einmal gefragt: «Hast du darüber gesprochen, vorne auf der Bühne?» Er hatte ganz ruhig, aber bestimmt entgegnet: «Nein, habe ich nicht. Du hast ja gezeigt, dass es auch gut ausgehen kann. Ich habe mich damals wirklich um deinen Glauben gesorgt.»

Nun ja, wie auch immer, ich rechnete ihm hoch an, dass seine Tochter die Matura machen durfte.

Auch Linda, Zipora, Rebekka und Julia hatten Bern für sich entdeckt und besuchten mich fast jedes Wochenende. Eine war immer bei mir, manchmal auch zwei, drei oder gleich alle vier. Ich hatte einen Ort für uns gefunden, wo wir Salsa tanzen konnten: kein Club, nichts Anrüchiges. Im Theater National trafen sich die Menschen einfach zum Tanzen. Dort gingen wir immer wieder hin, schauten uns zuvor alle möglichen Tanzfilme an und übten bei mir zu Hause die Schritte und Figuren ein. Wir genossen die körperliche Nähe zu fremden Männern, bauten aber dennoch eine imaginäre Mauer um uns auf, die diese sofort wahrnahmen und respektierten.

Sofia und ich schrieben uns regelmäßig und telefonierten hin und wieder. Sie lud mich ein, und so besuchte ich sie im Winter für vier Tage in ihrer Berliner WG. Als ich die Wohnung betrat, stand die Tür zum Klo offen. Sofias holländische Mitbewohnerin saß darauf und streckte mir von dort aus zur Begrüßung die Hand entgegen. Der Tänzer, der nur Rohkost aß und ebenfalls hier lebte, lag gerade in der Badewanne, die sich in der riesigen Wohnküche befand. Sofia hatte ihre langen, dicken Haare in der Zwischenzeit blond gefärbt, sie war dünner geworden, trug kurze Röcke, lange Stiefel, schminkte sich sehr sorgfältig und betonte ihre vollen Lippen stets mit rotem Lippenstift. Mich wunderte, dass sie noch immer hinter der Bühne Schauspielerinnen schminkte, denn ihrer Kreativität, ihrer Schönheit und ihrer Engelsstimme wegen sah ich ihren Platz im Rampenlicht und nicht in der Garderobe hinter der Bühne.

Sie erregte auch in der Großstadt viel männliche Aufmerksamkeit. Die von Dylan zum Beispiel. Dylan stammte aus Süddeutschland, war etwas älter als Sofia, groß, kräftig, sehr gutaussehend, aber – womit sie ihn gerne hänselte – ein wenig talentierter Schauspieler. Nichtsdestotrotz, sie liebte ihn rasend. Und er sie: «Beim Empfang meines ersten ‹Goldenen Bären› werde ich in der Dankesrede sagen: ‹Vielen Dank an meine große Liebe, die nie an mich geglaubt hat!›» Ich mochte ihn auf Anhieb, er war sehr vital, hatte viel Humor und sein schwarzer Lockenkopf war voller schräger Ideen.

Die Tage im Berliner Kreuzberg waren anregend für mich, aber auch anstrengend und irritierend. Ich war inspiriert, und doch wurde mir klar, dass ihre Welt, diese Welt der Schauspieler und Künstlerinnen, der Schönen und der Freaks, nicht die meine war, niemals die meine sein könnte. Ich fühlte mich unter ihnen wie eine Zuschauerin, die ständig applaudierte, aber keinen eigenen Beitrag beizusteuern hatte. Mein Leben spielte sich in Bern ab, in den Versammlungen, im Dienst und in der Bibliothek. Natürlich, immer wieder auch im Theater National, im Kino, bei privaten Festen oder an Skiweekends mit Brüdern und Schwestern. Sogar an Festivals, aber dennoch: Es war nicht zu vergleichen mit Sofias Leben inmitten dieser angehenden Stars und Künstler, mit den immer neu auftauchenden illegalen Clubs im ehemaligen Osten dieser riesigen Stadt. Ihr Leben und das meine drifteten unweigerlich und unaufhaltsam auseinander.

Ich hatte immer geahnt, dass dieser Tag kommen würde. In der Kindheit und Jugend waren wir uns trotz allem nahe gewesen, aber ein Leben lang würden wir diese Freundschaft nicht leben können. Sie lebte in der Welt, ich in der Wahrheit. Das wurde immer deutlicher. Langsam, langsam, sodass der Schmerz kaum spürbar war, begann ich mich innerlich von Sofia und von Sofias Welt zu verabschieden.

Die Hauptstadt
Frühling 1997

An einem Wochenende war Rebekka alleine zu mir gekommen. Sie reiste bereits am Freitag nach der Arbeit an. Am nächsten Vormittag gingen wir zwar in den Dienst, doch den Nachmittag verbrachten wir in der Stadt. Rebekka wollte eine Bluse kaufen. «Herrlich, all diese Geschäfte hier. Wie schön Bern ist! Und hast du das Kinoprogramm gesehen? Da könnte man jeden Abend einen anderen Film schauen gehen und würde es doch fast nicht schaffen, alle zu sehen», schwärmte sie.

Als wie wieder zu Hause waren, kochten wir uns einen Kaffee, bevor wir uns für die Versammlung bereit machten. Rebekka sah schön aus in ihrer neuen sonnengelben Bluse. Sie zeigte mir, wie ich mich noch vorteilhafter schminken konnte, und überhäufte mich mit Komplimenten, als sie mir half, den Reißverschluss meines Kleides im Rücken zu schließen. Sie pfiff zweimal, und wir lachten.

«Huch, wir müssen sofort gehen!», entfuhr es mir, als ich die Uhrzeit auf der Wanduhr in der Küche sah. Ich schlüpfte in meine Pumps und schob nach: «Sorry, wir müssen rennen, sonst erreichen wir den Bus nicht!»

Wir rannten das Treppenhaus hinunter, raus auf die Quartierstraße, bogen vorne an der Hauptstraße links ein und hörten von hinten den Bus kommen. In diesem Moment hupte uns ein Mann aus einem Auto zu, aber wir lachten nur. «Das gefällt dem natürlich, zwei junge Frauen. Was der sich wohl alles ausmalt mit der Rothaarigen und der Brünetten!», meinte Rebekka außer Atem und streckte ihm die Zunge heraus.

Als wir an der Bushaltestelle ankamen, fuhr der Bus gleich ein. «Uff», hechelte ich. «Mist», bemerkte Rebekka, «ich habe noch die Pantoffeln an!» Ich sah hinunter auf ihre Füße, und tatsächlich: Sie stand da in Pantoffeln. «Vielleicht hat er ja deswegen gehupt, die haben wohl seine Fantasie zerstört!», lachte ich.

Wir ließen den Bus fahren und schlenderten fröhlich zurück nach Hause, damit Rebekka ihre Schuhe wechseln konnte. «Jetzt kommen wir sowieso zu spät, nehmen wir es doch gemütlich», entschied ich leichthin.

«Weißt du, ich stehe etwas neben mir, weil ich schon den ganzen Tag lang eine Idee mit mir herumtrage.»

«Was denn für eine Idee?», wollte ich wissen.

«Wart's ab, ich sage es dir nach der Versammlung.»

Das fand ich etwas gemein, aber ich freute mich, dass ich während der Versammlung etwas zum Grübeln hatte. Was sie wohl im Schilde führte?

Im Theater National war für diesen Samstag keine Salsa-Nacht angekündigt. So zogen wir uns nach der Versammlung bequeme Kleider an, öffneten eine Flasche Rioja und kochten Spaghetti mit Tomatensauce. Als die Sauce und das Spaghetti-Wasser brodelten, hob ich das Glas und sah sie erwartungsvoll an: «Nun komm schon, verrate mir endlich deine Idee!»

Rebekka setzte sich zu mir an den Tisch. «Du weißt ja, dass ich bald heiraten werde. Bis dahin aber würde ich rasend gerne hier leben. Das wäre doch im Grunde gar nicht gut, wenn ich von zu Hause weg direkt mit Sven zusammenziehen würde. Viel besser wäre es doch, ich würde davor selbstständig leben, einen eigenen Haushalt führen. Warum also nicht bis zur Hochzeit zu dir ziehen, damit wir noch einmal so richtig das Leben und das Jung- und Freisein genießen können?»

Ich war begeistert: «Du meinst, wir könnten eine WG gründen?»

«Also, wenn du einverstanden wärst, dann wäre das genau mein Plan!»

Ich war Feuer und Flamme und versprach ihr, gleich am Montag mit der Suche nach einer passenden Wohnung zu beginnen. Mit so einer lebenslustigen Freundin in dieser herrlichen Stadt zu leben würde einfach wunderbar werden! Ich malte mir aus, wie wir tanzen gehen, nächtelang diskutieren und kochen würden, und alles immer nur dann, wenn es uns Spaß bereitete. Ein kleines bisschen so, wie ich es bei Sofia in Berlin gesehen hatte.

Kurz darauf fand ich eine günstige, charmante Zweizimmerwohnung mit Wohnküche.

Auch wenn ihrer Mutter unser Vorhaben missfiel, suchte sich Rebekka einen Job, und wir zogen wenige Monate später zusammen. Oh, ich spürte, dass das der Beginn einer wunderbaren Lebenszeit war! Rebekka war Fan von Bryan Adams, immer wieder schallte dessen Lied «Summer of '69» aus ihrem Zimmer. Ich mochte Bryan Adams eigentlich nicht so gerne, doch dem Lebensgefühl in diesem Song konnte auch ich mich nicht entziehen. Er war einfach großartig. Genau so sollte der vor uns liegende Sommer sein: die besten Tage unseres Lebens. Und sie begannen jetzt!

Wir wohnten seit ein paar Wochen zusammen und hatten endlich unsere Wohnung so eingerichtet und dekoriert, dass sie uns gefiel. Mir wurde aber nach und nach bewusst, dass ich die Tatsache, dass Rebekka verlobt war, unterschätzt hatte. Im Grunde hatte ich es geradezu verdrängt. Es missfiel mir, dass mein Cousin, den ich grundsätzlich gut leiden konnte, meiner Meinung nach zu oft bei uns auftauchte. Sven war dabei, in der Nähe von Bern seinen Zivildienst abzuleisten, da er wie alle Brüder den Militärdienst verweigert hatte. Rebekka und er durften sich vor der Ehe natürlich nicht alleine treffen, zumindest nicht in einer Wohnung. Obwohl mich seine Besuche zu Beginn gefreut hatten, frustrierten sie mich zusehends. Ich hatte mir das nicht so vorgestellt mit Rebekka und fühlte mich immer mehr als Anstands-Alibi, als etwas, das so gar nichts mit Sofias cooler Berliner WG gemeinsam hatte.

Nun denn, ich begann, wieder öfters zu lesen, und liebte es, mich in meine Romane zu versenken. Ich bot Rebekka alle meine gelesenen Bücher an, aber sie interessierte sich ausschließlich für Kochbücher. So wandte ich mich wieder vermehrt an Zipora, die alle meine Bücher verschlang. Wir sprachen leidenschaftlich gern über das Gelesene. Zipora und ich genossen diese Gemeinsamkeit, wir zelebrierten sie richtiggehend und ließen sie Rebekka gegenüber niemals unerwähnt.

Obwohl alles noch gleich schien, obwohl wir uns noch immer mit viel Liebe und Freude begegneten, mussten Rebekka und ich uns Mühe geben, zu ignorieren, dass die Glut unserer Freundschaft etwas abgekühlt war. In unser Bild der wunderbaren Frauenfreundschaft, das wir so gerne gezeichnet hatten, hatte sich ein winziger dunkler Schatten eingeschlichen.

Gelegentlich war ich verzweifelt, ich war schon 20 Jahre alt, und da war noch immer kein Mann in Sicht. Ich verstand mich selbst nicht: Auf der einen Seite war ich froh, nicht schon verlobt zu sein, auf der anderen hätte ich alles für einen Freund oder gar einen Verlobten gegeben. Nach wir vor kam für mich nur Levi infrage. Wir sahen uns nun öfter als früher, etwa, wenn ich mit Rebekka zu ihrer Familie fuhr, denn er lebte noch immer bei seinen Eltern. Manchmal ging ich mit den jungen Aargauer Brüdern und Schwestern auch Ski fahren, wandern, baden und picknicken. Ab und zu kamen sie nach Bern, auf ein Konzert oder wie immer ans Gurtenfestival.

Ich mochte Levi, weil er irgendwie anders war als andere Glaubensbrüder. Beliebt war er hauptsächlich wegen seines Humors, seiner Schlagfertigkeit und seiner kecken Sprüche. Mir gefiel zudem, dass er Handwerker war, aber etwas Künstlerisches an sich hatte. Er spielte ein Instrument, was mir imponierte. Zudem las er tiefgründige Bücher und auch wirklich gute Tageszeitungen, nicht nur diese Gratisblätter, die seit Kurzem überall herumlagen. Auch wenn wir politisch neutral sein mussten, sprachen wir oft diskret über das Zeitgeschehen und über Politik. Diese Spannbreite – der Humor, das Feingeistige, das Interessierte – war es, was ihn für mich so attraktiv machte.

Ja, Levi und ich verstanden uns prächtig. Aber ich sah, dass er sich nach dünnen Mädchen umsah. Ich begann, an meinem Äußeren zu zweifeln, und überlegte mir, ob ich doch wieder einmal eine Diät machen sollte. Aber wie sehr mir das widerstrebte! Wie entwürdigend ich das fand, all diese Frauen, deren Selbstwertgefühl mit jedem Kilo, das sie abnahmen, zunahm und mit jedem Kilo, das sie zunahmen, wieder abnahm.

Levi machte mich wütend, denn es war für mich ja auch nicht sein Äußeres, das ihn so anziehend machte. Ich war mir nicht einmal sicher, ob ich ihn – wären wir draußen, frei, in der Welt – auch in Erwägung gezogen hätte. Draußen war ich nämlich auch verliebt, momentan in diesen Studenten, der täglich die Landesbibliothek aufsuchte. Schön war der, groß und kräftig, mit wilden, langen, blonden Haaren und wachen Augen, lässig gekleidet, politisch engagiert, belesen, dem Leben zugewandt. Das wäre einer für mich gewesen! Er suchte immer den Blickkontakt zu mir, aber ich gab mich ihm gegenüber gleichgültig, das wäre zu gefährlich. Ich suchte Liebe, echte Liebe, loyale Liebe, die eine solide, stabile, christliche Ehe tragen würde. Da wären Levis und meine freundschaftlichen Gefühle, diese kameradschaftliche Zuwendung, die brüderliche Liebe, die wir stark füreinander empfanden, doch eine gute Voraussetzung. Warum nur verstand er das nicht? Ich ahnte: Er war ein Mann und verband die Vorstellung zu heiraten allem voran damit, endlich mit einer Frau schlafen zu dürfen. Er wollte eine, die ihn so richtig scharfmachte. Im Grunde konnte ich ihm das nicht verübeln, da er ja sein Leben lang nur diese eine haben dürfte.

Die besten Tage
Sommer 1997 bis Frühling 1998

Nach einem Wochenende bei ihren Eltern kam Rebekka am Sonntagabend komplett niedergeschlagen nach Hause.

«Was ist los um Himmels willen?», fragte ich, als sie noch nicht einmal die Regenjacke abgelegt und die Schuhe ausgezogen hatte.

Sie sagte mit Tränen in den Augen: «Setz dich schon einmal hin, ich werde es dir gleich erzählen.»

Ich ging zurück in die Küche, wo ich ein Kartoffelgratin mit Lauch und Speck vorbereitet hatte, das ich nun in den Backofen schob. Den Tisch hatte ich bereits gedeckt und den Salat gewaschen. Rebekka kam aus dem Badezimmer zurück und setzte sich zu mir. Im hellen Küchenlicht sah ich erst, wie bleich sie war, als ob sie letzte Nacht kein Auge zugetan hätte.

«Mein Vater ist schwer krank. Wir wissen nicht einmal, ob er in einem Jahr noch lebt.»

In meinem Hals bildete sich ein Knoten. «Nein! Das ist ja schrecklich!» Mutigere, intelligentere, empathischere Worte wollten mir einfach nicht einfallen. Wie traurig, Rebekkas Vater, dieser fröhliche Mensch, der so herzhaft über Gott im Apfel lachen konnte.

Von da an verbrachte Rebekka fast jedes Wochenende zusammen mit Sven bei ihren Eltern. Der Gesundheitszustand ihres Vaters verschlechterte sich rasch. Ich lud am Wochenende jeweils Linda oder Zipora zu mir ein oder fuhr zu einer von ihnen aufs Land. Ich sehnte mich nach Leichtigkeit und wollte die Schwere, die sich in unsere Wohnung geschlichen hatte, ignorieren. Das gelang mir nur mäßig.

Rebekka war belastet. Ich spürte den Druck, dem sie von allen Seiten ausgesetzt war. Auch ich übte manchmal bewusst, manchmal unbewusst Druck auf sie aus. Ihre Mutter erwartete, dass sie jedes Wochenende bei ihr und ihrem kranken Vater verbrachte. Das verstand ich, natürlich verstand ich das. Sven wollte ihr zur Seite stehen, wann immer möglich. Das verstand ich natürlich auch. Er wollte diese schwere Zeit mit seiner Verlobten durchstehen, es würde sie zusammenschweißen, die Basis für eine solide, schmerzerprobte Ehe bilden. Ich aber hätte diese einmalige Zeit, die letzte freie Zeit vor der Ehe, am liebsten mit ihr alleine verbracht. Rebekka spürte das und hatte mir gegenüber ein schlechtes Gewissen, was wiederum mir ein schlechtes Gewissen bereitete. Wir konkurrierten alle um Rebekkas Zeit, und sie litt unter dem Gefühl, es niemandem recht machen zu können. Ihr Vater lag im Sterben, ihre Mutter vermisste sie, Sven stand ihr zur Seite. Und ich? Ich wollte meinen Spaß mit ihr haben.

Ja, ich war egoistisch und enttäuscht. Ich hatte mir eine fröhliche, leichte, jugendliche WG vorgestellt.

An einem schönen und warmen Herbstabend Ende Oktober, nachdem Rebekka und ich von der Versammlung zurückgekehrt waren, klingelte das Telefon. Wir fürchteten diesen Klang und waren jedes Mal erleichtert, wenn es nicht Rebekkas Mutter mit schlechten Neuigkeiten war. Rebekka nickte mir rasch besorgt zu, ging in ihr Zimmer und schloss die Tür. Kurz darauf kam sie wieder zurück und sagte ernst: «Es ist für dich, deine Mutter will dich sprechen.»

Ich ging in mein Zimmer, nahm den Hörer ab und glaubte, Mama weinen zu hören. Es knackte kurz in der Leitung, Rebekka hatte drüben aufgelegt. Ich hielt noch etwas inne, setzte mich dabei auf den Boden und fragte mich, was Papa wohl wieder angestellt haben mochte. «Mama, was ist passiert? Los, sag es mir schon.»

«Juri hatte heute einen Unfall», sagte sie leise und schluchzte.

«Und wo ist er jetzt? Im Spital?»

«Ja, er liegt jetzt im Spital.» Die Worte schienen so schwer in ihrem Mund zu liegen, dass es ihr Mühe bereitete, sie auszusprechen. «Juri ist noch auf der Unfallstelle verstorben.»

Ich hielt mich mit beiden Händen am Hörer fest und hoffte, aus einem Albtraum zu erwachen. Mama sprach weiter, sie erklärte mir langsam und mit viel Anstrengung, wie es zum Unfall gekommen war. Ich nahm ihre Sätze wie durch Watte wahr. Juri, so schilderte sie, war auf dem Töff unterwegs zu seinen Ziegen gewesen. Er hatte seine Liebe zu Tieren und zum Bauerntum auch in der Pubertät beibehalten und von einem Leben als Bauer geträumt. Dieser Traum war heute jäh zerschellt.

Als sich Mama verabschiedet hatte, drückte ich den Hörer noch einen Moment lang an mein Ohr. Ich blieb dort auf dem Boden sitzen, legte auf und wartete darauf, dass der Schmerz einsetzte.

Am kommenden Morgen gab ich in der Bibliothek Bescheid, dass ich kurzfristig freinehmen musste. Dann nahm den nächsten Zug ins Wallis. Ich hatte kaum geschlafen und zitterte am ganzen Körper. Mir war, als hätte sich ein großes Loch durch meine Brust gebohrt, durch das nun unentwegt ein eisiger Wind blies.

Die folgenden Tage waren erbarmungslos. Die Sonne schien, das Licht war golden, der Himmel stahlblau, die Bäume leuchteten in allen erdenklichen Herbstfarben und die Berggipfel prahlten in gestochenem Weiß. Diese zynische

Schönheit kränkte uns, sie schmerzte uns in den Augen. Lieber wäre mir gewesen, jemand hätte ein großes, schwarzes Tuch über das Tal gelegt.

Die Verzweiflung von Tante Livia und Onkel Viktor war grenzenlos. Sie schienen in einen Abgrund zu fallen, an dessen Grund sie noch lange nicht angelangt waren. Nur Silvan und Emily konnten die Situation nicht in ihrer Ganzheit erfassen. Sie vergaßen sich immer wieder in einem Spiel und lachten ab und zu laut auf. Dann schrie Tante Livia die beiden an: «Wie könnt ihr nur lachen, Juri ist tot!»

«Livia, Silvan ist elf und Emily zehn Jahre alt. Das sind Kinder und sie haben das Glück, sich vergessen zu können», entgegnete Viktor hilflos.

Linda, die für drei Monate nach Mauritius gegangen war, fehlte mir. Umso mehr kümmerte ich mich um Julia, die nur weinte und nicht mehr von meiner Seite wich. Livia und Viktor hatten Juri noch einmal nach Hause geholt. Dort lag er nun, in einem Sarg in seinem Kinderzimmer. Julia und ich gingen immer wieder zu ihm hin, streichelten ihm weinend über seine kalten, weißen Wangen. Wie oft hatte ich gehört und es auch selbst beteuert, wie sehr wir an die Auferstehung glaubten. Ich blickte auf Juri und hatte plötzlich keine Ahnung, ob das wirklich stimmte.

Bevor der Bestatter Juri abholte, legten wir alle Briefe in seinen Sarg. In meinem stand: «Lieber Juri, ich glaube dir, dass ‹Mein blühendes Geheimnis› der beste Film in deinem Leben war, und ich bin Papa ewig dankbar dafür, dass er mich damals gezwungen hat, dich mit ins Kino zu nehmen.»

Juris Tod überlagerte in den darauffolgenden Wochen alles. Ich fuhr jedes Wochenende ins Wallis. Ich beobachtete, wie Trauer Risse durch Familien zieht. Jeder war in seiner eigenen

Glocke von Boden- und Hilflosigkeit gefangen. Der Schmerz war unermesslich.

Während der Arbeitswoche begab ich mich fast jeden Abend, an dem keine Versammlung stattfand, zur Aare. Das Wasser, das ständig in Bewegung war und doch still seinen Weg ging, beruhigte mich. Irgendwie paradox: Der Fluss gab mir Halt.

In der Altjahrswoche luden Onkel Emanuel und Tante Carla die Trauerfamilie nach Italien ein. Julia bat mich mitzufahren; sie sah in mir je länger, desto mehr die große Schwester, die sie so sehr brauchte. Als wir auf dem Landgut angekommen waren, staunte ich, dass sogar die Toskana ergraut war. Die Tage waren dunkel und schwer. An Silvester hatte Tante Livia einen Ausbruch. Sie schrie durch das ganze Haus: «Diese Auferstehung, der Glaube daran, soll mir das helfen? Wisst ihr was? Ich pfeife darauf, ich pfeife auf die Auferstehung! Glaubt ihr doch dieses Märchen vom Paradies. Hättet ihr ein Kind verloren, würdet ihr merken, wie blass diese Hoffnung ist. Nicht mal eine Hoffnung ist das, nein, es ist nichts weiter als ein leeres Versprechen. Ich sage es euch jetzt noch einmal klar und deutlich: Die Wahrheit nützt mir einen Scheißdreck!»

Ihre Aussage erschreckte uns gewaltig. Wir spürten, dass sie es ernst meinte, aber keiner traute sich, sie zu kritisieren. Nur Onkel Emanuel ging auf sie zu und wollte sie in die Arme schließen. Livia stieß ihn weg und rannte auf ihr Zimmer.

Tante Livias Worte hallten lange in meinem Kopf nach. Sie hatte etwas ausgesprochen, was ich zuvor nicht zu Ende zu denken gewagt hatte. Aber auch ich hatte es ja diffus gefühlt: Ich tat mich schwer mit dem Glauben, dass wir Juri tatsächlich wiedersehen würden, als geschlechtslosen Menschen und dennoch aus Fleisch und Blut, in einem Paradies, das wir erst betreten dürften, wenn wir uns durch diese schlimme Endzeit hindurch bewährt hätten. Diese Vorstellung kam mir plötzlich nicht nur abstrakt, sondern geradezu absurd vor. Einmal fragte ich Julia ganz sachte, ob sie sich gerne ausmale, ihren Bruder wiederzusehen, an einem Ort, an dem es keinen Tod mehr geben würde, im Paradies, in dem wir ewig glücklich leben würden. «Ich kann es mir ehrlich gesagt nicht vorstellen», entgegnete sie. «Es ist schwierig für mich, daran zu glauben. Aber ich bete zu Gott und bitte ihn um Glauben.»

Im Februar darauf erlitt mein Großvater einen Schlaganfall und wurde von Gstaad ins Universitätsspital Bern geflogen. Ich besuchte ihn gleich am ersten Tag und erschrak, wie schwach er war. Als ich ihn zum Abschied umarmt hatte und bereits zur Zimmertür ging, rief er mich noch einmal zu sich: «Gell, du sprichst auch Englisch und Französisch?»

«Ja», antwortete ich.

«Aber nicht so gut wie Linda, oder?»

«Nein», antwortete ich dieses Mal leicht verärgert, «nicht so gut wie Linda.»

Als ich zu Hause ankam, klingelte das Telefon. Mama sagte mir, Großpapa sei eben gestorben.

Im Frühling darauf erlag Rebekkas Vater seiner Krankheit.

Das Jahr, in dem Rebekkas und meine besten Tage hätten stattfinden sollen, bestand aus nichts anderem als Tod, Verzweiflung und einer wackligen Hoffnung.

Adele, du kennst Livias Schmerz. Paul, dein ältester Sohn, ist bei einem Motorradunfall ums Leben gekommen. Er war kein Bibelforscher. Zwei Wochen vor seinem Tod hatte er eine Hell-

seherin aufgesucht. Das hätte er nicht tun sollen, du hast ihn gewarnt, Hellseherinnen seien dämonisch. Die Frau hatte Paul seinen baldigen Tod vorausgesagt.

Großpapa erzählte, dass es exakt im Moment von Pauls Tod laut an eure Hauswand geklopft habe. Ihr wusstet sogleich, dass etwas Schreckliches geschehen war. Du setztest dich an den Küchentisch und wartetest auf die schlechte Nachricht. Als Großvater, der noch ein Junge war, erschrocken aus der Stube zu dir rannte, hüpfte der Deckel der Zuckerdose, die vor euch auf dem Tisch stand, von alleine hinunter auf den Fußboden und zerschellte in tausend Stücke. Euch war klar: Die Dämonen waren da.

Oh Adele, wir groß muss deine Trauer gewesen sein? Du konntest nicht auf Pauls Auferstehung hoffen. Du wirst ihn niemals wiedersehen, du wirst vom Himmel auf unser Paradies hinabschauen, und Paul wird nicht da sein. Oh Paul, wieso hast du das bloß gemacht? Wieso hast du deinen Glauben verloren, die Wahrheit verschmäht?

Der Fluss
Sommer 1999

Sven und Rebekka hatten diesen Frühling geheiratet. Für mich folgte eine seltsame Zeit. Ich sehnte mich nach Normalität. Die letzten beiden Jahre voller Vorfreude und Enttäuschung, Hoffnung und Verlust hatten mich aufgewühlt. Ich spürte deutlich, dass ich mich ins Lot bringen musste, und suchte bewusst einsame Momente. Ich spazierte stundenlang an der Aare entlang, setzte mich an deren Ufer und gab mich dem Gefühl der Vergänglichkeit hin. Diesem Fluss, der alles mittrug, ständig in Bewegung blieb, traute ich: Alles ging vorbei, auf das Alte folgte Neues. War ich traurig, schaute ich dem Wasser zu, welches von mir wegfloss, und schickte ihm meine Trauer mit. Freute ich mich auf die Zukunft, drehte ich den Kopf dorthin, wo das neue Wasser herkam. Das tat gut.

Ein Gefühl aber nahm die Aare nicht mit. Ich konnte mich noch so bemühen, zu tief hatte es sich in mir eingenistet. Es saß dort wie ein kleiner, kaum wahrnehmbarer, aber dennoch störender Stachel: Mein Glaube hatte in den letzten Jahren gelitten. Die Konfrontation mit dem Tod, die schwindende Aussicht auf Lust und Liebe, die es ohnehin nur im Verbund mit Unterwerfung geben würde, die Bücher, die ich im Gymnasium gelesen, und überhaupt alles, was ich dort gelernt hatte, die immer unüberwindbarere Mauer zwischen Sofia und mir ... Das alles hatte mit dem Stachel zu tun, aber ich konnte ihn nicht wirklich fassen, wusste nicht, wie ich mit ihm umgehen sollte. Zweifel waren das, Zweifel, die sich eingeschlichen hatten, genauso wie es warnend hieß: «Der Teufel hat eine glatte Zunge und sucht uns ständig zu verführen.» Die Weisheit der Welt und das Leben in der Stadt hatten mich geschwächt. Nun sehnte ich mich nach Reinheit und Klarheit: So rein und klar wie die Aare durch unsere Stadt floss, so sollte mein Glaube auch wieder durch mich fließen.

An einem frühsommerlichen Samstagmorgen – zerknirscht, wie ich wieder war, beschloss ich, nicht in den Dienst, sondern an den Fluss zu gehen – war sie plötzlich da, die Klarheit. Ich setzte mich ans Ufer, schaute flussaufwärts und wusste: Ich brauchte einen Neuanfang! Und einen Cappuccino.

Ich sprang sofort auf, lief an der Aare entlang der Stadt entgegen, überquerte die noch fast menschenleere Marzili-Wiese, auf der sich in wenigen Stunden zahllose Badegäste tummeln würden, stieg den steilen Weg zum Bundeshaus hinauf und fand mich mitten im städtischen Samstagsgewühl der Altstadt wieder. Mein Ziel war die alte Markthalle, die nun zahlreiche Cafés, Bars, Restaurants und Geschäfte beherbergte. Gleich im Eingangsbereich der Halle setzte ich mich an die langgezogene Theke und bestellte einen Cappuccino. Das war meine Lieblingsbar, der Kaffee war stark und schmeckte fantastisch, zudem gab es hier viel zu sehen und es lief immer gute Musik. Ich zog meine leichte Sommerjacke aus, hängte sie an den Haken unter der Theke und drehte meinen Barhocker um 180 Grad. So konnte ich alle Menschen beobachten, die in die Markthalle eintraten oder sie verließen. Das war schon immer eine Leidenschaft von mir gewesen. Mich interessierte, was für Kleider die Menschen trugen, ob ihnen das Äußere wichtig war oder nicht, ob sie zufrieden oder verbittert aussahen, und ich versuchte, mir ihre Wohnungen, Berufe, Partner oder Kinder vorzustellen.

Als der Kellner meine Tasse auf die Theke stellte, drehte ich meinen Stuhl wieder zurück. In diesem Moment ertönte das Lied «Chan Chan» vom Buena Vista Social Club aus der Box. Musik aus Lateinamerika war noch immer allgegenwärtig, und das war gut so, denn ich war nach wie vor verrückt nach ihr. Ich genoss jeden einzelnen Schluck meines Cappuccinos und bei jedem wurde mir noch klarer, dass ich nach Kuba reisen musste. Das würde ich tun: reisen gehen und die Bibel mitnehmen. Ich würde sie endlich von A bis Z lesen, alles, jeden einzelnen Satz von 1. Moses 1:1 bis hin zur Offenbarung 22:21. Wann schon hätte ich sonst Zeit, mich allen 1548 klein gedruckten Seiten konzentriert hinzugeben? Ich wollte die Bibel wirklich kennen, komplett verstehen, sie mir einverleiben. Stark und unerschütterlich sollte mein Glaube werden, erprobt, nicht blind. Ich wusste, dass Gott diejenigen liebt, die blind an ihn glauben. Aber ich war nicht blind, dafür war es zu spät. Mir waren Zweifel in Leib und Seele gekrochen, ich war infiziert. Trotzdem plagte mich eine Frage: Was war denn ein Glaube ohne Zweifel überhaupt wert? Hilfe, auch dieser Gedanke entsprang dem Zweifel! Ich ahnte, dass mir ein Leben lang nichts anderes übrig bleiben würde, als zu glauben und zu zweifeln. Das würde mein einzig möglicher Weg in der Wahrheit sein, sonst würde es ein böses Ende mit mir nehmen.

Das war also mein Neuanfang: die Bibel gründlich lesen und studieren, dazu reisen und mich mit Glaubensbrüdern und -schwestern verbinden und so die Unvergleichbarkeit unserer weltumspannenden Gemeinschaft am eigenen Leib erfahren. Ja, und zudem würde ich in Oldtimern durch Havanna fahren, kubanische Musik hören, Mojitos schlürfen, mich am weißen Strand sonnen, im türkisfarbenen Meer erfrischen und abends Salsa tanzen.

Dumm war nur: Ich sprach – im Gegensatz zu Linda, die es seit ihrem Praktikum in Ecuador perfekt beherrschte –

kaum Spanisch. Ob Linda mitkommen würde? Wer weiß, immerhin arbeitete sie nun seit fast vier Jahren in Gstaad, wäre es nicht auch für sie wieder einmal Zeit für etwas anderes? Sobald das schöne Lied zu Ende war, beglich ich meine Rechnung, band mir das Jäckchen um die Hüften, verließ schnell die Markthalle, sprang aufs nächste Tram, um Linda möglichst rasch von zu Hause aus anrufen zu können. Bestimmt würde sie zusagen, weltgewandt und bereit, wie sie war.

Mein Gefühl hatte mich nicht getäuscht: Linda sagte wenige Tage später zu. Sie willigte mehr als nur ein und schlug vor, nicht nur nach Kuba, sondern gleich auf Weltreise zu gehen: Kuba, Argentinien, Neuseeland, Fidschi, Australien, Hongkong. Auch mit dem Bibellesen war sie einverstanden. «Das könnte eine interessante Erfahrung sein, Gottes Wort einmal von Anfang bis zum Schluss zu lesen», fand sie.

«Ja», erwiderte ich, «wir können uns täglich über das Gelesene unterhalten und uns gegenseitig im Glauben stärken. Ich muss stärker glauben, Linda.»

«Jetzt lesen wir erstmal die ganze Bibel. Das kommt schon gut mit deinem Glauben, ‹Wirf deine Sorgen auf Jehova!›, heißt es doch in der Bibel.»

Wir nahmen uns vor, im nächsten Halbjahr jeden Rappen auf die Seite zu legen, das sollte gemeinsam mit unserem Ersparten reichen für ein halbes Jahr. Wir würden unsere Wohnungen kündigen und die Möbel einstellen.

«Linda und ich machen eine Weltreise, stell dir vor, wir werden mehr als sechs Monate lang unterwegs sein!», erzählte ich ein paar Tage später Rebekka am Telefon. Ich sagte es nicht ohne Unterton, denn ich wusste, mein Vorhaben war etwas für Ledige.

«Ach ja? Wow, das klingt ja echt toll. Letzte Woche sagte mir ein Arbeitskollege, er gehe nun ein Jahr lang auf Reisen. Stell dir vor, ein Jahr! Das ist dann schon etwas anderes. Also wenn ich reisen gehen würde, dann sicher mindestens für ein Jahr.»

Das befriedigte mich. Sie war neidisch auf meine Freiheit, immerhin, denn ich war neidisch, dass sie im Gegensatz zu mir einen Mann gefunden hatte.

Vor der Abreise hatte ich mir vorgenommen, Levi endlich mit meinen Gefühlen für ihn zu konfrontieren. Ich wollte Klarheit über die starke, aber schwer zu interpretierende Zuneigung schaffen, die wir einander entgegenbrachten.

«Du weißt, dass ich dich sehr schätze, du bist eine wirklich gute Kollegin für mich – aber ich habe keine Schmetterlinge im Bauch.»

So. Nun war alles klar. Obwohl mich diese Aussage niederschmetterte, ich danach tagelang weinte, mich zurückgewiesen fühlte, spürte ich eine gewisse Erleichterung. Jetzt konnte ich in die Welt ziehen und offen sein für alles, was passieren würde. Wer weiß, vielleicht würde ich einen kubanischen, einen argentinischen, neuseeländischen, fidschianischen oder australischen Bruder kennen- und lieben lernen. Zudem holte ich ein altes Gefühl hervor und belebte es so stark wie möglich: meine Zweifel, ob ich Levi auch auserkoren hätte, wenn ich ganz frei in meiner Wahl gewesen wäre, also in der Welt und nicht in der Wahrheit lebte.

Unser Reisevorhaben löste wie erwartet viel Kritik seitens der Verwandten und Glaubensbrüder aus. Sie sorgten sich allesamt etwas diffus um unseren Glauben, um unsere Gesundheit und um unsere Sicherheit. Klarere Reaktionen bewegten sich zwischen «Spinnt ihr! Das ist megagefährlich!» (Zipora), «Die Latinos werden dich enttäuschen» (Levi) und «Super, das mache ich nach der Matura auch!» (Julia). Linda und mir war im Grunde alles egal, denn Mama und Papa unterstützten uns.

«Genießt eure Freiheit», riet uns Mama.

«Aber passt gut auf euch auf. Wenn etwas ist, ruft an. Ich steige ins nächste Flugzeug und hole euch nach Hause», schickte Papa hinterher.

Die Heiligen
Oktober 1999

Anfang Oktober flogen Linda und ich nach Kuba, beide mit einem großen Rucksack, der mit wenigen Kleidern für heißes und für kaltes Wetter und mit der Bibel bepackt war. Darin zu lesen begannen wir bereits im Flugzeug. Als dieses zur Landung ansetzte, war Nacht über Havanna. Es war schwer zu glauben, dass wir tatsächlich über eine große Stadt flogen, denn dort unten brannten kaum Lichter. Mich überkam eine plötzliche Angst. Hätte ich niemals nach Kuba fliegen sollen? Würde ich mir so meinen Traum von Kuba zerstören? Wollte ich die Realität wirklich sehen? War womöglich die Fantasie «Kuba» viel schöner als Kuba selbst?

Am Flughafen wartete Maja auf uns. Ihre Adresse hatten wir auf vielen Umwegen und über viele Versammlungen erhalten, da ihre Tochter nach Europa migriert war. Maja lebte in Havanna. Sie erkannte uns sofort und winkte uns zu. Wir staunten, denn sie hatte einen hellen Teint und blaue Augen. «Unglaublich, ihr seht aus wie meine Tochter. Sie hat genauso rote Haare wie ihr und ebenso weiße Haut mit Sommersprossen. Ich werde euch ein Bild zeigen, wenn wir zu Hause angekommen sind. Seid herzlich willkommen in Kuba, ich werde mich um euch kümmern», sagte sie uns zur Begrüßung auf Spanisch und umarmte uns.

Die Tage bei Maja waren beeindruckend. Sie schilderte, was es bedeutete, die Wahrheit im Untergrund leben zu müssen. Hier waren die Zeugen Jehovas jahrzehntelang verboten gewesen. In der Zwischenzeit gab es eine gewisse Lockerung, doch es fehlte den Brüdern und Schwestern an Geld. So schrieben sie, wie in den Jahrzehnten davor auch, noch immer alle Ausgaben des «Wachtturms» und des «Erwachet!» von Hand ab und reichten einander die handgeschriebenen Kopien weiter. Maja lebte in einem Außenquartier von Havanna, aber ich hatte mir die Stadt anders vorgestellt. Ihr Haus war klein und bescheiden, außerordentlich sauber und geordnet. Viel gab es nicht in diesem Quartier. Das historische Zentrum konnte man nur mit Sammeltaxis erreichen, die für Ausländer verboten waren. Wir wussten am Anfang nicht recht, wie wir unsere Tage hier verbringen sollten. Klar, der Gang in die Versammlung, die in einem sehr bescheidenen Raum stattfand, war interessant für uns. Besonders traurig, aber irgendwie auch lustig fanden wir, dass der Saal hier nicht wie in den Sälen bei uns zu Hause mit einem Bild einer paradiesischen Landschaft dekoriert war, sondern mit einem Bild, das lediglich einen riesigen Korb mit allen erdenklichen Früchten zeigte.

Maja spürte unsere Langweile und wandte sich eines Morgens an Linda: «Du sprichst perfekt Spanisch, sogar unseren Akzent hast du in diesen wenigen Tagen hier angenommen. Zudem siehst du tatsächlich aus wie meine Tochter, das siehst du ja auf diesen Bildern hier. Ihr stellt euch nun an den Straßenrand und wartet auf ein Sammeltaxi!» Sie zeigte uns, wie man ein solches herbeiwinkt. «Wenn es anhält, sagt ihr dem Fahrer nur, dass ihr ins Zentrum wollt. Falls er euch fragt, ob ihr Ausländer seid, sagst du ganz beleidigt: ‹Natürlich nicht, ich bin Kubanerin nordspanischer Abstammung!›» Dann sah sie mich streng an: «Und du sprichst auf der ganzen Fahrt kein einziges Wort! Verstanden?»

Es klappte. Einige Stunden später saßen wir auf den Hintersitzen eines der legendären hellgrünen kubanischen Oldtimer-Taxis und fuhren am Malecón entlang ins Zentrum von Havanna. Tatsächlich spritzten hier – genau, wie ich es in Filmen gesehen hatte – immer wieder Wellen über die Ufermauer hinüber auf die Straße. Einen kurzen Moment lang fühlte ich mich in meine Fantasien, die ich damals in der Markthalle gehabt hatte, zurückversetzt. Die Altstadt von Havanna war zauberhaft schön, aber leider sehr heruntergekommen. Im Grunde war auch hier nicht viel los. Das Leben der Reisenden spielte sich einzig und allein in den Hotels ab, die wir – da wir keine Hotelgäste waren – nicht betreten durften. Es gab nur genau drei Restaurants, die Touristen empfingen, dazu den Glacé-Laden, der durch meinen geliebten Film «Fresa y Chocolate» weltberühmt geworden war. Es war das einzige Lokal in der Stadt, welches sowohl von Einheimischen wie auch Touristen aufgesucht werden durfte.

Wir standen ewig in der langen Schlange. Als wir endlich dran waren, gab es tatsächlich nur die Wahl zwischen Erdbeer- und Schokoladeneis. Linda und ich wählten beide Schokolade und setzten uns an einem eben frei gewordenen Tischchen auf die weißen Gitterstühle, die mir vom Film her bekannt waren. «Ich habe einmal von einer Studie gelesen, die sagt, dass zu viel Auswahl Menschen unglücklich macht. Als Beispiel wurde ein Eisstand aufgeführt: Man beobachtete, dass die Menschen am glücklichsten waren, wenn drei Geschmacksrichtungen angeboten wurden. So wählt nämlich jeder genau den Geschmack, den er ohne Zweifel am liebsten hat, und genießt das Eis in vollen Zügen. Gibt es aber mehr als drei Sorten – vielleicht sogar über 20, wie manchmal bei uns zu Hause –, dann sind alle leicht frustriert, da sie fürchten, sich vielleicht doch nicht für das Richtige entschieden zu haben. Ich finde, da ist etwas dran, nicht? Vielleicht macht der Sozialismus Menschen tatsächlich glücklicher als der Kapitalismus?»

«Drei Sorten machen glücklich, haben sie in der Studie geschrieben, nicht zwei», entgegnete Linda trocken und schleckte an der wässrigen, rasch schmelzenden Kugel.

Als wir am Abend wieder bei Maja zu Abend aßen, erkundigte sie sich nach unserem Eindruck von Havanna.
«Möchtest du unsere nette Antwort oder die ehrliche wissen?», fragte ich sie in dem wenigen Spanisch, das ich inzwischen sprechen konnte.
«Die ehrliche natürlich, die nette überlassen wir den Reisebüros», lachte sie.
Linda berichtete ihr, dass wir uns Havanna lebenslustiger vorgestellt hätten, dass die Stimmung in der Stadt aber in Tat und Wahrheit etwas Depressives habe. Natürlich, die Menschen begegneten uns fröhlich und freundlich, aber über allem lag ein bedrückender Schatten. «Das hat wohl damit zu tun, dass es Privaten verboten ist, eigene Geschäfte zu eröffnen», fügte Linda an.
Maja wurde ernst und begann zu erklären: «Nein, das ist nicht offiziell verboten. Ich sage euch jetzt, wie das System hier funktioniert: Ich, beispielsweise, träume von einer eigenen Cafeteria. Wie gerne würde ich Kaffee, Tee, feine Brötchen und Kuchen zubereiten und Gästen servieren. Fidel sagt nun aber: Das Inventar – die Möbel, den Backofen, den Kühlschrank, die Lampen, die Dekoration usw. – und auch die Zutaten – Mehl, Butter, Eier, Zucker, Zimt – müsst ihr in Dollars kaufen, und zwar zu einem Kaufpreis nach US-Maßstab. Aber wir haben offiziell keine Dollars, nur die haben welche, denen von Verwandten aus dem Ausland Geld geschickt wird, und auch das ist eine Riesenhürde. Wie soll das Geld von denen zu uns kommen? Hier gibt es nur auf dem Schwarzmarkt Dollars, aber für unsere schwachen Pesos kriegst du kaum welche! Und jetzt kommt es noch schlim-

mer: Hast du es trotzdem irgendwie geschafft, ein Geschäft zu eröffnen, dann darfst du nur Pesos einnehmen. Pesos, die fast keinen Wert haben! Wie sollst du dann je das Geld wieder einnehmen können, das du investiert hast? Ziemlich hoffnungslos, die Sache. Kein Wunder, dass über der Stadt, ja über dem ganzen Land ‹ein bedrückender Schatten› liegt.»

«Meinst du, es wird besser, wenn Fidel einmal stirbt?», wollte ich wissen.

«Nein, das glaube ich nicht. Es wird niemals besser. Bis Harmagedon müssen wir das alles ertragen. In der Bibel steht, dass der Mensch über den Menschen zu seinem Schaden herrscht. Es wird nicht besser, bis endlich wieder Jehova über uns regieren wird. Erst dann, im neuen System. Und dort werde ich jeden Tag für Brüder und Schwestern Kuchen backen.»

Ich überlegte kurz, ob es im Paradies überhaupt Cafeterias und auch Flugzeuge geben würde oder wie sonst ich dann nach Kuba kommen sollte.

Obwohl Maja eine sehr gute Gastgeberin war und sie uns alles zu bieten versuchte, war es offensichtlich, dass sie mittellos war. Sie wollte kein Geld von uns, der Staat verbot es Kubanern, Ausländer gegen Geld zu beherbergen. Zudem war sie stolz und sie mochte uns, sie hätte uns nie um Geld gebeten. Doch wir fühlten uns schlecht dabei. Unser Portemonnaie war gefüllt mit Dollars, die uns über Monate hinweg zu leben ermöglichen würden. Wir fürchteten aber auch, dass Maja beleidigt sein könnte, würden wir in ein Hotel ziehen. Und doch: Wir wollten etwas erleben, die Tage zu Hause und in diesem seltsamen Zentrum von Havanna langweilten uns zunehmend. Es blieb uns nichts anderes übrig, als mit Maja offen darüber zu reden.

Maja lachte verschmitzt, als hätte sie schon länger auf dieses Gespräch gewartet: «Ich habe eine Lösung für euch. Ich organisiere euch eine Reise quer durch ganz Kuba. Hört gut zu: Mein Nachbar sagte mir, dass ab diesem Mittwoch eine Reise für die Crew des italienischen Restaurants ‹A Prado y Neptuno› vorgesehen ist. Dort habt ihr doch auch zu Mittag gegessen letzthin. Nun ja, der Besitzer hat dieses Jahr besonders guten Umsatz gemacht, da immer mehr Touristen ins Land kommen. Nun will er seinen Mitarbeitenden zum Dank für ihren harten Einsatz einen Ausflug schenken, bis hinunter nach Santiago de Cuba. Ihr könnt euch bis morgen überlegen, ob ihr mit ihnen mitfahren wollt. Für je 200 Dollar wärt ihr dabei. Aber ihr müsst wissen: Diese Leute sind nicht in der Wahrheit. Mein Nachbar sagt aber, es seien gute Leute. Obwohl es eigentlich untersagt ist, dass Touristen zusammen mit Kubanern reisen, wären sie bereit, euch mitzunehmen.»

Linda und ich schauten uns kurz in die Augen und nickten uns zu: «Maja, das müssen wir nicht bis morgen überlegen, wir fahren mit!»

Am Mittwochmorgen holte uns ein roter, alter, rostiger und klappriger Bus vor Majas Haus ab. Der Bus war voller Kubaner und Kubanerinnen. Fast alle waren im Gegensatz zu Maja dunkelhäutig. Es lief ohrenbetäubend laute kubanische Musik, und alle schauten gespannt aus dem Fenster. Der Chauffeur bat uns einzusteigen und entschuldigte sich dafür, dass die Klimaanlage kaputt war. Die Musikanlage aber funktioniere, das sei doch wichtiger. «Ja, das hören wir», entgegnete ihm Linda lachend, und wir stiegen ein. Die anderen Reisenden hatten uns die zwei vordersten Sitze frei gehalten und jubelten uns zu, als wir den Bus betraten. Ich drehte mich noch einmal zu Maja um und sah, dass der Chauffeur ihr ein Couvert übergab.

«Schau mal, Linda, Maja kriegt eine Provision für uns. Ist das nicht großartig?»

«Sie ist der Hammer», entgegnete Linda, «siehst du, wie sie das alles hingekriegt hat und nun alle zufrieden sind? Wir, dass wir diese eigentlich unmögliche Reise miterleben dürfen, und sie, weil sie indirekt Geld von uns bekommt, das ihr zusteht. Das ist doch einfach fabelhaft! So siehst du, wie diese Menschen das Leben auch unter erschwerten Umständen bewältigen!»

Wir winkten Maja zu und schickten ihr durch die Fensterscheibe Küsschen zu. Sie winkte uns mit dem Couvert und lachte. Wir hielten unsere Daumen nach oben und schickten noch mehr Küsschen nach.

Kaum war der Bus losgefahren, standen ein paar Pärchen auf und begannen, im Gang zwischen den Sitzreihen zu tanzen. Wir lachten und klatschten in die Hände. Ein Mann kam auf uns zu und streckte uns seine Hand entgegen. «Nein, danke», winkten wir ab, «uns wird schlecht dabei, in diesem fahrenden Bus können wir nicht tanzen.»

Zwei Stunden später stand der Bus still. Wir hatten eine Panne. Der Chauffeur legte sich ein Übergewand an und kroch unter den Bus. Er bat uns, unter einem Baum im Schatten zu warten. Die Leute aus der Reisegruppe boten uns sofort ihre mitgebrachten Speisen und Getränke an. Einer, der mit dem T-Shirt, auf dem «Supermario» stand, öffnete eine Flasche Rum und wandte sich an uns: «Ich bin Mario, ihr könnt gerne mittrinken. Dieser Rum ist 15 Jahre alt, f-ü-n-f-z-e-h-n!» Dann goss er den ersten Schluck auf den Boden und sagte: «Para los Santos, für die Heiligen!»

Wir fanden alles großartig.

Die folgenden Tage waren sehr anstrengend und sehr anregend zugleich. Der Bus hatte immer wieder Pannen, aber wir verbrachten die wartende Zeit mit unseren Reisekumpanen. Sie fragten uns viel und wir sie. Immer wieder ließen sie auch Musik laufen und tanzten. Das musste nicht in einem Club oder am Abend sein, das passierte einfach immer wieder mal zwischendurch. Als Linda und ich uns endlich trauten, mitzutanzen, gerieten sie alle außer sich vor Freude. «Ihr könnt ja Salsa tanzen! Mannomann, wie lange habt ihr denn noch warten wollen, uns das zu zeigen? Ach, ihr Europäer, ihr seid einfach so etwas von verklemmt!»

Die Hotels und Restaurants waren allesamt sehr rudimentär. Das Essen passte auch unseren Reisegefährten nicht. «Ist das ein Hund?», fragte Supermario einmal, und alle lachten. «Na ja, die Reise kostet ja auch nur 400 Dollar für uns alle», flüsterte Linda mir zu, und ich fügte an: «Einfach großartig, diese Leute!»

Nur in Santiago de Cuba besuchten wir einen Club, der uns allen gefiel. «Hier haben sie alle schon gespielt: Ibrahim Ferrer, Compay Segundo, Omara Portuondo, Rubén Gonzáles, Celia Cruz, alle», erzählte uns Supermario ehrfürchtig, als wir den Club betraten. Sieben Männer standen auf der Bühne und machten Musik. Wir tanzten alle. Ich kaufte an der Bar eine Flasche Rum, öffneten diese, goss den ersten Schluck auf den Tanzboden und rief: «Para los Santos!» Dann reichte ich die Flasche in die feiernde und tanzende Runde.

Nach der langen Rückreise quer über die ganze Insel fuhr uns der Buschauffeur wieder direkt vor Majas Haus. Maja rannte aufgeregt auf uns zu und umarmte und küsste uns, als wir ausgestiegen waren. Dann bat sie uns hinein. «Warte rasch, wir müssen uns noch richtig verabschieden», sagte ich ihr. Wir gingen zurück in den Bus und umarmten jeden Einzelnen da drin. Einige weinten. Supermario reichte uns eine fast leere Rumflasche, und wir nahmen einen kleinen Schluck daraus. Bevor wir ein letztes Mal aus dem geliebten Bus ausstiegen, drehte ich mich noch einmal zu allen um und rief «Adiós amigos!»

Der Bus fuhr laut hupend davon.

Maja hatte für uns ein feines Abendessen vorbereitet. «Endlich wieder richtiges Essen», dachte ich. Nachdem wir ihr stundenlang von der Reise erzählt hatten, fragte sie uns, ob wir nicht noch ein paar Tage zur Erholung nach Varadero, an den schönsten Strand Kubas, fahren möchten. «Ich glaube, das würde euch guttun, ihr seht nämlich recht fertig aus», lachte sie.

«Das ist eine tolle Idee, wir könnten für die drei letzten Tage hier nach Varadero fahren und etwas den Strand genießen», meinte Linda.

«Ich kenne jemanden, der euch in ein schönes Hotel fahren würde, was meint ihr?»

Wir freuten uns sehr auf diese Zeit am Strand. Wir hätten endlich wieder Zeit, in der Bibel zu lesen. Auf unserer Kuba-Tour hatten wir sie kein einziges Mal auch nur ausgepackt.

Das Hotel war voller Touristen. Hier gab es alles, was Touristenherzen begehren. Nur als ich reklamierte, dass im Mojito die Minze fehle, sagte mir der Kellner leicht verlegen: «Entschuldigen Sie, Señorita, Pfefferminze ist momentan leider auf ganz Kuba nicht erhältlich. Sie wissen schon, das Embargo...» Er schämte sich, und ich schämte mich noch mehr.

Wir hatten heute eindeutig zu viele «Mojitos sin menta» getrunken. Als wir in unserem Hotelbett lagen, schienen sich die Zimmerwände um uns zu drehen. «Ich will jetzt einen

Kubaner!», schrie ich plötzlich laut. Linda schaute mich zuerst entsetzt an und kugelte sich daraufhin vor Lachen. «Im Ernst, das macht mich fertig hier! Diese Männer, das ist einfach zu viel für mich! Schon wie die laufen, da dreh ich durch! Diese Erotik, das elektrisiert mich! Sie tanzen schon beim Gehen. Halbgötter! Immer wieder frage ich mich: Was soll das eigentlich, wieso verbietet Gott Sex ohne Ehe?»

Linda lachte noch immer und sagte: «Ja, das ist echt bitter. Aber weißt du was? Wenn du willst, machen wir heute etwas, was in der Wahrheit eigentlich verboten ist. Keine Männer, nein, das wäre zu viel. Aber schau mal, was ich aus Pinar del Rio mitgebracht habe.» Sie setzte sich auf, torkelte zu ihrem Rucksack und wühlte darin. Sie nahm ein gerolltes Papier heraus und öffnete dieses vorsichtig.

«Was ist das? Hast du etwa Zigarren geklaut?»

«Nein, spinnst du», lachte sie, «ich habe die nicht geklaut, ich habe sie gekauft, als du auf der Toilette warst, dort in der Zigarrenfabrik. Als ich die Frauen und Männer diese natürlichen Tabakblätter von Hand rollen sah, dachte ich mir: Wieso lässt Gott eigentlich Tabakblätter wachsen? Es kann keine Sünde sein, wenn wir die jetzt rauchen.»

«Du spinnst», lachte ich, «aber du hast recht. Lass uns eine Zigarre rauchen. Wenn ich schon keinen Kubaner aus Fleisch und Blut haben darf, dann wenigstens diese schöne, lange, dicke, braune Zigarre!»

Wir gingen auf unseren Balkon, zündeten uns je eine Zigarre an und blickten auf das Meer am Strand von Varadero. Wir staunten, dass wir keinen Hustenanfall bekamen. «Die schmeckt sogar fein», meinte Linda und sah mich an. Ich nickte. Ich mochte den Duft tatsächlich. Es roch nach Erde, nach Wurzeln und nach Holz. Immer wieder zog ich genüsslich an der Zigarre und blies den Rauch trotzig gegen den

Himmel. Es war schön, etwas Verbotenes zu tun. Aber es stillte nicht mein Verlangen nach einem Mann.

Die letzte Nacht vor unserer Weiterreise nach Buenos Aires verbrachten wir noch einmal bei Maja. Am kommenden Morgen packten wir unsere wenigen Sachen zurück in den Rucksack. Bevor wir aus dem Zimmer traten, legten wir diskret ein Couvert mit einem Bündel Dollar-Noten auf das Nachttischchen. Maja begleitete uns zur Hauptstraße, an der der Flughafen-Transfer vorbeifahren würde. Als wir ihn kommen sahen, winkten wir ihn herbei, umarmten uns alle drei und weinten. Ich war unendlich dankbar, dass wir dank der Wahrheit eine so wunderbare Glaubensschwester kennen- und lieben gelernt hatten.

Im Flugzeug packte ich die Bibel aus und wollte darin lesen. Aber mein Kopf war zu voll, ich musste unentwegt an Kuba und die Menschen dort denken. Obwohl wir Zeugen Jehovas ja politisch neutral waren, hatte ich in meiner Zeit am Kollegium eine gewisse Sympathie für Che Guevara und Fidel Castro entwickelt. Deren Bilder hingen hier an jeder Straßenecke, auch Sätze wie «¡Hasta la victoria siempre!» (Immer bis zum Sieg!) oder «¡Por siempre Revolución!» (Für immer Revolution!). Davon ging eine gewisse Kraft aus, die mich in ihren Bann zog, aber wenn ich mir all die Menschen mit ihren gebundenen Händen ansah, mit ihren Geschäftsideen und Lebensträumen, mit ihren Visionen von einem selbstbestimmten, frei gestalteten, anregenden, wohlhabenden Leben – was der Staat alles unterband –, oder wenn ich an Maja und all die armen Brüder und Schwestern dachte, die ihren Glauben über Jahrzehnte im Untergrund leben mussten, und an die Homosexuellen, die als «Feinde der Revolution» in Internierungslager kamen – dann stimmte mich das nachdenklich.

Ich frage mich manchmal, ob dich, Adele, Politik interessiert hat oder nicht. Obwohl wir ja politisch neutral sind, schimmert doch bei allen eine gewisse Gesinnung durch. Ich weiß zum Beispiel bei jedem meiner Onkel, was er über die Mutterschaftsversicherung, die Sozialisten, die Ausländer oder die erste Bundesrätin denkt.

Mama findet es total daneben, dass in der Schweiz das Frauenstimmrecht erst eingeführt wurde, als sie 25 Jahre alt war. Immer wieder hält sie Papa vor, dass er damals, hätte er denn abstimmen dürfen, nein gesagt hätte. Papa entgegnet dann immer: «Bei uns beiden spielt es sowieso keine Rolle, ob wir abstimmen oder nicht. Egal bei welchem Thema, unsere Stimmen würden sich immer gegenseitig aufheben und so außer Kraft setzen.»

Hättest du nicht das Glück gehabt, die Wahrheit kennenzulernen, könnte ich mir dich auch als Politikerin vorstellen. Nur: rechts, links oder in der Mitte, Adele? Das weiß ich nicht. Aber was ich weiß: Dein Einsatz wäre ganz bestimmt radikal gewesen.

Der Cowboy
Jahrtausendwechsel 1999/2000

In Buenos Aires kühlten wir auf allen Ebenen etwas ab, wenn auch nur ein bisschen. Es war Ende November, Hochsommer also, aber dennoch weit weniger feucht als in Havanna. Ich brauchte ein paar Tage, um Kuba loszulassen, mich innerlich von den Menschen dort zu verabschieden. Die Seele reist langsam, hatte jemand einmal gesagt. Das stimmte, ich merkte, dass mein Körper an einem anderen Ort war als meine Innenwelt.

Dann kam ich in Argentinien an. Ich kannte das Land bis anhin nur vom wunderbaren Film «Un lugar en el mundo» von Adolfo Aristarain. Ich war gespannt, ob ich hier meinen «Ort auf dieser Welt» finden würde. Wir liefen tagelang durch die Straßen von Buenos Aires. So viel Leben, so viel Geschäftigkeit, so viel Verkehr – es war elektrisierend. Was für ein Gegensatz zu Havanna! Überall Cafés, Restaurants, Eisstände – einfach alles, was das Herz begehrt. Es gab sogar Internet-Cafés, auch wenn diese sehr teuer waren, sodass wir beschlossen, unsere E-Mails nur einmal im Monat zu checken, denn eine Stunde dort kostete so viel wie eine Übernachtung in unserem Hotel. An allen Grillrestaurants, und diese gab es hier an jeder Ecke, klebte der Schriftzug «tenedor libre» an den Fenstern. Als wir einmal mit einem Ehepaar aus der Versammlung in unserem Quartier in solch ein Restaurant gingen, sagte ich ihnen, mich erstaune, wie bereitwillig und großzügig die Leute hier ihr Geld ausgäben, lese man doch überall, dass es der argentinischen Wirtschaft so schlecht gehe. Der Bruder lachte, hob mit seiner Gabel ein großes Stück Fleisch auf und meinte: «Weißt du, wir wissen nie, ob unser Geld Ende des Monats überhaupt noch Wert hat, darum geben wir es immer lieber gleich aus. Wer so viele Inflationen wie wir Argentinier erlebt hat, der legt sein Geld nicht auf die Seite!»

Wir reisten wochenlang durch das ganze Land, von Buenos Aires nach Patagonien, bis hinunter nach Feuerland, ans «Fin del Mundo», wo wir zum ersten Mal auf unserer Reise die warmen Kleider auspackten. Wir hatten aber beschlossen, für den Jahrtausendwechsel zurück nach Buenos Aires zu fahren. Wir meldeten uns dort nicht bei Brüdern oder Schwestern, da Zeugen Jehovas eigentlich nicht Silvester feiern. Wir wollten niemanden zum Straucheln bringen. Doch diese eine Nacht, in der das letzte Jahrtausend zu Ende ging und das neue anbrach – die konnten und wollten wir einfach nicht ignorieren. Wir wollten an Silvester auf den Straßen von Buenos Aires flanieren, Tango tanzende Paare betrachten, uns die Feuerwerke ansehen und Punkt Mitternacht eine Flasche Schaumwein knallen lassen.

Den 31. Dezember 1999 verbrachten wir in einem wunderschönen, grünen Stadtpark, der von allen vier Himmelsrichtungen aus betreten werden konnte. Wir setzten uns auf eine Bank und nahmen uns Zeit für das tägliche Bibellesen. Inzwischen waren wir bei 2. Chronika angelangt. Ich las ein paar Zeilen, dann hob ich den Kopf. Eigentlich wusste ich gar nicht, was das alles mit einem Leben im Jahr 1999, mit meinem Leben im Jahr 1999, zu tun hatte. «Und erst dann im nächsten Jahrtausend?», überlegte ich mir. Das war einfach alles so weit weg, irgendwie abstrus. Doch der Gedanke schien mir blasphemisch, ich wischte ihn wieder weg und freute mich auf das Neue Testament, mit dem ich mich dann besser identifizieren könnte.

In diesem Moment bemerkte ich, dass sich uns langsam vom östlichen Parkeingang her ein Mann näherte. Ich beobachtete ihn aus dem Augenwinkel heraus und sah, dass er einen Cowboyhut trug. Er setzte sich zu uns auf die Bank, und wir taten so, als läsen wir einfach weiter.

Nach einer Weile räusperte sich der Cowboy: «Entschuldigt bitte, darf ich euch etwas fragen? Was lest ihr da? Ist das die Bibel?»

«Ja», antwortete meine Schwester.

«Ein anregendes Buch, ich habe sie auch gelesen.»

Mir war der Mann nicht ganz geheuer. Auf der einen Seite fand ich seinen Hut, die halblangen, grauen Haare, das auffällige Silberamulett an seinem Hals und den großen Ring mit dem Türkisstein cool, aber auf der anderen Seite auch irgendwie unpassend für sein Alter. Ob er Drogen nahm? Junge Frauen zu verführen suchte? Die freie Liebe praktizierte? Oder einer von der Sorte Männer war, die einfach gerne andere vollquatschen mit ihren Ideen und Vorstellungen von der Welt?

«Ich frage mich, weshalb Gott den Teufel erschaffen hat.»

«Der Teufel war zu Anfang ein guter Engel, aber Gott hat den Engeln einen freien Willen geschenkt. Das hat ein Engel eben missbraucht und so wurde er zum Teufel», antwortete ich.

«Ja, natürlich, so erzählt man das, doch wenn wirklich alles seinen Ursprung bei Gott hat, wo hatte der Teufel das Böse her? Gott hat doch alles und jeden mit all seinen Eigenheiten kreiert?»

Mir wurde etwas mulmig zumute, doch der Gedanke interessierte mich. Ja, woher hatte der Teufel das Böse? Kam es aus seinem Unterbewusstsein? Hatte der Teufel von Geburt an einen schlechten Charakter? Doch hatte nicht Gott ihn mit diesem Unterbewusstsein und diesem Charakter erschaffen?

«Wisst ihr, ich kann es mir nur so erklären, dass Gott nicht nur gut ist, sondern auch böse. Das Gute kann man ja nur wahrnehmen, wenn es auch das Böse gibt. Das ist so wie mit der Dunkelheit und dem Licht. Wäre es immer dunkel, dann würde man das Dunkel nicht als solches benennen können, denn man wüsste ja nichts vom Licht. Und ebenso das Licht, wie sollte man es erkennen als das, was es ist, wenn man es nicht mit seinem Gegenteil vergleichen könnte?»

Ja, wie? Ich hatte keine Ahnung und somit auch keine Antwort.

Der Mann schloss plötzlich die Hände vor seiner Brust zusammen. Dann öffnete er sie abrupt und streckte die Arme gegen den Himmel. «Paff! Seht ihr, nur so wird Energie frei, nur wenn sich zwei Pole anziehen und gleichzeitig abstoßen. Die Dualität ist es, die Leben überhaupt möglich macht. Darum lebt alles nur von seinem und wegen seines Gegenteils, Hitze und Kälte, Licht und Dunkel, Mann und Frau. Und Gott ist diese Energie, daraus ist alles entstanden. Er ist Energie und er ist überall, in allem und in jedem. Einen Gott außerhalb der allumfassenden Energie gibt es nicht, weil er diese Energie ist. Darum glaube ich, dass Gott überall ist, in diesem Baum hier, in der Blume dort, in euch, in mir.»

«Und im Apfel», dachte ich und lächelte im stillen Gedenken an Rebekkas Vater.

Das Gespräch ging weiter. Der Cowboy sprach viel von mir Angedachtes aus und zog so meine Zweifel ans Licht. Er warf Fragen in mir auf, die ich mit den mir zur Verfügung stehenden Argumenten nicht zu beantworten vermochte. Er war mir nicht länger suspekt, ich mochte ihn, ich spürte seine Aufrichtigkeit, die mich berührte. Die Art, wie er uns ansah, verriet ein gutes Herz, die Aussagen, die er machte, wirkten auf mich so klar und erfrischend und leicht, dass ich das Gefühl hatte, über der Bank, auf der wir saßen, zu schweben.

Nach etwa einer Stunde und einer kleinen Gesprächspause blickte er plötzlich ernster als zuvor. Er richtete seinen Blick nach vorn, schien in aber ins Leere zu schauen: «Ich will ehrlich zu euch sein. Ich habe euch angesprochen, weil ich die Ausgabe der Bibel, die ihr lest, sehr gut kenne. Es ist die Übersetzung der Zeugen Jehovas. Ich war auch einmal ein Bruder. Aber ich habe dort so viel Heuchelei erfahren, das hat mich fast krank gemacht. Ich wollte glauben, doch meinen aufrichtig offengelegten Zweifeln begegneten die Brüder und Schwestern nur mit Aggression und Ablehnung, hinter denen sich eine große Angst versteckte.» Nun blickte er uns wieder an und fuhr fort: «Ich weiß, dass ihr nun, wo ihr das wisst, nicht mehr mit mir reden dürft.»

Ein Ausgeschlossener! Wir waren schockiert.

Unmittelbar darauf erhob sich der Mann und verabschiedete sich: «Mein Name ist Alfredo. Ich wünsche euch alles, alles Gute für euer Leben.»

Linda stand ebenfalls auf, ich fragte mich, was sie nun machen würde. Sie streckte ihm die Hand entgegen und erwiderte: «Ich bin Linda. Ich wünsche dir auch alles erdenklich Gute.»

Ich erhob mich jetzt auch, reichte ihm die Hand und fügte an: «Es freut mich aufrichtig, dass wir uns getroffen haben. Und danke, dass du nicht von Anfang an gesagt hast, dass du ein Ausgeschlossener bist.»

Ich sehe Alfredo an und weiß, dass uns der Mann mit dem Cowboyhut entweder von Gott, der es gut meint mit uns, oder vom Teufel, der uns in die Irre führen will, geschickt worden ist. Adele, sag du es mir! Gott oder Teufel? Nun bin ich mir nicht mal mehr sicher, ob das tatsächlich zwei verschiedene Wesen sind. Oder überhaupt, ob es sie gibt, die beiden. Sicher bin ich in diesem Moment nur, dass das einer der ganz großen Augenblicke in meinem Leben ist.

Alfredo entfernte sich von uns. Ich sah ihm nach, bis er am westlichen Ende des Parks durch das Tor ging und nach rechts abbog. Nachdem er selbst schon verschwunden war, sah ich noch eine Hundertstelsekunde lang den Schatten seines Cowboyhuts auf der Straße. «Immer wieder Abschied», seufzte ich. Ich hatte vor meiner Reise unterschätzt, dass Reisen eigentlich nichts anderes als ein immer wiederkehrendes, schmerzhaftes Abschiednehmen bedeutet.

Auf dem Nachhauseweg zu unserer Herberge kauften wir in einem Supermercado eine Flasche argentinischen Schaumwein. Wir fragten die Frau an der Rezeption, ob sie uns diese kühlstellen könne. Im Zimmer legten wir uns ein wenig hin. Ich schlief kurz darauf ein.

Als ich am frühen Abend wieder erwachte, lag Linda neben mir. Oh nein, ich kannte dieses schmerzverzerrte Gesicht. «Hast du Migräne?»

«Ja», antwortete sie leise und begann zu weinen, «tut mir leid.»

Ich hatte unendlich Mitleid mit ihr, aber ich nahm es ihr irgendwie auch übel. Ausgerechnet heute Nacht, ausgerechnet in der Nacht der Nächte! «Du kannst nichts dafür, aber es ist schon schade ...», brummelte ich.

«Geh du raus, geh feiern und erzähle mir morgen, was alles geschehen ist!», flüsterte sie.

Das wollte ich nicht, ich konnte mir nicht vorstellen, alleine durch diese Straßen zu ziehen, ich fürchtete mich sogar davor, weil ich die letzten Monate pausenlos mit Linda zusammen gewesen war. Mir wurde bewusst, dass wir uns so aneinander gewöhnt hatten, dass ich mich alleine nur noch halb fühlte.

Diese Symbiose gab mir zu denken und auch, dass diese Krankheit für meine Schwester eine unerträgliche Geißel war, unter der sie litt, seit sie 14 Jahre alt war. Ich dachte an Sofia, die nie im Leben in die Wahrheit kommen würde, an Rebekka, die nun so jung schon verheiratet war. Ich dachte an mich, die ich so alt war und eine Verlobung nicht mal in Aussicht hatte, und an Levi, der mich nicht wollte. Linda schlief ein, und ich begann zu weinen. Ich dachte an meinen Vater, der schon so viele öffentliche Demütigungen ertragen musste, an Juri, der viel zu früh gestorben war, an Rebekkas Vater und an meinen Großvater, die beide nicht mit uns ins neue Jahrtausend eintreten würden. Dann fielen mir die Sklaven ein, die nach Kuba geschleppt worden waren, und die Kubaner, die mit gebundenen Händen lebten und so sehr unter dem Embargo und unter ideologischer Sturheit litten. Und die Argentinier, die mit ihrer ewigen Angst vor Inflation lebten, und all diejenigen erst, die während der Militärdiktatur gefoltert worden und verschwunden waren. Weinend kamen mir auch die Indigenen in den Sinn, die auf diesem Kontinent quasi ausgerottet waren, und die Überlebenden von ihnen, die nun meist in großer Armut und Perspektivlosigkeit am Rande der Gesellschaft lebten. Ich dachte an meine Zweifel, die heute mit Alfredo ein Gesicht erhalten hatten. Und daran, dass sich Gesichter nicht so rasch aus dem Gedächtnis verbannen ließen wie diffuse Gedanken.

Linda schlief noch immer. Ich nahm unser Reisetagebuch hervor und begann, im schummrigen Licht meine Gedanken darin festzuhalten. Ich schrieb und weinte, weinte und schrieb. Dann ging ich hinunter auf die Straße, um mir nur rasch im kleinen Quartierladen ein Brot, etwas Käse, Oliven und eine Tomate zu kaufen. Zurück im dunklen Zimmer setzte ich mich an den mickrig kleinen, wackligen Tisch, der direkt am Fenster stand, durch welches die Straßenlaterne hereinleuchtete. Ich beobachtete das Treiben auf der Straße, die aufgeregten Menschen, die hupenden Autos. Es lag Vorfreude in der Luft. Alle wollten, dass diese Nacht unvergesslich bleiben würde. Elegant oder sexy gekleidete, fröhliche Menschen liefen immer dichter beieinander. Je später die Stunde wurde, desto ausgelassener die Stimmung. Ich dachte an Alfredo und an die Dualität. Je fröhlicher sich die Menschen da draußen tummelten, desto trauriger wurde ich.

Gegen Mitternacht fiel mir einfach nichts Trauriges mehr ein. Ich erhob mich und stieg noch einmal das Treppenhaus hinunter. Dieses Mich-selbst-in-Leid-und-Selbstmitleid-Suhlen war mir plötzlich peinlich. 23:47 zeigte die Uhr an der Rezeption an – Zeit für den Schaumwein! Doch die Dame war um diese Uhrzeit nicht mehr an der Theke. Sie hatte den Kühlschrank dahinter mit einem Schloss verriegelt.

«Auch gut», dachte ich, «Champagner passt sowieso nicht zu meiner Stimmung.»

Draußen auf der Straße vibrierte es. Die Luft, die noch immer warm war nach diesem heißen Hochsommertag, war geschwängert von Erwartungen, Vorsätzen und unerfüllten Träumen, mit denen das nächste Jahrtausend in Empfang genommen würde. Diffus, wie alle meine Gedanken und Gefühle in diesem Moment waren, wusste ich nicht, was ich mir für das kommende Jahr, das in zehn Minuten beginnen würde, vornehmen, wünschen oder erhoffen sollte.

Da hatte ich plötzlich eine Idee: Ich würde zurück ins Zimmer gehen, um Punkt Mitternacht die Bibel an einer x-beliebigen Stelle aufschlagen und meinen Zeigefinger blind auf eine Stelle legen. Egal, was dort stand, es würde eine Verheißung für meine Zukunft im neuen Jahrtausend sein. Rasch rannte ich die Treppe hoch und öffnete leise die Tür, damit Linda nicht aufwachte.

Ich stellte mich erwartungsvoll mit der Bibel ans Fenster und wartete. Dann begannen die Leute draußen zu zählen: «Diez, nueve, ocho, siete, seis, cinco, quatro, tres, dos, uno!» Unter dem großen Jubel, der nun folgte, schloss ich meine Augen, schlug die Bibel auf und blickte auf die Stelle, auf die ich meinen Finger gelegt hatte. Prediger 1:17: «Und dann gab ich mein Herz hin, um Weisheit zu erkennen und Wahnsinn zu erkennen, und ich habe Narrheit kennengelernt, daß auch dies ein Haschen nach Wind ist. Denn in der Fülle von Weisheit gibt es eine Fülle von Verdruß, so daß, wer Erkenntnis mehrt, Schmerz mehrt.»

«Na bravo», dachte ich. Ich prostete mir mit einem imaginären Glas Champagner zu und flüsterte: «Happy New Year!»

Die Weiterreise
Januar bis März 2000

Linda und ich lasen weiterhin täglich in der Bibel, doch die Lektüre begann, mich zu langweilen. Das beunruhigte mich. Zum Glück besuchten uns im Januar Onkel Emanuel und Tante Carla in Argentinien. Zwei Wochen lang reisten wir gemeinsam durch die Wüstenlandschaft im Norden des Landes bis hin zum subtropischen Regenwald und den Wasserfällen des Iguazú. Inmitten dieser unglaublichen Quelle unendlich großer Energie spürten wir die Göttlichkeit, die uns so stark mit der Natur, aber auch miteinander verband. Wir aßen und tranken, diskutierten, lachten und lästerten über Verwandte. Trotz der schönen Stimmung unter uns spürte ich, dass Onkel Emanuel etwas ahnte, denn immer wieder sprach er davon, wie wichtig es sei, unserem Schöpfer für alles dankbar zu sein, und wie sehr er sich darauf freue, dass wir alle gemeinsam in einem Paradies leben würden.

Wenige Tage nachdem Emanuel und Carla wieder nach Hause geflogen waren, bestiegen auch Linda und ich wieder ein Flugzeug. In Neuseeland würden wir Mama treffen und mit ihr zwei Wochen lang die Nord- wie auch die Südinsel bereisen. Wir beschlossen, auch unsere Mutter möglichst mit unseren Glaubenszweifeln zu verschonen. Sie, die uns so viel zutraute, die uns Vertrauen schenkte und in unseren Vorhaben unterstützt hatte – wir durften sie auf keinen Fall enttäuschen. Wie Emanuel und Carla in Argentinien bezahlte auch Mama uns schöne Hotelzimmer, die wir uns alleine nicht hätten leisten wollen und können. Mama war bester Laune; wir lachten oft und sprachen jede Nacht in unseren schönen Hotelzimmern noch bis spät in die Nacht hinein. Ich war glücklich, dass Mama mit uns da war.

Nachdem unsere Mutter wieder abgereist war, lernten Linda und ich an einer Versammlung in Auckland eine fidschianische Schwester kennen. Während des gemeinsamen Predigtdienstes schwärmte Amelia, alle 700 Fidschi-Inseln seien schön, aber Tavewa, die Insel, von der ihre Familie ursprünglich stammte, sei die allerschönste.

Am Flughafen in Suva wandten wir uns an einen der vielen Männer, die dort mit ihren Taxis auf Touristen warteten, und fragten auf Englisch, ob er uns an einen Hafen fahren könne, von dem aus uns ein Schiff nach Tavewa bringen würde. «Da fahren keine Schiffe hin, nur Boote», lachte er und bat uns, in sein Taxi zu steigen. Er fuhr mit uns an eine kleine Bootsanlegestelle am Meer und bat uns zu warten.

Endlich tauchte ein junger Mann mit seinem Motorrad auf: «Ihr wollt nach Tavewa?»

«Ja», antwortete Linda, «wie kommen wir dorthin?»

«Ich fahre morgen früh mit einem Boot los, ich arbeite auf Tavewa. Ihr könnt mitfahren, aber ihr müsst wissen, die Fahrt dauert den ganzen Tag. Wir werden verschiedene Inseln ansteuern und überall gewisse Dinge abladen. Das ist kein Touristenboot, ich werde euch keinen Tee servieren. Wollt ihr mit oder nicht?»

«Ja, wir wollen mit.»

«Dann kommt morgen um sieben Uhr hierher. Bis dann!» Zum Abschied schenkte er uns ein wunderschönes, breites Lächeln, das seine weißen Zähne in seinem braunen Gesicht so herrlich zur Geltung brachte. Er stieg wieder auf sein Motorrad und fuhr davon. Ich blickte ihm nach und merkte plötzlich, dass Linda mich ansah.

«Oh je, jetzt fängt das wieder an. Du schreist heute Nacht nicht ‹Ich will einen Fidschianer!› durch die Gegend, versprochen?»

«Versprochen», seufzte ich, «aber der ist irre schön, nicht?»

«Ja, das ist er. Und er hat gemerkt, dass er dir gefällt.»

«Ich bin übrigens Tevita», begrüßte er uns am nächsten Morgen. Wir stiegen mit unseren Rucksäcken in das Boot. Die Sonne war eben aufgegangen, und das ruhige Meer wechselte seine Farbe langsam von Silber zu Blau. Der Tag war wie ein Traum, all die Schönheit machte uns ganz trunken. Wir fuhren an vielen, vielen Inseln vorbei, eine schöner als die andere. Das tiefblaue Meer färbte sich in Küstennähe jeweils türkis und an den weißen Stränden war es so klar wie in einem Wasserglas. Die Inseln waren übersät mit hohen Palmen, mit Büschen, an denen Blüten in allen Farben und Größen wuchsen, und Schmetterlingen, die ich noch nie auch nur in Büchern oder Filmen gesehen hatte. Sie leuchteten wie Juwelen aus dem blauen Meer empor. Überall sprangen uns Erwachsene und Kinder entgegen, die sich auf die bestellten Waren freuten. Wie schön diese Menschen waren, mit ihrer braunen Haut und den weißen Zähnen.

Immer wieder lächelte uns Tevita an, und ich lächelte zurück. Linda konzentrierte sich lieber auf das Meer und die Inseln. «Schau mal, da unten, all die farbigen Korallen und Fische!», rief sie entzückt. Ich sah auf das Meer, und tatsächlich: Die Korallen und Fische waren glasklar zu sehen. «Ich kann es nicht glauben, die Welt da unten ist ja noch farbiger und leuchtender als die über der Wasseroberfläche! Die Fische sind ja sogar neonfarben!»

Gegen Abend, als die Sonne langsam im Meer versank, zeigte Tevita auf eine Insel in der Ferne und sagte: «Da vorne liegt Tavewa. In etwa 20 Minuten könnt ihr aus dem Boot steigen.» Wir fuhren um Tavewa herum. Mir kamen fast die Tränen, so schön glitzerte die Insel im Abendlicht.

Noch vor dem Abendessen, das uns in der Haupthütte inmitten von etwa sieben oder acht winzigen Bungalows, die sie «Bures» nannten, serviert wurde, bezogen wir unser Bure, das nur gerade aus zwei Liegen und zwei darüber hängenden Moskitonetzen bestand. Danach suchten wir die Toiletten neben der Haupthütte auf, wuschen unsere Hände und trafen beim Essen auf etwa zehn oder 15 europäische Touristen, die auf Island-Hopping-Tour waren. «Von welcher Insel seid ihr gekommen?», fragten sie uns sofort. «Und welche wird eure nächste sein?» Linda und ich sahen uns an, und sie entgegnete: «Wir bleiben vorerst mal hier.» «Nach zwei Tagen wird euch hier langweilig sein, das garantiere ich euch, hier ist nichts, aber auch gar nichts los», antwortete uns ein Schotte, und die Briten und Deutschen nickten. «Maybe», sagte ich und sah Richtung Tevita, «and maybe not.»

Und so verbrachten wir unsere ersten Tage auf Tavewa. Unser neuer Alltag bestand aus Am-Strand-Liegen, Spaziergängen und dem täglichen Bibellesen. Endlich hatten wir das Neue Testament erreicht. Ein Gedanke war eigenartig: Ich befand mich zum ersten Mal in meinem Leben an einem Ort, an dem es keine Versammlung gab und an dem ich garantiert nicht in den Predigtdienst gehen würde.

Tevita arbeitete hier in der Küche. Dreimal am Tag sah ich ihn, beim Frühstück, am Mittag und beim Abendessen. Das Essen war nicht wirklich gut, aber das kümmerte uns wenig. Wir fühlten uns wie im Paradies, und wenn es so sein sollte, dass uns nur das schlechte Essen daran erinnerte, dass es eben nicht das Paradies war, dann war mir das auch recht.

Eines Nachts, als Linda und ich nach dem Essen noch etwas am Strand entlangliefen, um den aufgehenden Mond zu betrachten, sagte ich ihr: «Linda, Küssen ist keine Sünde. Ich möchte einfach so gerne endlich einmal küssen. Stell dir vor, ich bin fast 23 Jahre alt und ungeküsst. Ist das nicht furchtbar? Hast du die vollen Lippen von Tevita gesehen? Die möchte ich auf meinen spüren.» Linda sah mich etwas skeptisch an, meinte aber: «Nein, Küssen ist nicht verboten. Tu, was du nicht lassen kannst.»

Am kommenden Morgen strahlte ich Tevita noch etwas länger und freudiger als sonst an. Er kam aus der Küche, stellte sich neben unseren Tisch und fragte: «Wollen wir heute Abend gemeinsam betrachten, wie der Mond über dem Meer aufgeht?»

«Ja, das wäre schön», brachte ich heraus.

«Dann treffen wir uns nach dem Abendessen vorne am Steg?»

Ich lächelte ihn schüchtern an und antwortete: «Ich werde dort sein.»

Ich war den ganzen Tag lang aufgeregt und konnte mich auf keine einzige Zeile in der Bibel konzentrieren. Linda war ebenfalls aufgeregt, sagte mir aber: «Gell, du passt auf. Ich verstehe, dass du nur küssen willst, aber ob er das ebenfalls so sieht, bezweifle ich. Sei einfach auf der Hut, zieh die Grenze dann, wenn du es willst. Genieße es, aber tu nur, was du darfst und willst!»

Nach dem Abendessen ging Linda ins Bure, ich ging an den Steg. Ich sah bereits von Weitem Tevitas Silhouette. Mein Herz pochte. Ich betete zu Gott, dass er mir beistehen möge. Tevita breitete seine schönen, starken, braunen Arme aus, umarmte mich zur Begrüßung und gab mir einen kurzen und sanften Kuss auf die Wange. «Komm, wir laufen etwas am

Strand entlang. Vorne an der Ecke, dort, wo die schräg gewachsene Palme steht, liegt ein kleines Fischerboot. Dort können wir uns hinsetzen und warten, bis der Mond aufgeht.»

Wir schlenderten nebeneinanderher, und Tevita suchte meine Hand. Die wollte ich ihm aber noch nicht geben, und so schritten wir still durch den noch immer warmen Sand. Ich sah das sanft schaukelnde Boot und freute mich. Nicht lange, und ich würde endlich nicht mehr ungeküsst sein. Als wir beim Boot ankamen, stieg Tevita ein und hielt mir seine Hand entgegen. Er half mir einzusteigen und wir setzten uns nebeneinander auf den einzigen kleinen Balken im Boot, der uns als Bank diente. Langsam hob er seinen Arm und legte ihn um meine Schulter. Als die schmale Mondsichel plötzlich am Horizont weiß und leuchtend auftauchte, fragte er mich endlich: «Darf ich dich küssen?»

Ich wandte mich ihm zu und hauchte: «Ja!»

Er drückte seine vollen Lippen gegen meine und begann, mit seiner spitzen Zunge in meinem Mund herumzufuhrwerken. Ich war enttäuscht. Fühlte sich so Küssen an? Plötzlich hörte ich hinter uns ein Kichern und Rascheln. Ich zog meinen Kopf von seinem weg und blickte zurück an den Strand. In den Büschen dahinter entdeckte ich zig junge Leute, die sich dort versteckt hatten und uns beobachteten. Sofort sprang ich auf und schrie Tevita an: «Ist das etwa eine Vorstellung für das Inseldorf? Hast du das so inszeniert? Sag mal, spinnst du?» Ich sprang vom Boot direkt ins Meer, watete an den Strand und rief in Richtung der Büsche: «Die Show ist vorbei, Filmriss! Ihr müsst warten, bis Tevita eine dümmere Touristin verarscht!» Tevita rief mir nach und flehte mich an zu bleiben. «Vergiss es, du Idiot. Such dir eine andere Hauptdarstellerin für deinen Softporno hier!»

Ich stapfte zurück zu Linda ins Bure. Sie las dort mit einer Taschenlampe in der Bibel und starrte mich überrascht an, als ich die Tür aufstieß. Als ich ihr von Tevitas missglücktem Dorftheater erzählte, schaute sie zuerst entsetzt, konnte sich aber kurz darauf das Lachen nicht verkneifen. Ich stimmte in ihr Lachen ein und fand: «Wer einen Prinzen will, muss wohl zuerst ein paar Frösche küssen!»

Am nächsten Morgen kam Joni, der uns gewöhnlich den Frühstückstee einschenkte, zu uns und sagte: «Ihr seid nun schon über zwei Wochen hier auf Tavewa, das ist ungewöhnlich. Die meisten Touristen machen Island-Hopping auf Fidschi. Wir haben dem Ratu, unserem Häuptling, von euch erzählt und er sagte mir, er wolle euch kennenlernen. Er lädt euch heute Abend zu Kava-Kava ein.» Ich mochte Joni sehr, er war so vertrauenswürdig und liebenswert. Linda und ich fühlten uns geschmeichelt, waren aber auch etwas irritiert. «Macht euch keine Sorgen, der Ratu ist ein ehrenwerter Mann. Er ist nicht wie Tevita.» Mist, Joni wusste also auch schon Bescheid.

Nach dem Abendessen holte uns Joni ab. Wir liefen etwa 15 Minuten einen engen Pfand entlang, der durch dicht bewachsenes Land führte. Dann erreichten wir ein Dorf, das aus wenigen Hütten bestand. Die Hütte in der Mitte war etwas größer als die anderen, und wir hörten, dass darin einige Menschen fröhlich miteinander plauderten und herzlich lachten. Joni hob das Tuch, das am Eingang hing. Wir traten ein und sahen etwa zehn oder 15 Frauen und Männer, die rund um das Feuer saßen, welches in der Mitte der Hütte brannte. Uns war sofort klar, wer der Häuptling war, da nur einer auf einem Stuhl saß. Bei dem Stuhl handelte es sich um einen Plastik-Gartenstuhl, dem sie kurzerhand die Stuhlbeine abgeschnitten hatten. Linda und ich sahen das im selben Moment, schauten uns kurz in die Augen und kicherten.

«Seid willkommen, liebe Freunde, setzt euch dorthin, wo es noch Platz hat!»

Joni, Linda und ich setzten uns jeweils in eine der Lücken, die rund um das Feuer noch frei waren. Wir staunten und freuten uns, dass auch hier alle Englisch sprachen. Der Häuptling nahm eine halbe Kokosschale, goss aus einem Krug eine schlammfarbene Flüssigkeit hinein, nahm einen Schluck daraus, lehnte sich genüsslich zurück in den Sessel und reichte die Schale seiner linken Sitznachbarin weiter. Linda sah zu mir und fragte leise: «Meinst du, das sind Drogen?» «Keine Ahnung», entgegnete ich, «aber das ist ja auf Fidschi nicht verboten, das ist bestimmt so etwas wie Alkohol.»

Als die Schale bei mir angekommen war, roch ich zuerst an deren Inhalt. Ich roch nichts und nahm einen kleinen Schluck daraus. «Und?», fragte mich Linda. «Ich spüre nichts. Aber es schmeckt irgendwie – keine Ahnung. Ich kann nicht sagen, ob es sauer, bitter oder scharf schmeckt. Aber ganz sicher schmeckt es nicht gut.» Linda lachte, und der Häuptling wandte sich an sie: «Sie mag es nicht, oder? Das hat sie dir in eurer Sprache gesagt. Aber mach dir keine Sorgen, schon morgen oder übermorgen werdet ihr Kava-Kava lieben.» Er und all die Leute rund ums Feuer lachten und begannen, ein fidschianisches Lied zu singen. Joni begleitete uns lange nach Mitternacht wieder zu unserem Bure. Wir sanken glücklich, dankbar und sehr, sehr entspannt auf unsere Liegen.

Von da an gingen wir jeden Abend ins Dorf. Sie baten uns, ihnen ein Lied aus unserer Heimat beizubringen. Linda und ich einigten uns sofort auf «Ds Vreneli ab em Guggisbärg». Ich begann täglich mehr, Jonis Art zu schätzen. Er war kein

Strahlemann wie Tevita, aber er war ruhig, sicher und vertrauenswürdig, dazu mindestens zehn Jahre älter als ich. Seine Haut war noch schwärzer als die von Tevita, und er war schmächtiger, aber größer. Jeden Abend pochte mein Herz etwas lauter, wenn wir sein Klopfen an der Tür erwarteten. Nach einem Monat, an unserem allerletzten Abend auf Tavewa, sagte ich zu meiner Schwester: «Linda, ich denke, Küssen kann schöner sein als das, was ich bis anhin erlebt habe. Ich werde heute Nacht nicht mit dir ins Bure kommen. Ich werde Joni bitten, noch etwas am Strand mit mir spazieren zu gehen. Ich werde Tavewa nicht verlassen, ohne anständig geküsst worden zu sein.» «Klar, mach nur. Ich werde mich hinter einem Busch verstecken und euch dabei zusehen», schmunzelte sie und streckte mir die Zunge heraus.

Unser letzter Abend in der Häuptlingshütte war schön wie immer, aber auch traurig. Schmunzeln mussten Linda und ich trotzdem, wenn sie wieder alle in den berndeutschen Refrain des Guggisberger Lieds einstimmten. Gegen Schluss des Abends schauten die Männer ernst, einige Frauen – Linda und ich inklusive – weinten. Diese Abende würden nie mehr wiederkommen, das wussten wir, aber auch sie. Ally, die jeden Abend hier mit uns ums Feuer saß, fixierte meine Schwester. Der Häuptling erklärte: «Ally kann Menschen lesen, ich warne euch. Sag mal Ally, was denkst du über unsere liebe Freundin Linda?»

«Ich spüre die Last der Erstgeborenen auf dir, aber auch eine große Stärke, die dich das tragen lässt.» Dann wandte sich Ally an mich und sagte: «You make things happen.»

Reisen heißt immer wieder Abschied nehmen, das spürte ich in dieser Hütte wieder ganz deutlich. Nachdem wir alle umarmt hatten, begleitete uns Joni wie gewohnt zu unserem Bure. Linda stieß dessen Tür auf und sagte zu Joni: «Gute

Nacht, bis morgen früh. Und danke für alles.» Joni drückte ihr die Hand und streckte sie daraufhin mir entgegen. «Joni, wollen wir noch etwas am Strand spazieren gehen? Der Vollmond scheint heute so hell», fragte ich ihn. «Zudem bin zu traurig und zu aufgeregt zum Schlafen. Ich denke, ein paar Schritte am Strand würden mich etwas beruhigen.»

Joni strahlte und antwortete: «Sehr gern, lass uns am Strand entlang spazieren.»

Wir liefen ein paar Schritte, dann suchte seine Hand die meine. Ich gab sie ihm und fühlte mich wie im Himmel. Nach ein paar Minuten, in denen wir still, Hand in Hand nebeneinanderher gelaufen waren, hielt Joni plötzlich inne, stellte sich vor mich hin und fragte: «Darf ich dich küssen?» Ohne zu antworten, sank ich in seine Lippen. Er küsste so sinnlich und leidenschaftlich, dass ich Ort und Zeit vergaß. Erst, als eine warme Welle unsere Füße umspülte, erinnerte ich mich wieder, wo ich war. Ich beschloss, dies als meinen ersten Kuss im Leben zu betrachten.

Joni begleitete mich daraufhin wieder zurück zum Bure. Vor dem Einschlafen stellte ich mir vor, wie wir uns hätten lieben können, dort am Strand. Das waren wunderschöne Gedanken, aber ich war stolz, dass es nicht dazu gekommen war. Ich dankte Jehova in meinem Abendgebet für Joni und Joni dankte ich in meinen Gedanken für den Kuss. Das konnte keine Sünde gewesen sein, da war ich mir ganz sicher. Gott selbst hatte Männer und Frauen mit Lippen, Zungen und Lust ausgestattet und nirgends in der Bibel stand, wir dürften uns nicht küssen vor der Ehe. Ich schlief glücklich und erfüllt ein.

Am nächsten Morgen saßen wir mit unseren Rucksäcken im Boot. Als wir losfuhren, blickte ich noch einmal zurück auf den Steg. Dort stand nun Joni. Wir riefen uns nicht zu, wir winkten nicht einmal. Wir schauten uns lediglich so lange wie möglich in die Augen.

Die Entscheidung
April 2000

Wir saßen im Flugzeug von Suva nach Sydney. Linda war mit der Bibel im Schoß eingeschlafen. Auch vor mir lag die Bibel, wir waren weit vorgerückt mit Lesen und hatten eben das Johannes-Evangelium abgeschlossen. Ich blickte aus dem Fenster, sah nur Himmel und Meer. Mir schien, ich könnte in diesem Moment jeden erdenklichen Blauton dieser Welt wahrnehmen.

Ich dachte an meine Urgroßmutter. Alle in meiner Familie, die Adele gekannt hatten, waren stolz auf sie. Sie bezogen sich auf sie, prahlten mit allen möglichen Eigenschaften, die sie scheinbar von ihr geerbt hätten, und fühlten sich als Teil von etwas Großem, das sie initiiert hatte. Adeles Präsenz war groß und mächtig, alle sprachen voller Ehrfurcht, aber auch mit viel Liebe und Humor von ihr. Wie würde mein Leben aussehen, wenn sie sich damals nicht dazu entschlossen hätte, sich unserer Glaubensgemeinschaft anzuschließen? Was genau war damals geschehen? Ich schloss die Augen und stellte sie mir vor.

Deine Welt war die Welt der 1920er-Jahre, eine Epoche voller Verdrängung der Vergangenheit und voller Hoffnung auf die Zukunft. Eines Tages erfuhrst du von einem Vortrag, den ein Mann aus Amerika in Gstaad halten wollte. Deine Neugier war groß, du gingst hin. In deinem langen Rock und mit geflochtenen Haaren saßest du im Publikum.

Der Mann sprach über den weiten Himmel, darüber hinaus über das Weltall, über die Begrenztheit unserer Existenz im Gegensatz zur Größe und zum Alter des Universums. Du versuchtest, dir die Unendlichkeit und die Ewigkeit vor Augen zu führen, und stelltest dir den weiten Himmel vor, die Abertausende von Sternen. Dein Geist schwebte in die Ferne, du spürtest die Nichtigkeit deiner Existenz, das mickrig Kleine, das Unbedeutende in diesem großen Ganzen, das du dein Leben, deine Persönlichkeit nanntest.

Dann sprach der Mann von Gott, der dies alles erschaffen hatte, dem wahren Gott, der die Menschen liebte und noch ganz, ganz Großes vorhatte mit der Menschheit. Nein, nicht der kleine, alte Gott, von dem du in der großen Kirche gehört hattest. Er sprach von Jehova, dem einzig wahren Gott: groß, mächtig, geistreich, liebevoll.

Du warst elektrisiert, inspiriert, erregt. Nie hattest du auch nur annähernd etwas dieser Art gefühlt auf den harten, kargen Bänken in dieser seelenlosen Kirche. Du spürtest eine Klarheit im Geiste und zugleich eine Leidenschaft in der Brust, die alles sprengte, was du jemals gedacht und gefühlt hattest. Und du wusstest im selben Moment, dass nichts mehr je sein würde wie zuvor. Du wolltest Teil dieses Großen werden, von dem du heute Abend einen Hauch erhascht hattest. Du rochst den Duft der Welt.

Der Mann überzeugte dich durch sein Wissen, seine Erfahrung, seinen Mut und seine Furchtlosigkeit, in diesem kleinen Dorf, diesem konservativen Land einen solch revolutionären Vortrag zu halten. Das wolltest auch du von nun an tun. Denen zeigen, wie verlogen, engstirnig und rückständig sie waren. Du wurdest eine eifrige Bibelforscherin, eine unerbittliche Missionarin. Oh, wie hast du es geliebt, diese Spießer und Scheinheiligen zu provozieren und ihnen den frischen Wind aus Amerika um ihre verstaubten Bauernohren zu pusten!

Ich öffnete die Augen wieder. Es ist möglich, dachte ich plötzlich. Schwirig, sicher, aber möglich. Man kann große Entscheidungen treffen. Man kann die Wahrheit verlassen.

Aufhören damit. Tschüss zusammen. Es ist möglich! Das erste Mal in meinem Leben ließ ich das bis anhin Undenkbare zu. Der Gedanke wog schwer in mir, wie das Flugzeug, in dem ich saß, und glitt dennoch zusammen mit diesem ganz leicht durch das große, weite Blau.

Am nächsten Morgen kam das Erdbeben. Ich erwachte erschrocken im unteren Kajütenbett unseres Pensionszimmers. Linda schlief oben. Dieses Erwachen war ein anderes als jemals zuvor in meinem Leben. Von einem Moment auf den anderen fiel mein Glaube wie ein Kartenhaus in sich zusammen. Mein Kopf fühlte sich leer an, wie dem Erdboden gleichgemacht – und dennoch klar wie das Morgenlicht.

Ich war elektrisiert, inspiriert, erregt. Nie hatte ich auch nur annähernd etwas dieser Art gefühlt auf den gepolsterten Stühlen dieser seelenlosen Versammlung. Ich spürte eine Klarheit im Geiste und zugleich eine Leidenschaft in der Brust, die alles sprengte, was ich jemals gedacht und gefühlt hatte. Und ich wusste im selben Moment, dass nichts mehr je sein würde wie zuvor. Ich wollte Teil dieses Großen werden, von dem ich einen Hauch nach dem anderen erhascht hatte. Ich roch ihn deutlich, den Duft der Welt.

Ich fühlte mich so, wie ich mir Adele vorgestellt hatte – nur in die andere Richtung!

Linda dehnte und streckte sich. Als sie gähnte, versicherte ich mich, dass sie aufnahmebereit war. Langsam und deutlich begann ich zu sprechen: «Linda, ich werde die Wahrheit verlassen. Ich kann da nicht mehr zurück.»

Nach einer langen Atempause erwiderte sie: «Ich muss mal aufs Klo.» Sie stieg die Leiter des Betts hinunter, lief, ohne mich anzusehen, zur Tür, die auf den Flur mit der Gemeinschaftstoilette führte, öffnete diese und verschwand.

Eine gefühlte Ewigkeit später öffnete sie unsere Zimmertür wieder, schlurfte zur Leiter und stieg – wieder ohne mich anzusehen – hinauf in ihr Bett. Ich hörte, wie sie sich hinlegte und die Bettdecke über sich zog. Dann kam ihre Stimme von oben: «Ich habe dich gehört. Ich kenne dich: Du sagst so etwas nicht einfach. ‹You make things happen.› Du bist meine Schwester, und ich werde mir niemals den Kontakt zu dir verbieten lassen. Aber eines musst du wissen: Ich meinerseits kann das unseren Eltern nicht antun. Ich werde in der Wahrheit bleiben, das ertragen sie sonst nicht. Du steigst aus, ich bleibe.»

Von diesem Tag an war mein Kopf klar: Es war zu Ende. Ich konnte und wollte nicht in diese enge Welt der vorgegebenen Antworten zurück, ich wollte Fragen stellen und diese aushalten können. Mein Herz hingegen war verschnürt, es litt an meinem Kopf, es wollte zurück, nicht die Eltern verlieren, nicht unsere Tanten und Onkel, nicht die Cousins und Cousinen, nicht die Brüder und Schwestern, nicht lieb gewonnene Freunde und Freundinnen überall auf der Welt. Das Erdbeben in meinem Innern zog zig Nachbeben nach sich, machte mich zugleich überschäumend glücklich und bodenlos traurig. Wie sollte man so etwas aushalten?

Nach einem Monat in Australien, wo wir die schöne Ostküste bereist und endlich die Bibel zu Ende gelesen hatten, und nach drei Tagen Aufenthalt in Hongkong saßen wir im Flugzeug nach Hause. Linda hatte Migräne und stöhnte immer wieder leise im Schlaf. Ich war aufgewühlt und konnte nur hin und wieder ein paar Minuten dösen. Was war das für eine irre Idee gewesen, um die Welt zu fliegen und die Freiheit zu suchen. Ich hatte diese Reise aus zwei Gründen angetreten: um meinen Glauben zu stärken und um meinen riesigen Freiheitsdrang zu stillen. An beidem war ich gescheitert. Oder etwa nicht, waren die beiden – Glaube und Freiheit – erst dort in der Fremde aufeinandergetroffen? Der Gedanke schlug ein wie ein Blitz: Ich hatte die Freiheit draußen gesucht, aber drinnen benötigt. Und ich hatte sie tatsächlich gefunden – nur hatte ich mir diese um einiges komfortabler vorgestellt.

Die Enttäuschung
Juni 2000

Mama und Papa – und Emily erst – freuten sich riesig über unsere Heimkehr. Es war schön, sie wiederzusehen. Wie sehr ich diesen Duft nach Wallis und nach Heimat genoss! Doch ich fühlte mich miserabel, wie eine Verräterin, und ich wusste, dass ein Wort von meinem neuen Denken alles für immer verändern würde. Alle würden sie enttäuscht sein und traurig. Nicht nur meine Eltern, auch Julia, Zipora, Rebekka, Onkel Emanuel und ihre Familien, alle meine Freundinnen und Freunde im Aargau, auch Levi.

Etwa zehn Tage nach unserer Rückkehr saßen Mama, Papa, Linda und ich – Emily war bereits zu Bett gegangen – wie gewohnt nach der Versammlung gemeinsam auf dem Sofa und tranken ein Glas Wein. Linda schaute mich ernst, düster und eindringlich an. Sie hatte recht: Der Zeitpunkt war gekommen. «Es fällt mir sehr schwer, aber ich muss euch etwas sagen, das euch sehr viel Kummer bereiten wird. Es wird unser Familienleben und auch die Verwandtschaftsbeziehungen grundlegend verändern.»

Mama und Papa erschraken und schauten mich mit großen Augen an.

«Es ist ja so, dass ich auf der Reise ja die gesamte Bibel gelesen habe. Ich tat dies, da ich Zweifel am Glauben hatte und so wieder Festigkeit erlangen wollte. Aber das Gegenteil davon ist passiert: Je mehr ich darin las, desto weniger spürte ich einen Bezug zu diesem Buch. Mir kam es plötzlich abstrus vor, dieses Buch, aber auch unsere Gemeinschaft. Es ist doch einfach irrwitzig zu behaupten, man habe die einzige Wahrheit auf dieser Welt. Man wisse genau, wie die Welt entstanden sei, wie wir Menschen unser Leben zu leben hätten und was genau nach dem Tod geschehen werde. Wenn man sich diese Vielfalt von Menschen und Kulturen und Zeitepochen vorstellt, dann grenzt es doch schon fast an Wahnsinn, zu behaupten, nur wir, wir genau, hier und jetzt, wüssten alles, während alle anderen, die wo auch immer auf dieser Welt leben oder je gelebt haben, falschlägen. Ich kann das einfach nicht mehr glauben, ich kann mich nicht mehr damit identifizieren. Kurz und gut: Ich will und kann nicht mehr in der Wahrheit sein und werde die Gemeinschaft der Zeugen Jehovas verlassen.»

Meinen Aussagen folgte eine lange, schier unerträgliche Stille. Ich fuhr fort: «Ihr müsst den ‹Fehler› nicht bei euch suchen, ihr wart nicht zu liberal, zu tolerant mit uns. Das ist es, was sie euch sagen werden: ‹Kein Wunder, wenn man die Kinder eine höhere Schule besuchen, sie ohne jegliche Kontrolle um die Welt ziehen lässt. Und dieser Vater, der ist ja kein Ältester mehr, und auch die Mutter war nie wirklich eine vorbildliche Ehefrau. Eigentlich habt ihr Eltern Schuld, ihr habt eure Tochter in die Arme des Teufels getrieben.› So werden sie denken, das werden sie euch zu verstehen geben. Aber das müsst ihr euch niemals einreden lassen. Ich bin dankbar für alles, was ihr mir ermöglicht habt. Ihr habt alles richtig gemacht. Ihr ließet mich meinen Weg suchen, und ich bitte euch, ihn nun auch gehen zu dürfen, ohne dass ihr mich verstoßt. Ich weiß nicht, was da auf mich zukommt, ich weiß nur, dass es für mich kein Zurück gibt. Ich habe in meinem Inneren die Tür hinter mir schon geschlossen. Nun stehe ich im Dunkeln, aber ich versichere euch, ich spüre ein Licht in mir.»

Papas Gesicht lief rot an, Mama begann zu weinen. «Das ist also dein Dank, he? Und diese gesülzte Rede soll alles einfach wiedergutmachen? Weißt du eigentlich, was du uns da antust? Soll ich gerührt sein, wie in einer amerikanischen Seifenoper, und dir applaudieren, oder was? Du gefällst dir sehr in dieser Rolle der Weisen, der Philosophin, der Weltbürgerin, gell? So viel Undankbarkeit, was meinst du eigentlich, wer du bist? Das Kollegium hätte ich dir verbieten sollen und auch diese Reise. Ich habe dir vertraut, verstehst du das? Ich habe gedacht: Die kann das, die ist stark genug. Aber nein, nichts von alledem, kaum schnuppert sie etwas weltliche Luft, ist sie schon verführt. Du hättest besser früh heiraten sollen, dann hättest du keine Zeit für all die Flausen gehabt, und du hättest deinen Platz nicht hinterfragt!»

«Papa, ich will endlich jung sein, richtig jung!»

«Was soll das denn jetzt heißen? Du bist doch jung? Was soll das sein, ‹richtig jung›? Haben wir dir je etwas vorenthalten? Durftest du nicht die Matura machen? Reisen gehen? Alleine leben, dort in Bern?»

«Doch, natürlich durfte ich das und ich danke euch dafür. Aber ich will mehr! Jung sein muss doch auch heißen, offen zu sein, Fragen zu stellen, sich alles erträumen zu können, in sein Leben hineinleben zu dürfen, ohne dass alles bereits vorgedacht ist. Mein Leben soll sich wirklich nach meinem Leben anfühlen, nicht nach einer Kopie von vielen anderen! Ich will nicht mehr das Gefühl haben, im falschen Film zu sein. Ihr sagt, ich sei in der Wahrheit geboren, aber in Wahrheit bin ich im falschen Film geboren.»

Den Rest sagte ich nicht, ich dachte leise weiter, nämlich, dass ich ins kalte Wasser springen, mich frisch und lebendig fühlen wollte. Das Leben entdecken, mich seinen Launen hingeben. Mit einem Mann schlafen, wenn der Moment es zuließe, nicht erst in dieser einen Nacht, in der es alle wussten und mitfieberten, diese Nacht, in der das bisherige Verbot ganz plötzlich zur lebenslangen Pflicht mutierte. Ich wollte lieben, ohne Zensur im Herzen, und denken, ohne Schere im

Kopf. Lesen, Filme sehen, Gedanken zulassen, die außerhalb der gewohnten Bahnen auftauchten. Auf Menschen zugehen, ihnen zuhören, ohne mir immer ständig dabei zu überlegen, wie um Himmels willen ich sie in meine Wahrheit bringen könnte.

«Ach so, ein Leben wie im Film will die junge Dame haben.» Ich sah Papa an, dass er noch etwas Fieses anhängen wollte, aber Mama packte ihn am Arm. Er verstummte.

Nach einem kurzen, aber heftigen Weinkrampf sagte Mama stockend: «Ganz ehrlich: Ich denke, ich kann akzeptieren, dass du nicht mehr der Gemeinschaft angehören willst, denn ich war ja auch nie mit allem einverstanden. Aber es bricht mir trotzdem das Herz. Dieses Haus wird offen für dich bleiben. Aber eine Bitte – oder sagen wir Hoffnung – habe ich: Verachte nicht Gott und auch nicht die Bibel. Du darfst nicht Atheistin sein und auch nicht Gottes Wort missachten. Für mich zählt nicht die Gemeinschaft, für mich zählen Jehova, sein Sohn Jesus und die Heilige Schrift. Wende dein Herz nicht davon ab!»

Ich sah rasch zu Linda, die mir kurz zunickte. «Ich denke darüber nach, Mama. Weißt du, das alles wühlt mich selbst auch sehr auf, ich muss alles sich etwas setzen lassen.»

Das schien sie etwas zu beruhigen.

«Und du?», wandte sich Papa noch immer zornig an Linda, «hast du auch so ein wundersames Licht in dir und willst ‹richtig jung› sein?»

«Ich kann die Entwicklung meiner Schwester nachvollziehen, aber ich versichere euch, ich verlasse die Gemeinschaft nicht. Ich halte zu euch, aber ich werde mir nie und von niemandem verbieten lassen, Kontakt zu meiner Schwester zu haben.»

«Du bist zum Glück vernünftig», sagte Papa zu ihr und wandte sich gleich wieder an mich: «Der Mittelstürmer muss mal wieder rebellieren, aber du kommst dann schon wieder gekrochen, wenn du im Drogensumpf unterzugehen drohst oder wenn dich ein Mann nach dem anderen benutzt und fallen lässt, du schwanger wirst und alleinerziehend zurückbleibst.»

Ich beherrschte mich und reagierte nicht, da ich wusste, wie schwer verdaulich die Kost war, die ich ihnen serviert hatte.

«Elitär bist du geworden. Du schießt über das Ziel hinaus, Mittelstürmer», fügte meine Mutter an.

Ich entgegnete: «Das ist nicht mehr mein Spiel, Mama, es sind nicht mehr meine Spielregeln.»

Bis ich wieder eine Arbeit finden würde, wohnte ich bei meinen Eltern. Trotz meiner Hiobsbotschaft änderte sich in den Wochen nach unserer Rückkehr wenig an unserem konkreten Familienalltag. Linda ging für ein paar Wochen nach Gstaad zu unserer Großmutter, die inzwischen recht alt geworden war und Unterstützung brauchen konnte. Sie überlegte sich, ob sie sich wieder im Saanenland niederlassen wollte.

Für mich war der Fall klar: Ich wollte zurück nach Bern, dort wieder eine Arbeit und eine Wohnung suchen. Mein Leben in Bern sollte bereits das neue Leben sein: den Feierabend nicht in der Versammlung, sondern im Kino, im Freibad, im Theater, in einer Bar oder auf einer Gartenterrasse verbringen. Bis dahin übernachtete ich wieder in meinem Mädchenzimmer, welches noch immer so aussah wie zu meiner Kollegiums-Zeit. Eigentlich hatten meine Eltern daraus längst ein neutrales Gästezimmer machen wollen, aber ich war froh, dass sie dieses Vorhaben noch nicht umgesetzt hatten.

Mich betrübte, wie traurig meine Eltern waren. Papa war noch nervöser als sonst, auch aggressiver, aber er bemühte sich, seinen Zorn und seine Trauer in Zaum zu halten. Wir versuchten, nur über Alltägliches zu sprechen. Wir taten das vor allem, um Emily zu schützen. Es war klar, dass ich ihr meine Zweifel nicht anvertrauen durfte, jung, wie sie war. Emily mit ihren zwölf Jahren war in einem labilen Alter, einem sehr wegweisenden, in dem keine großen Brüche geschehen sollten. So besuchte ich weiterhin zusammen mit meiner Familie die Versammlungen. Natürlich schürte ich dadurch ihre Hoffnung auf meine Besinnung. Aber ich spürte deutlich, dass ich ihnen, aber auch mir selbst zuliebe keine abrupte Entscheidung fällen konnte. Ich konnte mich nicht auf einen Schlag von allem und allen verabschieden, denn wie sehr ich ihren Glauben auch verwarf, ich liebte meine Glaubensbrüder und -schwestern noch immer. Nun ja, die meisten zumindest. Marlies etwa, die mich wegen der Blauring-Kuchen-Geschichte verpfiffen hatte, hätte ich gleich heute von Herzen Lebewohl sagen können, aber wie sehr hatte ich mich gefreut, in der Versammlung Bernhard, Michael oder Verena, meine Lieblingsschwester, wiederzusehen!

Während der Versammlungen fühlte ich mich plötzlich wieder in meine Kindheit zurückversetzt. Ich konnte nichts mit dem Gesagten anfangen, versuchte, mich in all den vielen Stunden abzulenken, und hoffte jeweils, dass die Zeit rasch verging. Mir fiel wieder ein, wie ich hier stundenlang Teppichflecken studiert, das Bonbon ersehnt, mich inständig nach dem «Amen» gesehnt hatte. Ich hatte plötzlich Mitleid mit dem Kind in mir. Wie wenig kindgerecht das hier alles war. Was für eine Tortur! Zudem entsetzte mich die Inhaltlosigkeit des Dargebotenen, die Fadheit der Rituale. Mir kam es so vor, als säße ich im Zentrum der ultimativen Biederkeit fest. Die Bravheit dieser Menschen passte überhaupt nicht zur Radikalität ihres Glaubens. Glaubten sie denn wirklich, dass bald die letzte große Schlacht Gottes über uns alle hereinbrechen würde, dass vor allem den Weltlichen – also eigentlich fast allen – Grauenhaftes bevorstand? Mir fehlte plötzlich die Dringlichkeit in diesem Raum in Anbetracht der religiösen Lehre. Ich merkte, wie festgesessen hier alles war, wie eingelullt sie alle vom Ewiggleichen waren.

Auch die Schizophrenie dieser Gemeinschaft erschreckte mich. Sie schien äußerlich modern zu sein, im Gegensatz etwa zu gewissen Evangelikalen, orthodoxen Juden, muslimischen oder andersartigen Fundamentalisten. Aber innerlich unterschieden sie sich kaum von diesen, sie waren nicht angekommen im Hier und Jetzt. Ich ärgerte mich über sie, und doch schmerzte mich der Gedanke, dass die Zuneigung meiner Brüder und Schwestern an ein Versprechen gekoppelt war, an ein Versprechen, das ich bald brechen würde. Das hier war keine bedingungslose Liebe, kein wirklicher Zusammenhalt, im Gegenteil. Ich wusste, dass mich all diese Menschen, die mir in all den Jahren so viel bedeutet hatten, die mir Heimat waren und Familie, fallen lassen würden wie eine heiße Kartoffel, sobald sie erfahren würden, dass ihre Wahrheit nicht mehr die meine war. Doch konnte ich ihnen das verübeln? Die Frage trieb mich um, ob sie eigentlich Opfer oder Täter waren. Gewiss, Systeme unterdrücken Menschen, doch sind es nicht Menschen, die die Systeme tragen?

Die Versammlungen ließ ich über mich ergehen, aber in den Predigtdienst gehen konnte ich nicht mehr. Ich erlaubte es mir nicht, an Türen zu klingen und den Leuten von etwas zu erzählen, an das ich selbst nicht mehr glaubte. Da ich offiziell nicht in der Versammlung Brig gemeldet war, sondern lediglich als Besuch meiner Eltern galt, füllte ich keinen Berichtszettel aus. Es fiel zum Glück niemandem auf. Fragten mich Brüder oder Schwestern, ob ich mit ihnen in den Dienst kommen wolle, fand ich immer eine glaubwürdige Ausrede, weshalb es gerade just dann nicht ging.

Inzwischen war es Hochsommer. Auch nachts war es heiß in diesen Hundstagen. Obwohl ich normalerweise immer schnell in den Schlaf fiel und fast immer durchschlief, waren meine Nächte zu dieser Zeit durchlöchert. Ich konnte lange nicht einschlafen, döste danach oberflächlich und bewegte mich in einer Zwischenwelt zwischen Wachzustand und Schlaf. Mir war heiß und ich war aufgewühlt. Meine Träume entfalteten sich ebenfalls in dieser Zwischenwelt. Manchmal konnte ich sie gedanklich manipulieren, dann verselbstständigten sie sich wieder und liefen in eine unkontrollierte Richtung weiter, bis ich wieder Kontrolle über sie erhielt. Bilderfetzen von ekstatischen Körpern, Rhythmen, Schweiß und Körpersäften tauchten in meinen Gedanken auf.

Eines Nachts schreckte ich mit Herzklopfen auf. Zwei kämpfende und grauenvoll schreiende Katzen draußen hatten mich geweckt. Ich strich mir über den Hals und über das Dekolleté und bemerkte, dass ich in Schweiß gebadet war. Benommen glitten meine feuchten Finger nun wie von selbst den Bauch hinunter. Wie aufregend es war, mir diese neue Freiheit zu nehmen. Der Gedanke, dass mein Körper nun voll und ganz mir gehörte, erfüllte mich. Ich tastete achtsam und fein weiter. Wie sensibel sie waren, die bis anhin verbotenen Zonen.

Dann fand ich eine Stelle, und mir wurde sofort klar, dass das Verbot, «herumzuspielen», ihr gegolten haben musste. Was für ein Punkt! Plötzlich war da diese Explosion, dieses Feuerwerk an Empfindung, eine Entfaltung von Licht und Leichtigkeit, ich hatte das Gefühl, über den Zenit zu fliegen. Mein Herz klopfte laut und schon kurz darauf sank mein

Körper in eine tiefe Ruhe. So entspannt war ich seit der letzten Kava-Kava-Session auf Tavewa nicht mehr gewesen.

Nun lag ich da, ruhig und erlöst, und fragte mich, wie jemand nur auf die absurde Idee gekommen war, dass Gott der Frau einen solchen Punkt geschenkt, ihr dann aber verboten hatte, ihn zu berühren. Mir erschien es plötzlich beschämend naiv, dass ich diese Regel jemals ernst genommen hatte. Wie viele der Brüder und Schwestern hatten sich wohl darüber hinweggesetzt, denn wer hätte es denn kontrollieren können? Wie dumm ich gewesen war! Ich überlegte kurz, ob ich beschämt, wütend oder traurig sein sollte, lächelte dann aber vergnügt und dachte: wie und was auch immer – nicht mehr mein Problem!

Mit diesem Gedanken fiel ich in einen tiefen Schlaf und erwachte erst kurz vor Mittag wieder.

An einem weiteren Donnerstagabend las mein Cousin Silvan, der inzwischen 14 Jahre alt geworden war, auf der Bühne der Versammlung aus der Bibel vor. Ich saß neben Julia und erinnerte mich an das erste Mal, als Juri auf der Bühne stand und sich Julia so maßlos gedemütigt fühlte. Nach der Versammlung fragte ich sie, wie sie inzwischen darüber denke, dass nur Männer auf der Bühne predigen dürften.

«Ich finde das noch immer genauso zum Kotzen wie damals, als Juri das erste Mal dort vorne stand. Mit der Rolle der Frau in dieser Religion werde ich mich nie abfinden können», flüsterte sie mir zu.

«Hoppla!», entgegnete ich ihr leise, «komm, lass uns etwas nach draußen gehen, wie früher, auf den Spielplatz. Da können wir besser reden.»

Julia und ich gaben unseren Eltern rasch Bescheid, dass sie uns draußen finden würden.

Auf dem Spielplatz setzten wir uns auf die beiden Schaukeln.

«Ich muss dir etwas sagen, Julia. Mir gefällt die Rolle der Frau in der Wahrheit auch nicht. Linda und ich haben auf der Reise die gesamte Bibel gelesen, ich hatte wirklich vor, meinen Glauben zu stärken. Der war vom Kollegium her schon etwas lädiert, das hat mir Angst gemacht. Ich vertraue dir nun etwas an, das dich vielleicht schockieren oder traurig machen wird: Statt dass mich das Lesen der Bibel im Glauben gestärkt hat, hat es meinen Glauben aufgelöst. Ich glaube nicht mehr an die Wahrheit, ich glaube nicht mal mehr an die Bibel. Zu eigenartig finde ich dieses Buch. Ich verstehe einfach nicht, weshalb ich mein Leben im Jahr 2000 nach einem Buch richten soll, das aus der Antike stammt.»

Julia begann zu schaukeln und sagte vorerst nichts. Sie genoss sichtlich den kühlenden Wind in ihren dunklen, glänzenden Haaren. Es war ein weiterer heißer Sommertag, und so begann auch ich, zu schaukeln und die Frische des Windes, der dadurch entstand, zu genießen. «Ich finde das super, echt. Das habe ich mir alles auch überlegt. Diese Wahrheit, das ist einfach so eng. Und dann der Anspruch, es sei die einzige Wahrheit auf dieser Welt. Ich meine, das ist doch einfach so überheblich. Wer kann schon sagen, was Wahrheit ist? Wir sagen das doch einfach, weil wir darin aufgewachsen sind und weil sie uns das eingeredet haben. Ich habe mir oft überlegt, dass ich da nie und nimmer freiwillig reingegangen wäre. Stell dir mal vor, du wärst so eine ganz normale Weltliche. Du sitzt am Samstagvormittag gemütlich mit deiner Tasse Kaffee auf dem Sofa, und plötzlich klingelt es. Also öffnest du die Tür, und da stehen ein Mann in Krawatte und eine Frau im braven Rock und fragen dich, ob du rasch Zeit hättest, sie hätten die Wahrheit. Das würde ich doch nie und nimmer ernst nehmen! Ich würde die doch einfach für Spinner halten. Dass du da aussteigst, kann ich verstehen. Da muss einfach kein Mensch meinen, mir den Kontakt zu dir verbieten zu dürfen. Zwischen uns läuft alles genauso weiter wie bis anhin. Und eines Tages, wenn ich dann nicht mehr zu Hause lebe, dann gebe ich denen da oben auch den Laufpass. Aber ich mache es sachte, ich brauche viel Zeit. Für meine Eltern wird das unendlich schwierig werden, da sie dann darüber trauern müssen, dass sie in ihrem Paradies zwar Juri wiedersehen werden, dafür aber mich nicht. Das ist doch einfach grauenhaft, diese ‹Wahrheit›. Ich stehe voll hinter dir.»

Ich traute meinen Ohren kaum und freute mich riesig. «Ich sehe, der Bildungshügel hat dich verdorben, meine Kleine. Mamma mia, unsere armen Eltern. Aber du hast recht, wir sollten da nicht mit dem Hammer reingehen. Einfach sachte, sachte, Schritt für Schritt. Ich warte auch noch etwas ab, bis sich die Gefühle meiner Eltern etwas gesetzt haben und sie sich langsam an den Gedanken gewöhnt haben. Aber dann mache ich es offiziell.»

Wir schaukelten noch weiter, bis uns die Eltern für den Nachhauseweg riefen. Ich setzte mich neben Emily auf den Rücksitz des Autos und hoffte, dass Papa eine CD laufen lassen würde. Das tat er aber nicht. Ich betrachtete meine Eltern von hinten und erschrak, wie ihnen der Kummer der letzten Wochen zugesetzt hatte. Vor allem Mama wirkte grau, matt und müde.

An einem der folgenden Wochenenden besuchte ich meine Cousine Zipora, die vorübergehend wieder bei ihren Eltern in Thun lebte. Ich fürchtete mich sehr vor dieser Begegnung, da ich wusste, wie emotional und aufbrausend Zipora war. Am ersten Abend sagte ich ihr noch nichts, ich erzählte lediglich von unserer Reise. Es war schwierig, über die Reise zu sprechen – wo beginnt man, wenn man sieben Monate lang unterwegs war? Wie konnte ich berichten, was wir alles erlebt hatten, ohne auch zu erzählen, was es mit uns gemacht hatte? Glücklicherweise hatte Zipora nicht vorgeschlagen, in den Dienst zu gehen, sondern den heißen Sommertag am Thunersee zu verbringen. Am Samstagvormittag packten wir unsere Badeanzüge ein, machten uns Sandwiches und sagten Tante Rosa, wir würden am frühen Abend wieder zu Hause sein, damit wir uns rechtzeitig für die Versammlung bereit machen konnten. Daraufhin schwangen wir uns auf zwei Fahrräder und suchten uns einen schattigen Platz am See.

Es war ein herrlicher Tag, eigentlich voller Leichtigkeit. Doch das Unausgesprochene lag schwer auf meinen Schultern. Wir kühlten uns immer wieder im blauen, kühlen See ab und begaben uns zurück auf unsere Badetücher. Als wir so nebeneinanderlagen, wusste ich plötzlich, wie ich beginnen würde: «Zipora, ich habe eine Frage an dich. Heute ist doch so ein paradiesischer Tag. Wir mögen uns sehr, liegen gemeinsam an einem der schönsten Flecken der Welt in einem Land, in dem Wohlstand und Friede herrschen. So in etwa stellen wir uns ja das Paradies vor. Und doch – das vertraue ich dir jetzt an – fällt es mir so schwer, an dieses Paradies zu glauben. Ich kann es mir einfach nicht vorstellen, dass dort nur Zeugen Jehovas leben sollten, und das für immer. Wie geht es dir dabei? Kannst du wirklich daran glauben, so ganz reell? Glaubst du tief im Herzen tatsächlich, dass wir einmal so leben werden?»

Zipora richtete sich auf, strich durch ihr nasses, krauses Haar und setzte die Sonnenbrille auf. Dann sah sie ernst auf mich herunter: «Willst du die Wahrheit wissen? Ganz ehrlich, ich fände diese Vorstellung schrecklich langweilig. Stell dir vor, du lebst vis-à-vis von Armin und seiner Frau Marlies und bist dazu verdammt, nicht weniger als eine Ewigkeit lang in deren biederes Gärtchen zu schauen!»

Ich lachte laut auf, sah sie ungläubig an und fragte nach: «Glaubst du nicht mehr an die Wahrheit?»

«Du doch auch nicht, das habe ich dir gleich angesehen. Ich kenne dich, du wirst ernst machen, du wirst uns allen Tschüss sagen. Aber ich kann das nicht. Stell dir vor, wie mein Vater darauf reagieren würde. Friedrich der Große hat eine abtrünnige Tochter! Nein, das geht nicht. Ich spiele einfach weiter mit und denke mir dabei, was ich will. Ich halte das schon aus – sofern ich denn endlich einen Mann finde», fügte sie lachend an.

«Aber, Zipora, das geht doch nicht ein Leben lang! Linda sagt dasselbe. Ja gut, wer weiß, vielleicht könnt ihr das. Ihr seid wohl nicht die Einzigen, die es so handhaben. Ihr könnt es ja versuchen. Mich schmerzt der Gedanke an einen Austritt auch unglaublich, keine Ahnung, wie ich das aushalten würde ohne euch alle. Ohne meine Familie, ohne die Verwandtschaft, ohne die Freunde und Freundinnen in der Wahrheit. Und doch: Ich glaube nicht, dass ich bleiben kann, es scheint mir einfach unmöglich. Ich glaube, ihr müsstet mich bald einmal einliefern, ich würde diese Schizophrenie nicht mehr lange aushalten. Sag, Zipora, was würdest du tun, wenn ich austrete?»

Sie legte sich theatralisch langsam wieder auf ihr Badetuch, nahm sich die Sonnenbrille vom Gesicht, schloss die Augen und sagte: «Nichts. Ich würde gar nichts tun. Ich würde nichts verändern. Wir würden uns trotzdem regelmäßig sehen und das ließe ich mir von niemandem verbieten. Auch nicht von meinem Vater. Hehe!»

Ich atmete tief und lachte dann.

Sie hielt ihre Augen noch immer geschlossen und fuhr fort: «Du bist einfach zu geil. Mannomann, wird das einen Aufstand geben. Und wenn es dir da draußen gefällt und du nicht an Drogen oder an AIDS stirbst, dann komme ich nach.»

Ich lachte wieder, und mir fiel eine große Last von den Schultern. Ich sprang auf, rannte in den kühlen See und jauchzte vor Glück.

Als ich total nass wieder zu ihr kam, wrang ich meine Haare über ihrem Bauch aus. Sie schrie auf: «Hey, du Nervensäge, pass nur schön auf, du Ausgeschlossene, ab jetzt bestimme ich, ob ich dich sehen will oder nicht!» Wir lachten wieder, und sie sah im selben Augenblick auf die Uhr. «Wenn wir jetzt noch zwei Stunden hierbleiben, dann kommen wir zu spät in die Versammlung. Ups, wie blöd!»

Zwei Stunden später – ein paar Minuten, nachdem die Versammlung angefangen hatte – tippte Zipora eine SMS in ihr neues Handy: «Sorry, sind spät, kommen nach ...»

«Krass, dieses Handy. Ich staune, dass vor unserer Weltreise hier noch kaum jemand ein Handy hatte, und nun haben fast alle eines.»

«Ist im Fall toll. Willst du nicht auch eines kaufen?»

«Ich weiß nicht, irgendwie schon, aber auch nicht. Ich hätte, glaube ich, immer das Gefühl, an einer unsichtbaren Hundeleine zu sein, hätte ich das immer bei mir und wäre immer für alle erreichbar.»

«Eine unsichtbare Hundeleine? So ein Blödsinn. Das ist doch einfach nur superpraktisch!»

«Ja, superpraktisch ist es sicher. Und Superdurst habe ich auch. Ich hole uns ein Bier, einverstanden?»

Wir tranken unser Bier und beschlossen daraufhin, nicht zu spät in die Versammlung zu gehen, sondern gar nicht. Nachdem die Sonne untergegangen war, fuhren wir auf unseren Rädern nach Hause. Wir saßen im Wohnzimmer auf dem

Sofa, als Onkel Friedrich, Rosa und Ziporas kleiner Bruder von der Versammlung zurückkamen. Friedrich sah uns finster an. Tante Rosa seufzte erleichtert auf, als sie uns sah: «Meine Güte, habt ihr mich erschreckt! Zum Glück ist nichts passiert.»

Onkel Friedrich stand noch im Flur, hatte noch nicht einmal seine Versammlungs-Mappe abgelegt, als er uns mit tiefer, strenger und lauter Stimme fragte: «Wo wart ihr? Zipora, du hast geschrieben, ihr kämt etwas später, nicht, ihr kämt gar nicht. Wie lautet deine Erklärung für das, was geschehen ist?»

«Es tut mir leid, wir haben einfach die Zeit vergessen. Es war noch so heiß und hell, dass wir dachten, es wäre viel früher. Als wir plötzlich sahen, wie spät es in Tat und Wahrheit schon war, hat es sich einfach nicht gelohnt, noch zu kommen. Wir hätten das so peinlich gefunden, erst kurz vor dem Ende der Versammlung reinzuplatzen. Besser gar nicht, dachten wir.»

Onkel Friedrich legte seine Mappe ab, zog die Schuhe aus, wusch sich die Hände und setzte sich neben uns aufs Sofa. Tante Rosa ging in die Küche, bereitete einen Snack vor und kam mit einem Tablett zu uns, auf dem auch eine Flasche Rotwein, fünf Gläser, ein hausgemachter Zopf, selbst gemachte Mayonnaise und Schinken standen. Erst jetzt sprach Friedrich wieder. Er wandte sich an mich: «Zipora hat einen schlechtes halbes Jahr hinter sich. Ich habe gemerkt, dass sie in der Wahrheit nachgelassen hat. Ich hatte gehofft, dass du, auf die sie ja sehr viel gibt, sie stärken kannst. Ich bin wirklich sehr enttäuscht darüber, was heute passiert ist. Eine Versammlung kann man nicht vergessen, nie! Die Versammlung muss das Wichtigste in eurem Leben sein. Ihr müsst euer Leben immer nach der Wahrheit richten. Oder etwa nicht? Sag du mir, wonach du dein Leben richtest!»

Ich senkte den Blick zu Boden und starrte auf den Teppich. Zipora wurde spürbar nervös.

«Nun ja», begann ich zögerlich. «Ich kann Ziporas Zweifel verstehen. Ich habe auch Zweifel und ich finde es schade, dass die in der Wahrheit keinen Platz haben. Zweifel lassen sich nun einmal nicht einfach vertreiben.»

«Aha, du hast Zweifel. Dann holt mal eure Bibeln!» Zipora und ich standen auf und taten wie geheißen. Danach bat er uns, Jakobus 1:6 aufzuschlagen. «Zipora, lies vor, was dort steht!»

«Wer zweifelt, ist gleich einer Meereswoge, die vom Wind gejagt und umhergetrieben wird. In der Tat, jener Mensch denke nicht, daß er von Jehova etwas empfangen werde; er ist ein unentschlossener Mann, unbeständig in all seinen Wegen.»

«So kommt ihr mir vor, unbeständig im Glauben. Ihr müsst stark sein, leuchtende Beispiele!»

Irgendwie imponierte mir Onkel Friedrichs Standhaftigkeit, doch gleichzeitig verachtete ich sie. Diese Sicherheit, in der er sich wähnte, die Geborgenheit und Klarheit hatte ich verloren. Er war zu Hause in diesem Glauben. Er gehörte nicht nur dazu, er führte die Gemeinschaft auch mit an. Die Vorstellung, ohne Zweifel zu sein, einfach nur zu glauben, sich am richtigen Ort zu fühlen, machte mich plötzlich etwas neidisch.

Ich hob meinen Kopf, sah direkt in Friedrichs Augen: «Es steht, er sei ein unentschlossener Mann. Wir sind aber kein Mann.»

«Du weißt ganz genau, dass Frauen mitgemeint sind. Oder bist du jetzt auch noch eine Feministin geworden?» Dazu verzog er angeekelt das Gesicht, als hätte er auf eine schleimige Schnecke gebissen.

«Entschuldige den dummen Spruch, ich weiß natürlich, dass da auch Frauen mitgemeint sind. Die sind ja immer überall mitgemeint, gell, sie werden nur dort explizit erwähnt, wo es heißt, sie sollen sich den Männern unterwerfen. Aber weißt du, genau das ist eben auch ein Problem für mich. Dieses Buch ist ein Buch von Männern, Männer haben es geschrieben, Männer mit ihrer Vorstellung von der Welt. Sie hielten darin genau fest, wie sie die Machtordnung sehen. Männer stehen über den Frauen, das steht da drin, schwarz auf weiß, und das ist nur ein Teil dessen, woran ich zweifle. Weißt du, was mich auch dünkt? Ich glaube nicht, dass Gott den Menschen nach seinem Bilde erschaffen hat, wie es im ersten Buch Mose heißt, sondern umgekehrt: Der Mensch hat Gott in seinem Bilde geschaffen.»

Nun wurde Onkel Friedrich bleich: «Was? Männer haben dieses Buch geschrieben? Der Mensch hat Gott in seinem Bilde geschaffen? Ich kann nicht glauben, was du da sagst. Es ist das Wort Gottes! Verstehst du das nicht? Die Männer haben nur aufgeschrieben, wozu Gott sie beauftragt hat!» Er tippte heftig mit seinem Finger auf die Bibel und donnerte: «Das ist die Wahrheit, das Wort Gottes! Wehe euch, wenn ihr dies infrage stellt. Wehe euch! Was denkst du eigentlich, wer du bist? Du beleidigst Jehova und seinen Sohn! In diesem Buch ist die Gesinnung Gottes zu sehen, du musst dankbar sein, dass du sie kennst, und vor allem auch dankbar, dass du die Wahrheit bereits in die Kinderwiege gelegt bekommen hast, dass du in der Wahrheit geboren bist!»

«Vielleicht ist das schwierig für dich zu verstehen, aber ich bin dankbar dafür. Ich will niemanden beleidigen, niemanden beschuldigen, aber ich will Fragen stellen dürfen. Glaube mir, ich habe auf meiner Weltreise die ganze Bibel gelesen. Von 1. Moses 1:1 bis hin zur Offenbarung 22:21. Ich halte es für unmöglich, dieses Buch wörtlich zu nehmen, es eins zu eins in meinem Leben umzusetzen. Für mich ergibt das keinen zusammenhängenden Sinn, ich erkenne keinen roten Faden. Ich sehe es als historisches Buch, als ein Kulturerbe der Menschheit, aber als ein Erbe unter vielen. Es gibt doch in allen Teilen der Welt heilige Bücher, und von vielen wird behauptet, dass sie direkt von Gott stammen. Und noch etwas Weiteres kommt hinzu: Ich bringe die Bibel und den ‹Wachtturm› einfach nicht zusammen, das steinalte Buch und diese pseudomoderne amerikanische Zeitschrift mit den kitschigen Bildern!»

Onkel Friedrich bebte inzwischen vor Zorn, versuchte aber, die Beherrschung zu behalten. «Glaube muss keinen Sinn ergeben. Glaube ist Glaube, er genügt sich selbst, doch das verstehen hochmütige Menschen wie du nicht», zischte er.

«Nein, das verstehe ich nicht.»

«Darum geht es. Es gibt nichts zu verstehen. Der Glaube – und zwar der bedingungslose Glaube – ist absolut!»

«Siehst du, und das wiederum glaube ich nicht.»

Es folgte eine eisige Stille. Dann schaltete sich Tante Rosa ein: «Wissen deine Eltern davon, was du da eben gesagt hast?»

«Ja, sie wissen es.»

«Weißt du, was für einen Kummer du ihnen damit bereitest?»

«Ja, das weiß ich und das tut mir wirklich leid», entgegnete ich.

Daraufhin sagte niemand mehr etwas.

Draußen war die Sonne untergegangen. Ich erahnte eine schöne Sommerabendstimmung. «Wie wär's, wenn ihr mal eure dicken Vorhänge vor dem Fenster auf die Seite schiebt? Es gibt viel Schönes zu sehen da draußen!», durchbrach ich nach einer endlosen Weile das Schweigen. Ich war wütend: Es schien, als würde mir Onkel Friedrich nicht mehr zuhören, als hätte er mich ausgeblendet. Tante Rosa hingegen verstand mich haargenau und sah mich bitter und beleidigt an.

Onkel Friedrich hob seinen Zeigefinger. Er wirkte nun müde: «Jetzt bist du also um die ganze Welt gereist und hast überall von den Brüdern und Schwestern profitiert. Dann kommst du nach Hause und nennst die Wahrheit plötzlich ‹eure› Wahrheit.» Dann warf er einen strengen Blick auf Zipora: «Schlechte Gesellschaft verdirbt nützliche Gewohnheiten!» Er drehte sich noch einmal in meine Richtung und fügte an: «Wenn du die Gemeinschaft verlässt, werden Rosa, ich und meine Kinder jeglichen Kontakt mit dir abbrechen. Du kennst die Regeln, du weißt, was Gott darüber denkt. Du hast dich taufen lassen, mit allen Konsequenzen, die das mit sich bringt.»

Er erhob sich. «‹Ich aber und meine Hausgenossen, wir werden Jehova dienen!›», zitierte er das Alte Testament exakt in dem Ton, den ich von der Bühne des Hallenstadions und des Letzigrunds her kannte. Daraufhin begab er sich grußlos in die Küche.

Zipora und ich liefen rasch in ihr Zimmer und riefen unterwegs «Gute Nacht».

«Wow, das war ja ein Ding», flüsterte mir Zipora dort ins Ohr, nachdem sie die Tür hinter uns geschlossen hatte. Sie sah mich gleichermaßen erschrocken und bewundernd an.

Am nächsten Morgen packte ich meine Sachen und verließ die Wohnung noch vor dem Frühstück. Tante Rosa hatte mich zum Abschied gedrückt und mir einen Kuss auf die Wange gegeben. Onkel Friedrich winkte mir nur kurz von Weitem zu und sah mich mit einer Mischung aus Verachtung, Wut und Trauer an. Ich war betrübt, sog noch einmal den Duft dieser vertrauten Wohnung ein und hoffte, dass ich ihn nie vergessen würde. Eines war klar: Dort hinein würde ich in meinem Leben keinen Fuß mehr setzen dürfen.

Die WG
September 2000

Linda beschloss, sich auch in Bern niederzulassen. Zu meinem Glück war in der Landesbibliothek wieder eine Stelle frei geworden, die ich gerne antrat. Wir planten, eine gemeinsame Wohnung zu suchen. Als ich Zipora davon erzählte, fragte sie mich: «Habt ihr etwas dagegen, wenn ich auch zu euch nach Bern ziehe? Wir könnten eine Dreier-WG gründen.»

«Ich habe ganz sicher nichts dagegen, im Gegenteil, ich fände das klasse! Was dein Vater davon hält, weiß ich hingegen nicht», kicherte ich leise.

«Hör mal, ich bin 24 Jahre alt, ich frage nicht meinen Vater, ob ich etwas darf oder nicht!»

Wir fanden eine tolle Altbau-Wohnung mit riesiger Terrasse, die wir liebevoll und aufwendig einrichteten. Linda kaufte sich ein altes Holzbett sowie eine Lampe und Bilder im Jugendstil. Sie liebte diesen romantischen und zugleich exzentrischen Stil mit seinen geschwungenen Linien und den floralen Mustern. Ziporas Zimmer war wild, bunt und chaotisch. Mein Zimmer hingegen sollte etwas romantisch Nostalgisches, aber auch etwas dramatisch Erotisches ausstrahlen: Ich kaufte mir ein rotes Samtsofa und einen silbernen, riesigen Spiegel, dazu schwarz-weiße Bettwäsche. Die Wände in der Wohnküche beklebten wir mit Werbeplakaten für Konzerte, die wir von den öffentlichen Flächen in der Stadt klauten. Wir fühlten uns wohl in unserem neuen Zuhause: leicht verrucht, wild und frei.

An einem der ersten gemeinsamen Abende in unserem neuen Heim klingelte das Telefon. Ich hob ab. Es war Onkel Emanuel: «Ich habe von verschiedenen Seiten her gehört, dass ihr an der Wahrheit zweifelt. Carla und ich haben beschlossen, dass wir euch selbst dazu fragen möchten. Wir laden euch ein paar Tage nach Italien ein, dann haben wir genügend Zeit zum Reden.» Ich richtete Linda und Zipora Emanuels und Carlas Einladung aus, die uns alle sehr freute.

Schon zwei, drei Wochen später holen die beiden uns in Bern ab und wir fuhren zu fünft in ein Hotel nach Ligurien. Es war wunderschön dort im Frühherbst, das Meer war golden und warm. Wir sprachen oft zusammen, erklärten und versuchten, Verständnis für unser Denken zu erhalten. Onkel Emanuel und Tante Carla aber hatten kein Verständnis.

Am Sonntagabend luden sie uns vor unserem Haus in Bern ab. Wir stiegen alle fünf aus dem Auto. Linda und Zipora umarmten Carla und verabschiedeten sich langsam von ihr. Onkel Emanuel nahm mich zur Seite. Wie immer, wenn er etwas Wichtiges zu sagen hatte, hob er seinen Zeigefinger, wackelte damit, runzelte die Stirn und sprach streng: «Es ist eine Frage der Loyalität, weißt du. Ich werde die Religion meiner Familie, die wir von Adele geschenkt bekommen haben, ausüben, solange ich lebe. Das solltest du auch tun. Loyalität ist ein hohes, vielleicht das höchste Gut im Leben.»

«Das mit der Loyalität finde ich eben nicht ganz ohne. War Adele ihren Vorfahren und deren Religion gegenüber etwa loyal?»

Onkel Emanuel senkte seinen Finger. «Adele hat sich der Wahrheit zugewandt, das ist etwas anderes.»

«Was ist, wenn die Religion Familien spaltet? Was ist dann wichtiger, dass man der Familie oder der Religion gegenüber loyal ist?»

«Du hast dich Jehova hingegeben», erwiderte er.

Er hatte recht, das hatte ich mit meiner Taufe getan. Ich wusste aber, dass ich mich damit de facto viel mehr einer Organisation als Gott hingegeben hatte, einer, mit der ich nichts mehr anfangen konnte. Das konnte und wollte ich ihm aber so nicht sagen. Der Gedanke stimmte mich traurig, wütend und zuversichtlich zugleich. «Onkel Emanuel, ich habe großen Respekt vor euch. Ihr habt mir viel gegeben, bereits als Kind. Tausend Dank für alles, auch für dieses Wochenende am Meer. Glaube mir, ich weiß es sehr zu schätzen, dass du das Gespräch mit uns gesucht hast.»

Wir umarmten und verabschiedeten uns. Ich ging zu Carla und küsste auch sie zum Abschied, worauf sie traurig sagte: «Arrivederci, principessa.»

Die Aussprachen der letzten Tage waren die einzigen liebevoll geführten Gespräche, die wir in Zusammenhang mit unseren Zweifeln führen durften. Aber auch sie änderten nichts an der Tatsache, dass «die Wahrheit» für uns eben nur noch ein Wort in Anführungs- und Schlusszeichen war.

Noch eine schwierige Reise stand mir bevor: die zu Rebekka. Ich wusste, dass sie die Gerüchte über uns bereits erreicht hatten, aber ich schuldete ihr ein persönliches Gespräch. Auch Levi, der mich noch immer nicht kaltließ, wollte ich noch einmal treffen. Ich wusste, dass ich vorsichtig sein musste, da meine Zweifel an der Wahrheit immer öffentlicher wurden. Irgendwann würde das Konsequenzen haben, davor fürchtete ich mich. Das Ganze würde mir aus den Händen gleiten, was ich unbedingt vermeiden wollte.

So reiste ich an einem Freitagabend im Spätherbst nach der Arbeit mit dem Zug in den Norden. Wie immer hatte ich die Zeit etwas zu knapp bemessen und war auf den Zug gerannt. Ich ärgerte mich einmal mehr und überlegte mir, woher es kam, dass mir immer etwas Zeit fehlte. War ich etwa fünf Minuten zu spät auf die Welt gekommen? Rannte ich deswegen immer der Zeit hinterher? Das musste es sein: Wäre ich pünktlich geboren worden, wäre mein Vater nicht ohnmächtig geworden im Gebärsaal am Tag meiner Geburt in die Wahrheit, und ich wäre immer zur rechten Zeit am nötigen Ort.

Nachdem sich mein Atem beruhigt hatte, sah ich aus dem Fenster und genoss die herbstliche Abendstimmung. Linda und ich hatten nun fast ein ganzes Jahr lang Sommer gehabt, aber ich freute mich nun auch auf den Herbst, auf die goldenen Tage und die frischen Abende. Es schien mir, die Melancholie des Herbstes passe besser zu meiner Stimmung und Lebensphase als die Leichtigkeit des Sommers. Ich staunte, wie unglaublich lange Schatten die Bäume um diese Uhrzeit, zu der die Sonne tief am Himmel stand, werfen konnten. Und doch – wie lange die Schatten auch sein mochten, um wie viel länger als die Bäume, die sie warfen, selbst –, jeder Schatten endete und ließ der Sonne wieder Platz.

Ich stehe im Begriff, aus deinem Schatten herauszutreten, Adele, aus dem Schatten, den du über mein Leben geworfen hast. Auch du hattest dich der Sonne zugewandt, auch du wolltest dem Licht entgegenblicken. Was kümmert uns der Schatten, wenn wir uns der Sonne zuwenden?

Ich spürte dem Gefühlschaos nach, das mich seit Monaten bestimmte. Es war ein belebendes Chaos, keine Frage, aber ein tief gespaltenes und sehr kompliziertes. Ich schloss die Augen und versuchte, die einzelnen Stränge in diesem verworrenen Knäuel auszumachen. Da waren eine unglaublich kraftvolle Vorfreude und zugleich eine schwächende Trauer, helle Arroganz und dunkle Scham, starke Rebellion und tiefe

Loyalität, viel Liebe und viel Verachtung. Wie ein Pingpong-Ball warfen mich diese Gefühle ständig hin und her. Ich wusste, dass ich erst zur Ruhe kommen würde, wenn ich die definitive Entscheidung fällte. Zugleich spürte ich, dass der Zeitpunkt dafür noch nicht reif war, dass mir momentan nichts anderes übrig blieb, als dieses Chaos auszuhalten.

Rebekka stand auf dem Bahnsteig. Sie war abgemagert, was aber nicht bedeutete, dass sie unglücklich war. Sie hielt offensichtlich Diät. Wir hatten immer über die frisch vermählten Paare in der Wahrheit gespottet, die sich nach der Heirat «gehen ließen». Das wollte Rebekka auf jeden Fall vermeiden. Sie war dünner, ja, aber schön wie eh und je. Nur ihre Augen waren voller Trauer, sie hatte «es» scheinbar schon vernommen. Sie umarmte mich zur Begrüßung, ohne ein Wort zu sagen. Ich setzte mich neben sie in ihr Auto, und wir begannen ein belangloses Gespräch. Ich erzählte von der schönen Wohnung, die wir uns in Bern eingerichtet hatten, und lud sie ein, uns dort einmal zu besuchen. Sie nickte. Ich schilderte ihr jedes Möbelstück, das wir gekauft hatten, und erzählte ihr vom Farbkonzept in meinem Zimmer. Sie nickte. Als wir vor ihrem Haus parkten, sah ich hinter dem Küchenfenster Sven stehen. Er blickte kurz hinaus und winkte mir ohne zu lächeln zu.

«Ich habe ein Thai-Curry vorbereitet, wir können gleich essen», sagte Rebekka. Wir traten in die Wohnung ein, die sehr schön und ausgewählt eingerichtet war. Sven begrüßte mich mit drei kühlen Küsschen, erkundigte sich nach meiner Anreise und fragte, ob ich Hunger hätte. Nachdem er das Tischgebet gesprochen hatte, begann Rebekka, das Essen zu schöpfen. Sven öffnete eine Flasche Weißwein und schenkte mir einen winzigen Schluck ins Glas. «Willst du probieren, ob er gut ist?» Ich nickte, roch kurz am Glas, trank den Schluck und nickte erneut.

«Ihr wisst, was mit mir los ist. Ich bin gekommen, weil ich mit euch persönlich sprechen will. Ich bin nicht da, weil ich euch irgendwie vom Glauben abbringen will oder etwas in dieser Richtung. Für euch ist die Wahrheit die Wahrheit, es ist euer Weg, den ihr weitergehen wollt. Das akzeptiere ich, aber für mich stimmt es nicht mehr. Gerne möchte ich euch erklären weshalb: Ich kann mich einfach nicht mehr mit einer Gemeinschaft identifizieren, die den Anspruch erhebt, die Wahrheit zu sein. Mir ist diese Sicht zu eng, mich faszinieren auch andere Religionen und Kulturen, ich finde Weltliche nicht per se schlecht. Zudem kann ich einfach nicht mehr an das Paradies glauben, an das ihr glaubt. Für mich ist die Bibel, seit ich sie ganz gelesen habe, ein großes Mysterium geworden, nicht uninteressant, aber dennoch irgendwie fremd. Ich verstehe nicht, was sie genau sagen will, und noch viel weniger, weshalb ich mein Leben danach ausrichten sollte. Das ist alles so wirr und so alt und so widersprüchlich, da muss man so viel hineininterpretieren, wenn man das als Leitplanke nehmen will, und die Leitplanke, die unsere Gemeinschaft daraus ableitet, die entspricht mir einfach nicht. Das bin nicht ich. Es fühlt sich für mich nicht nach einem echten Leben an, nicht nach meinem Leben. Ich hoffe einfach, dass ihr mich ein bisschen versteht.»

Rebekka wurde immer trauriger, Sven immer steifer und kälter. Rebekka sprach nicht viel an diesem Abend. Sie räumte den Tisch ab, putzte künstlich lange die Küche und meinte, sie müsse noch eine Wäsche in die Maschine legen. Sie flüchtete sich in die Hausarbeit, während Sven mit mir wie mit einer Weltlichen sprach. Er verwendete die in der Versammlung erlernten Phrasen, schlug die Bibel an den mir bekannten Stellen auf und schaute mich dabei ernst an.

«Sven, ich kenne diese Argumente, ich kenne die genauso wie du auswendig. Die fruchten nicht bei mir, das ist nicht mehr meine Denk- und meine Glaubenswelt.»

«Rebekka, setz dich doch zu uns, ich kann die Küche morgen aufräumen», rief er in die Küche. Rebekka setzte sich daraufhin zu uns und fragte mich, welche Orte in Neuseeland, ihrem Lieblingsland, wir besucht hätten und welche ich am schönsten fand.

Ich trank ein ganzes Glas Weißwein auf einmal und wurde plötzlich aggressiv. Die kapierte einfach gar nichts. «Wisst ihr was, ich will ja eigentlich respektvoll sein und bleiben. Aber ich sage euch jetzt, was ich wirklich denke. Dieser Club, in dem wir aufgewachsen sind, der ist einfach nur peinlich! Ich finde diese pseudo-freundliche Haltung den Weltlichen gegenüber eine riesengroße Heuchelei! Innerlich verdammen wir die nämlich alle und halten uns für die einzigen wahren Religiösen der Welt. Wisst ihr eigentlich, wie ignorant das ist? Und dann diese Schnapsidee von wegen kein Sex vor der Ehe, und erst die vorsintflutliche Einstellung Homosexuellen gegenüber. Die Radikalität eurer Lehre steht in keinem Verhältnis zu eurem braven, netten, biederen Auftritt an den Haustüren all dieser Leute da draußen! Wie könnt ihr nur gemütlich in Spanien Ferien machen oder euch an Festivals erfreuen, wenn ihr nicht wisst, ob das Ende jederzeit über euch hereinbricht und ihr vielleicht schon bald in ein KZ verfrachtet werdet? Wisst ihr was? Manchmal denke ich, ihr glaubt alle gar nicht richtig daran, ihr wollt gar nicht so richtig darüber nachdenken, euch nicht wirklich damit auseinandersetzen! Ihr macht einfach mit, weil ihr es so gewohnt seid. Das ging auch mir lange so, aber dann konnte ich es plötzlich nicht mehr. Ich verwerfe es, weil ich es ernst nehme. Vielleicht solltet ihr alle es zuerst einmal ernst nehmen, euch wirklich damit konfrontieren. Dass sich die Frau ihrem

Mann unterordnen soll, zum Beispiel, das finde ich zum Kotzen! Dem können sich doch nur superdoofe Frauen anschließen. Das gibt mir alles gar nichts mehr, versteht ihr, gar nichts. Im Grund hat es mir nie genug gegeben, weder für den Kopf noch für das Herz. Diese ‹Wahrheit› ist für mich nichts anderes als ein amerikanischer, oberflächlicher Spleen. Sie langweilt mich. Ich bin fertig damit. Wenn ihr Lust habt, euer Leben – und wer weiß, vielleicht ist dieses Leben ja das einzige, das wir haben, ein großes Geschenk von 80 oder 90 Jahren – ja, wenn ihr das in diesem fantasielosen Verein verschwenden wollt, dann bitte. Viel Spaß euch, das wird sicher lustig!»

Sven war sichtlich wütend geworden. Rebekka war bleich und sprachlos. Sie sah mich mit ihren dunklen, traurigen Augen an. Ich sah, wie verletzt sie war. Ich war zu weit gegangen, und das ließ sich nie mehr rückgängig machen.

«Wo kann ich schlafen?», fragte ich genervt.

«Im Gästezimmer, alles ist bereit. Badetücher findest du auf dem frisch bezogenen Bett.»

Ich verzog mich ins Gästezimmer und sah, dass Rebekka einen schönen Blumenstrauß auf den Nachttisch gestellt hatte. Ich fühlte mich miserabel. Ich schämte mich für meine Gnadenlosigkeit. Gleichzeitig wusste ich, dass auch sie mir gegenüber gnadenlos sein würden, würde ich den Schritt aus der Wahrheit heraus vollziehen.

Als ich am nächsten Morgen aufwachte, fühlte ich mich noch genau gleich wie beim Einschlafen: miserabel. Ich ging ins Badezimmer und nahm eine Dusche. Ich versuchte, mit kaltem Wasser mein schlechtes Gewissen wegzuspülen. Als ich mich getrocknet und angezogen hatte, nahm ich den Kaffeeduft wahr, der aus der Küche strömte. Rebekka und Sven hatten bereits frische Brötchen und Gipfeli geholt und das Frühstück vorbereitet. «Guten Morgen, willst du eine Tasse Kaffee?»

«Ja, gerne», antwortete ich Rebekka und setzte mich auf einen freien Stuhl. «Ich habe mich gestern im Ton vergriffen, das tut mir leid. Aber ich will ehrlich sein, am Inhalt halte ich fest. Wirklich leid tut mir nur das, was ich über superdoofe Frauen gesagt habe.»

Die beiden reagierten kaum auf meine Aussage. Was hätten sie auch sagen sollen?

Als Sven glücklicherweise auf die Toilette musste und wir kurz alleine waren, sagte ich zu Rebekka: «Ich habe in der letzten Zeit öfters von dir geträumt. Ich wollte auf dich zugehen, aber immer wieder stand jemand zwischen uns. Sven etwa, Onkel Oskar, deine Mutter, deine Schwester, deine Schwägerinnen. Immer versperrte uns jemand den Weg zueinander.»

«Da täuschst du dich, ich bin eine erwachsene Frau, und dass ich den Kontakt mit dir abbrechen werde, ist alleine meine Entscheidung. Ich treffe sie, um ein reines Gewissen Jehova gegenüber zu haben und um dir zu zeigen, dass du falschliegst.» In diesem Blick, mit dem sie mir das sagte, blitzte einen kleinen Moment lang nicht nur Trauer auf, sondern, so schien es mir zumindest, auch eine bizarre Mischung aus Missgunst, Überlegenheit und Eifersucht.

Obwohl ich Kleider für das ganze Wochenende mitgenommen hatte, verabschiedete ich mich nach dem Frühstück.

«Es macht mich sehr traurig, aber ich wiederhole: Wenn du die Gemeinschaft verlässt, dann halten wir uns an Gottes Willen und brechen die Beziehung zu dir ab. Rebekka und ich sind uns da einig», sagte mir Sven zum Abschied. «Ja, das sind wir», bestätigte Rebekka, «und auch unsere Eltern und Geschwister werden dich nicht mehr treffen wollen. Das klingt so hart, von außen betrachtet, aber ich werde es aus Liebe tun. Ich werde dich aus Liebe aus meinem Leben verdrängen, damit du erkennst, wie falsch der Weg ist, den du einschlagen willst. Überlege es dir bitte noch einmal, du hattest, wie ich auch, so ein großes Glück, in der Wahrheit geboren zu sein, und nun willst du alles hinwerfen? Willst du denn nicht ewig im Paradies leben?» Doch, dachte ich, ich will leben, aber ewig muss das nicht gleich sein. Auch ein Paradies ist nicht wirklich nötig. «Ich werde jedenfalls jeden Tag zu Jehova beten, dass du wieder zum Glauben zurückfindest», flehte sie mich ein letztes Mal mit einer milden Stimme an.

«Danke fürs Beten», antwortete ich ihr halbherzig.

«Soll ich dich zum Bahnhof fahren?», fragte Rebekka.

«Nein danke, ich laufe gerne etwas, das wir mir guttun.» Ich gab beiden je drei flüchtige Küsschen auf die Wange. «Ihr wart gute Gastgeber, vielen Dank. Leider war ich ein miserabler Gast.»

«Komm gut nach Hause», entgegnete Rebekka. Ihre Augen begannen sich mit Tränen zu füllen. Ich drehte mich um und war froh, hier wegzukommen.

Auf meinem Spaziergang zum Bahnhof flammte das altbekannte Gefühlschaos wieder auf. Ich schämte mich und war stolz zugleich. Ich war traurig und doch erleichtert, ich liebte Rebekka und verachtete sie trotzdem. «Das war nicht Okay, was du da gemacht hast», sagte ich zu mir. Aber ich dachte auch, dass nicht immer alles Okay sein kann und muss.

Am Bahnhof ging ich in eine Telefonkabine und tippte, da er nach wie vor zu Hause wohnte, die Nummer von Levis Eltern ein, die ich auswendig kannte. Weil er mir noch immer viel bedeutete, wollte ich auch ihn unbedingt persönlich treffen. Ich hoffte, er würde den Hörer abheben, was er glücklicherweise auch tat. Nach den üblichen Begrüßungsfloskeln schlug ich ihm vor, ihn heute Abend irgendwo zu treffen: «Ich muss dir etwas sagen.»

Ihm war spürbar unwohl. «Hör zu», entgegnete er langsam und zaghaft, «es hat wirklich keinen Sinn, dass wir uns treffen. Es ist schwierig für mich, dir das zu sagen. Ich habe dich gerne als Kollegin, aber das ist einfach schon alles. Ich habe es dir schon einmal gesagt und ich sage es dir wieder: keine Schmetterlinge im Bauch, tut mir leid.»

Ich überlegte mir kurz, ob ich ihm sagen sollte, dass ich nicht über Schmetterlinge sprechen wollte. Aber nach der Erfahrung vom Vorabend dachte ich, es sei wohl besser, wenn ich ihm nicht auch noch sagen würde, wie es um meinen Glauben stand. «Lass gut sein, Levi. Ich hätte dich gerne getroffen, um mit dir als Freund zu sprechen. Ich mag dich, aber vielleicht ist es besser so.»

«Bestimmt ist es besser so, Männer und Frauen können einfach nicht nur gute Freunde sein», meinte er.

Ich hätte gerne gewollt, widersprach ihm aber nicht. «Mein Zug nach Bern fährt in fünf Minuten ab, ich muss aufhängen.»

«Na dann, tschüss!», sagte er erleichtert.

Ich wusste, dass wir uns nie mehr hören oder sehen würden. «Mach's gut», verabschiedete ich mich von ihm. Dann legte ich auf und rannte weinend zum Zug.

Wenige Tage später klingelte unser Telefon. «Es ist für dich», rief mir Zipora zu und streckte mir den Hörer entgegen. «Ein Glaubensbruder aus dem Bethel Thun», flüsterte sie, während sie den Hörer mit ihrer Hand abdeckte. Der Bruder wollte uns besuchen kommen. Wir vereinbarten gleich einen Termin am Folgeabend. «Hoher Besuch – jetzt wird's ernst», sagte ich zu Linda und Zipora, nachdem ich aufgelegt hatte.

Punkt sechs Uhr am Abend klingelte es an unserer Tür. Dort standen zwei Männer in Anzug und Krawatte: der Bruder vom Telefon und ein anderer, den ich nur vom Sehen kannte, einer von der Letzigrund-Bühne. Wir baten sie hinein. Nachdem wir drei uns auf das Sofa und die beiden sich vis-à-vis auf zwei Stühle gesetzt hatten, begann der eine: «Hört zu, jemand aus einer Aargauer Versammlung hat uns angerufen und erzählt, dass ihr Unruhe stiftet.» Sie wollten uns nicht sagen, um wen es sich handelte, und meinten, dass das keine Rolle spiele, da sie dies auch schon von anderen Seiten her gehört hätten.

«Ich stifte keine Unruhe, ich spreche lediglich über meine Zweifel am Glauben. Wenn das bei ‹jemandem› Unruhe auslöst, dann ist das ja wohl dessen Problem, nicht meines», konterte ich spitz.

«Wir sind nicht gekommen, um über eure Zweifel zu sprechen oder euch davon zu überzeugen, dass es sich lohnt, euren Glauben zu stärken. Ihr hattet das Privileg, in der Wahrheit aufzuwachsen, wir brauchen euch nichts zu erzählen. Aber nach dem Anruf aus dem Aargau sind wir gekommen, um dir zu sagen», nun schaute der Bruder mich an, «dass du ab sofort deine Zunge zügeln musst. Wenn wir noch einmal von einem Bruder oder einer Schwester vernehmen, dass du Zwietracht säen willst, sehen wir uns gezwungen, dich auszuschließen. Du weißt, welche Konsequenzen das mit sich bringt. Niemand von uns wird dich mehr grüßen, wir werden nicht mehr mit dir sprechen, du wirst zu keinem mehr eingeladen werden. Wenn Verwandte oder Freunde heiraten oder sterben, werden deren Feste oder Beerdigungen ohne dich stattfinden. Du wirst eine Ausgeschlossene sein. Wenn wir dich so behandeln werden, dann wirst du das als grausam empfinden. Aber in Tat und Wahrheit wird es nicht Grausamkeit oder Kälte sein, die uns dabei leitet, sondern wahre Nächstenliebe. Wir werden dir so zeigen, dass du auf dem falschen Weg bist. Wir sind an dir und deinem ewigen Leben im Paradies interessiert, wir nehmen das auf uns aus brüderlicher Liebe. Also, noch einmal: kein Wort mehr zu niemanden, ist das klar für dich?»

«Ja, das ist klar für mich. Einen Maulkorb nennt man das auf gut Deutsch. Ihr habt mir einen brüderlich lieben Maulkorb aufgesetzt.»

«Für euch beide gilt das natürlich auch», warnten sie auch noch Linda und Zipora. Kurz darauf standen sie auf, liefen zur Tür, und wir verabschiedeten uns.

Ich schloss die Tür hinter ihnen und lehnte mich rücklings an sie. Da war es wieder, das Gefühlschaos, heftiger als je zuvor. Ich war schockiert und geehrt zugleich. Hier war der Hexenkessel, wir hatten Bedeutung, sie fürchteten sich vor uns. Ich bildete auf meiner Stirn mit den Zeigefingern Hörner und lief langsam auf Linda und Zipora zu: «Hier kommt der Teufel!»

«Darauf trinken wir!», rief Linda, lief in die Küche und öffnete eine Flasche Prosecco. «Auf unsere WG, auf den Hexenkessel!»

Wir erhoben unsere Gläser und stießen aufeinander an, doch heute schien uns der Prosecco nicht recht zu schmecken.

Der Tauchgang
Herbst bis Winter 2000

Als ich aufwachte, fühlte mich wie gelähmt. Ich wollte aufstehen, aber es klappte nicht. Ich suchte nach dem vitalisierenden Gefühlschaos in mir – aber da war nichts. Ich hörte, dass Linda bereits am Duschen und Zipora am Kaffeekochen war. Doch ich blieb einfach liegen und wartete auf ein Gefühl. Aber es kam keines.

Nach einigen Minuten klopfte Zipora an meine Zimmertür. «Was ist los, warum stehst du nicht auf?»

«Keine Ahnung, ich kann nicht. Ich fühle mich wie gelähmt.»

«Verarschst du mich jetzt?»

«Nein, wirklich nicht, ich habe mich noch nie so gefühlt.»

Zipora ging in die Küche und kam mit einer Tasse Milchkaffee zurück. «So, trink den mal, dann sehen wir weiter. Du spürst wohl noch immer den Prosecco von gestern Abend. Hast du Kopfschmerzen?»

«Nein, keine Kopfschmerzen.»

Sie half mir, mich aufzusetzen, und reichte mir die Tasse. Ich nahm einen Schluck Kaffee und versicherte mich mit einem Blick in die Tasse, dass es sich tatsächlich um Kaffee handelte. Die braune Flüssigkeit schmeckte nach nichts. Zipora gegenüber ließ ich das unerwähnt und trank die ganze Tasse aus. Danach konnte ich aufstehen, aber fühlen konnte ich noch immer nichts. Ich wollte kein Aufsehen erregen, ging unter die Dusche, zog mich an und machte mich bereit für die Arbeit.

«Ich koche heute Abend, es gibt Risotto. Einverstanden? Um etwa sieben Uhr ist das Essen bereit», sagte Linda, die bereits ihre Schuhe angezogen hatte.

«Danke, bis dann und einen schönen Tag», entgegnete ich zum Abschied.

«Alles gut bei dir?», fragte mich Zipora, als ich aus dem Haus ging.

«Ja, alles Okay. Bis heute Abend!»

Als ich am Abend nach einem weiteren Arbeitstag in der Bibliothek nach Hause kam, legte ich mich gleich wieder ins Bett. Ich war die Erste, die zu Hause war. Zuerst kam Linda heim, die sogleich in der Küche zu hantieren begann. Etwas später hörte ich Zipora, die im Flur fröhlich «Halli, hallo!» rief und sich gleich zu Linda in die Küche setzte. Gegen sieben Uhr öffnete Zipora meine Zimmertür und erschrak. «Ach, da bist du? Wir haben uns gefragt, wo du wohl steckst. Sag mal, was soll das? Weshalb liegst du im Bett und gibst nicht mal ein Zeichen von dir? Ist alles in Ordnung mit dir?»

«Ich bin müde und erschöpft. Vielleicht auch traurig, aber ich bin nicht sicher. Ich fühle mich einfach seltsam leer.»

«Komm essen, der Risotto steht bereit, das wird dir guttun. Und dann reden wir.»

«Tut mir echt leid, ich habe keinen Hunger. Esst ruhig, vielleicht stehe ich später noch einmal auf und esse dann.»

Es folgten Tage und Wochen in meinem Leben, wie ich sie noch nie zuvor erlebt hatte. War ich nicht bei der Arbeit, lag ich einfach in meinem Bett und starrte an die Decke. Linda und Zipora verzweifelten schier und versuchten alles, um mich aufzuheitern. Sie brachten mir Kaffee, Tee, Wasser,

Wein, Schokolade, Früchte, Käse und Chips ans Bett, aber ich lag einfach nur da und starrte an die Decke.

«Jetzt im Ernst, du musst etwas unternehmen. Das geht doch so nicht weiter. Du kannst doch nicht einfach nur hier liegen!», befand Zipora.

«Ja, ich finde auch, dass du zu einem Psychologen gehen musst. Ich habe dich so noch nie erlebt», fügte Linda hinzu.

«Ich gehe nirgends hin, ich muss jetzt einfach hier liegen. Macht euch nicht zu große Sorgen, ich brauche das jetzt. Es ist lieb, dass ihr euch um mich kümmert. Ich stehe wieder auf, versprochen, aber jetzt lasst mich in Ruhe.»

«Wenn du weinen würdest, könnten wir dich wenigsten trösten, aber dieses Löcher-in-die-Wand-Starren, das macht mich fertig!», beschwerte sich Zipora.

«Sag mal, hast du Liebeskummer wegen Levi?», fragte Linda plötzlich.

Der Name Levi machte mich traurig. Ich war erleichtert, denn plötzlich konnte ich fühlen. Wie absurd, es machte mich kurz glücklich, Trauer zu spüren! «Ja, vielleicht. Könnt ihr mich alleine lassen? Ich rufe euch, wenn etwas ist.» Die beiden verließen mein Zimmer, und ich begann zu weinen. Ich vermisste Levi, jetzt war es endlich draußen. Ich begann zu weinen und bemühte mich, nicht zu laut zu schluchzen. Ich wollte alleine sein, alleine mit einem starken Gefühl in der Brust.

Als Zipora am Morgen darauf wieder an meine Zimmertür klopfte und mir wie in letzter Zeit üblich Kaffee ans Bett brachte, begann ich sogleich wieder zu weinen. Sie setzte sich auf mein Bett und strich mir mit ihrer großen, warmen Hand über das Gesicht. «Endlich», sagte sie erleichtert, «jetzt kommt's gut.»

Ich meldete mich daraufhin krank und blieb den ganzen Tag im Bett und weinte. Ach, Levi, dachte ich immer wieder, du wolltest mich nicht, und nun werde ich dich nie mehr sehen. Ich wusste nicht, was schmerzvoller war: der verletzte Stolz, dass er mich verschmäht hatte, oder die Tatsache, dass ich einen guten Freund verloren hatte. Als Linda und Zipora am Abend nach Hause kamen, weinte ich noch immer. «Alles gut, sie weint», hörte ich Linda im Flur Zipora zuflüstern. «Jetzt geht's nicht mehr lange, und sie steht auf. Ich kenne den Mittelstürmer, das ist ein Steh-auf-Weibchen!»

Zum Glück begann an diesem Abend das Wochenende, und ich konnte hemmungslos liegen und weinen. Bevor sie ins Bett ging, kam Linda noch einmal zu mir ins Zimmer und sah mich kritisch an. «Ich habe viel Verständnis für Liebeskummer, aber jetzt im Ernst: Ist Levi wirklich so einmalig? Ich meine, schon bald steht dir die gesamte Männerwelt offen. Und hast du mir nicht einmal anvertraut, dass du nicht sicher seist, ob du dich auch in ihn verliebt hättest, wärt ihr beide in der Welt?»

«Keine Ahnung, ich finde einfach die Tatsache, dass er mich nicht wollte, so unerträglich. Und ich konnte ihm auch nicht persönlich sagen, dass ich nicht mehr in der Wahrheit sein möchte. Das ist doch einfach alles himmeltraurig.»

«Ja, da hast du wiederum recht. Das ist himmeltraurig. Weine du nun noch etwas weiter, ich komme morgen wieder zu dir, und dann sehen wir weiter.»

«Gute Nacht», sagte ich ihr. Als sie die Türe hinter sich schloss, rannen gleich wieder Tränen über meine Wangen.

Am kommenden Morgen erwachte ich früh, sah wie immer Levis Gesicht vor mir und begann sogleich wieder zu weinen. Ich fühlte mich, als wäre ich eine einzige, große, frische, schmerzende Wunde. Nachdem ich die Lider wieder geschlossen hatte, dachte ich weiter an Levi, bis sich plötzlich sein Bild vor meinem inneren Auge auflöste. Ich versuchte, es wieder zu produzieren, es festzuhalten, aber es entglitt mir. Dann sah ich Rebekka vor mir und weinte weiter. Wie ein großes Heer erblickte ich plötzlich viele Menschen auf einmal: Onkel Emanuel etwa und Carla, deren Söhne, Onkel Viktor, Tante Livia, meine Großmutter, Onkel Friedrich, Tante Rosa, Onkel Oskar und Tante Esther, alle meine Cousins und Cousinen, Michael, Bernhard, Verena, Familie Zapolla, Maja aus Havanna und all die liebevollen Brüder und Schwestern aus Argentinien, Neuseeland und Australien. Ich begriff, was wirklich los war mit mir. Levi war lange meine Hoffnung gewesen, im alten Leben bleiben, mit all den Menschen aus meiner Kindheit und Jugend weiterleben zu können. Es ging nicht nur um ihn, es ging um das Ganze. Alles, was mir bis anhin viel bedeutet hatte, würde auf einen Knall aus meinem Leben verschwinden. Alles – außer Zipora, Linda und Julia. Und meine Eltern, auch wenn sie traurig und enttäuscht waren – sie würden mich nie zurückweisen. Damit musste ich mich zufriedengeben, und es war ja nicht wenig. Sofia fiel mir plötzlich wieder ein.

Ich trauerte um mein erstes Leben, das bald ein Ende finden würde. Mit einem Maulkorb leben mochte ich nämlich nicht. Ich würde nie und nimmer zulassen, dass mich die Ältesten ausschließen würden, das war für mich eine Frage des Stolzes und der Selbstbestimmung. Ich wollte selbst bestimmen, ich würde den Schritt von mir aus machen. Und so trauerte ich noch ein ganzes Wochenende lang um alles und um alle.

Das Fest
Frühjahr 2001

Am Sonntagabend fiel mir plötzlich die Silvesternacht 1999 ein. Ich hatte damals Hilfe in der Bibel gesucht, indem ich diese an einer x-beliebigen Stelle aufgeschlagen hatte. So holte ich meine Bibel, die mit mir um die ganze Welt geflogen und nun voller unterstrichener Stellen und Anmerkungen war, von meinem Büchergestell, schloss die Augen, schlug das Buch auf, legte meinen Finger auf eine Stelle und öffnete die Augen wieder. Ich freute mich, denn wieder hatte ich das Bibelbuch Prediger aufgeschlagen, das einzige, welches ich wirklich sehr mochte. Nun ja, dachte ich, es war ja auch ziemlich in der Mitte der Bibel, eigentlich logisch, dass sie sich beim zufälligen Aufschlagen immer dort öffnete.

Trotzdem war ich neugierig, wo mein Finger diesmal gelandet war. Er lag auf dem Anfang des dritten Kapitels: «Für alles gibt es eine bestimmte Zeit, ja eine Zeit für jede Angelegenheit unter den Himmeln: eine Zeit zur Geburt und eine Zeit zum Sterben; eine Zeit zum Pflanzen und eine Zeit, um Gepflanztes auszureißen; eine Zeit zum Töten und eine Zeit zum Heilen; eine Zeit zum Abbrechen und eine Zeit zum Bauen; eine Zeit zum Weinen und eine Zeit zum Lachen; eine Zeit zum Klagen und eine Zeit zum Herumhüpfen.»

Ich legte mich hin und starrte auf die Zimmerdecke, bis ich einschlief. Am frühen Montagmorgen erwachte ich und merkte, dass eine neue Zeit begonnen hatte. «Herumhüpfen» war das Stichwort gewesen. Ich mochte nicht mehr weinen und klagen. Also stand ich auf und setzte einen Brief an die Ältestenschaft meiner Berner Versammlung auf.

Als Linda und Zipora aufstanden, hatte ich bereits Kaffee aufgesetzt. Ich fühlte mich leer, aber nun auf eine angenehme Art. Diese neue Leere fühlte sich nach Offenheit an, nach Neugierde, Abenteuerlust und Vorfreude. Ich öffnete das Fenster und freute mich, den Frühling zu riechen. Mein Geist hatte nun endlich Platz für Fragen, wo ich doch nur mit Antworten aufgewachsen war. Das machte die Welt komplexer als die Wahrheit – und genau deswegen um Welten interessanter.

Als Linda und Zipora in die Küche traten, schenkte ich ihnen Kaffee ein und eröffnete ihnen: «Wir müssen ein Netz knüpfen, denn alleine schaffen wir das nicht. Aber ich spüre es, es wird toll, wenn wir die Wahrheit verlassen. Wartet rasch, ich hole nur kurz die Bibel.» Die beiden sahen sich irritiert an und warteten darauf, dass ich zurückkam. Ich blätterte in der Bibel, sah kurz auf und konnte sehen, dass Linda und Zipora ihre Stirnen runzelten und mit den Augen rollten. «Ah, da, Matthäus 10:34, da sagt Jesus: ‹Denkt nicht, ich sei gekommen, Frieden auf die Erde zu bringen; ich bin nicht gekommen, Frieden zu bringen, sondern ein Schwert. Denn ich bin gekommen, um zu entzweien: einen Menschen mit seinem Vater und eine Tochter mit ihrer Mutter und eine junge Ehefrau mit ihrer Schwiegermutter. In der Tat, eines Menschen Feinde werden seine eigenen Hausgenossen sein.› Ich glaube, so geht es einem, wenn man einen anderen Weg wählt als den, den die Familie und das Umfeld bis anhin gegangen sind. So ergeht es auch uns, wir müssen eine neue Familie finden, neue Freunde und Freundinnen, wir müssen ein neues Netz knüpfen mit Menschen, die uns verstehen und die uns gleich- oder zumindest wohlgesinnt sind.»

«Ja, da ist was dran. Aber wie macht man das in der Welt? Ich meine, wohin geht man, wenn man Leute kennenlernen will? Wir können ja jetzt nicht einfach eine Annonce schalten, in der ‹Neues Netz gesucht. Interesse?› steht.»

Wir lachten, und Zipora antwortete ganz aufgeregt: «Nein, wir müssen einfach dort beginnen, wo wir schon sind: im Haus, in dem wir leben, oder an dem Ort, an dem wir arbeiten. Kommt, lasst uns doch fürs Erste eine Hausparty organisieren. Ich finde nämlich unsere Nachbarin, die Alleinerziehende, echt cool. Mir gefällt es, wie hemmungslos sie uns immer mit der Zigarette im Mundwinkel grüßt. Und das schwule Paar über uns, die sind so süß und scheinen auch sehr nett zu sein. Die prosten mir immer mit einem Glas Champagner in der Hand vom Balkon herab zu. Und dann die oben rechts, die mit dem Kubaner verheiratet ist, die winkt auch immer ganz freundlich. Und der Kubaner fragte mich neulich, ob wir nicht auf unserer Riesenterrasse eine Nachbarschaftsparty machen könnten.»

«Ich finde die mit den rot gefärbten Haaren, die sich so auffällig schminkt und wallende Kleider trägt, so interessant und auch die, die neben der wohnt, die coole Blonde in ihren eleganten Designer-Kleidern. Habt ihr gewusst, der gehört der hipste Coiffeursalon von Bern?»

«Lasst uns die alle einladen, mal sehen, wie das wird!»

Wir schrieben sofort eine Einladung und hängten diese noch am selben Morgen im Treppenhaus auf: «Hausfest zum Frühlingsbeginn diesen Samstag ab 19 Uhr bei uns auf der Terrasse. Einfach kommen, nix bringen. Wir freuen uns!»

Auch Julia war übers Wochenende zu uns gekommen. Sie würde Anfang des Sommers ihre Matura absolvieren. Wir sprachen den ganzen Freitagabend lang über die Wahrheit, darüber, sie zu verlassen, und über den Schmerz, den wir unseren Eltern damit bereiten würden. Besonders Julias Eltern,

Onkel Viktor und Tante Livia, bereiteten uns Sorgen. «Für sie wird es sehr hart, wenn ich aussteige. Sie werden glauben, dass wir nie mehr als Familie vereint sein werden. Im Paradies haben sie zwar wieder Juri bei sich, dafür aber mich nicht mehr. Es ist grausam für sie, und doch: Ich kann nicht meiner Eltern wegen bei den Zeugen Jehovas bleiben, dafür sind die einfach zu radikal, zu intolerant, da kann man nicht nur ein bisschen mitmachen», sagte Julia traurig.

«Wer weiß, vielleicht werden genau deine Eltern die Ersten sein, die auch zum Umdenken bewegt werden. Wer sein Kind zu Grabe tragen musste, überlegt sich zweimal, ob er ein weiteres verlieren möchte», warf ich ein.

Am Samstag – es war der erste warme Abend in diesem Jahr – kamen tatsächlich alle Nachbarinnen und Nachbarn, nur die Blonde war leider bereits verabredet. Wir bereiteten ein Buffet mit zahlreichen kleinen Köstlichkeiten zum Essen und eines mit vielen Flaschen und Gläsern vor. Obwohl wir vier ganz schrecklich nervös waren, entspannten wir uns rasch. Es herrschte eine tolle, unverkrampfte Stimmung. Die Leute lachten, aßen und tranken viel. Ich fühlte mich plötzlich so angenehm normal. Nur einmal zog ich mich kurz von der Gruppe zurück, betrachtete das Geschehen von Weitem und dachte mir, dass das, was für unsere Nachbarinnen und Nachbarn so alltäglich war, für uns eine Revolution darstellte. Mit Weltlichen zusammen anstoßen und plaudern, ohne etwas dabei zu denken, ohne Zeugnis abgeben, ohne ein Vorbild für was auch immer sein zu müssen – das war das echte Leben, welches ich von nun an führen wollte.

Ich beobachtete, wie Maria, die Alleinerziehende, Zipora ihr Zigaretten-Päckchen entgegenstreckte. Zipora zögerte kurz, nahm sich dann aber eine Zigarette und zündete sie sich an. Sie blickte lässig in meine Richtung, warf ihren Kopf in den Nacken und blies den Rauch genüsslich gen Himmel. Wie schön und stark und unabhängig sie aussah in diesem Moment. Ich hatte Zipora immer schön gefunden, sie war groß, hatte einen starken Körper, war sehr präsent. Ihre blonden, krausen Haare hatte sie heute zusammengenommen und in den Knoten, den sie gebunden hatte, eine rote Blume aus unserem Garten gesteckt. Stolz sah sie aus, frei und selbstbewusst. Ihre markante, wunderbare Charakternase, ihr Grübchen auf der lachenden Wange, ihre grünen, stark geschminkten Augen, die weinroten Lippen – ein wunderbares Bild! Sie trug schwarze, weite Hosen, die beim Gehen flatterten, und ein schwarzes, eng geschnittenes Oberteil, was ihre schöne, üppige Oberweite betonte.

Als ich meinen Blick auf Linda richtete, drehte diese im selben Moment die Musik auf und begann zu tanzen. Eine Augenweide – sie zog die gesamte Festgemeinschaft in ihren Bann. Linda sah so geheimnisvoll und romantisch aus. Sie hatte ihr feines, rundes Mädchengesicht dezent geschminkt, sich ein farbiges Frühlingskleid mit zartem Blumenmuster und goldene Schuhe angezogen. Sie trug ihre roten, gewellten Haare heute offen und wippte sinnlich zur elektrisierenden Musik. Wie schön und harmonisch sie sich bewegen konnte, wie wunderbar sie im Tanz ihre Weiblichkeit zur Geltung bringen konnte! Alle standen nun um sie herum und sahen ihr zu.

Nur Julia hielt sich noch etwas abseits und sprach mit Thomas, einem der beiden Schwulen. Während Zipora, Linda und ich in Größe, Statur und Farbe eine große Ähnlichkeit hatten, war Julia von einem ganz anderen Schlag. Sie hatte dunkle Augen, dunkles, glattes Haar, einen Pagenschnitt und ein sehr feines, ebenmäßiges Gesicht mit einer kleinen Nase. Sie trug an ihrem schlanken, langen Körper ein gestreiftes T-Shirt und einen eng anliegenden, bis zu den Knien reichenden schwarzen Rock. Dazu hatte sie sich roten Lippenstift aufgetragen, kleine rote Ohrringe angesteckt und rote, flache Schuhe angezogen. Ich hatte beim Vorbeigehen aufgeschnappt, dass sie mit Thomas über gesellschaftliche Diskriminierung und Eigenverantwortung diskutierte. Julia strahlte heute so viel Eleganz und Intellekt aus, sie hätte als zarte, androgyne Schöne in jedem französischen Film mitspielen können.

Ich sah mir all die schönen, entspannten und fröhlichen Menschen an und war einfach nur glücklich. Niemand hier außer uns vieren konnte ermessen, was dieser Abend für uns bedeutete. Für alle war es ein schöner, aber dennoch gewöhnlicher Abend, für uns stellte es die Neugeburt dar. Sie atmeten alle die Freiheit, wir hingegen konnten sie auch riechen. Ich spürte: Die Zukunft gehörte uns! Alles würde gut werden. Eine Gesellschaft empfängt dich, wenn du sie in deiner Entwicklung und in deiner Weltsicht bestätigst. Sie stößt dich weg, wenn du das nicht mehr tust. So ist der Mensch, so funktioniert die Gesellschaft, es ist der Lauf der Dinge. Ich wollte mich ihm hingeben, dem Lauf der Dinge. So, wie sich die farbigen Baumblätter im Herbst der Aare hingeben und sich forttreiben lassen.

In der Zwischenzeit hatten alle, die sich um Linda versammelt hatten, begonnen zu tanzen. Ich sog die neue Leichtigkeit auf, begann mit meinen Fingern zu schnippen und mischte mich tanzend zurück unter die Festgemeinschaft. Ich stellte mir vor, Adele wäre bei uns. Ich glaubte, ihre Anwesenheit zu spüren. Sie war hier, inmitten dieser fröhlichen Menschen. Sie trug ein schwarzes, hochgeschlossenes Kleid mit edlen Spitzen, hatte ihre grauen Haare zu einem Chignon zusammengebunden und sich einen edlen Hut aufgesetzt.

Plötzlich öffnete sie die obersten drei Knöpfe, strich sich vom Hals über das Dekolleté und begann zu tanzen. Ich tanzte mit ihr, und keiner bemerkte es. Wie sich Levis Bild in meinem Inneren langsam aufgelöst hatte, begann auch Adele, sich gegen Ende des Liedes aufzulösen.

Ich schloss meine Augen, schickte einen Kuss gegen den Himmel, öffnete eine neue Flasche Rum, goss den ersten Schluck auf den Boden und rief: «Para los Santos!»

Der Brief
März 2001

Am Sonntagabend faltete ich den Brief zusammen, steckte ihn in einen Umschlag, adressierte ihn an die Versammlung und klebte eine Briefmarke darauf. Ich wusste, dass Neuigkeiten dieser Art in den Versammlungen jeweils am Donnerstagabend exakt um 20 Uhr verlesen wurden. Als mein Papa als Ältester abgesetzt, die Schwester, die mit dem Nachbarn ins Bett gegangen war, oder der junge Bruder, den man mit einem Joint erwischt hatte, abgemahnt wurden – immer war es donnerstags um 20 Uhr verkündet worden.

Ich reservierte für Donnerstag einen Tisch für drei Personen in einem der schönsten Restaurants von Bern – edel, aber nicht steif – und bat Linda und Zipora, sich den Abend frei zu halten. Ich winkte mit dem Couvert: «Der Brief. Das zelebrieren wir am Donnerstag in der ‹Haberbüni›.»

Am selben Tag hatte ich auch eine Postkarte an Sofia in den Briefkasten geworfen. Es handelte sich um ein kitschiges Bild, auf dem ein großer, brauner Bär und im Hintergrund die Berner Altstadt zu sehen waren. Ich kritzelte nur «Miss you. Muss dich diesen Sommer UNBEDINGT sehen. Komm in meine WG!» auf die Rückseite. Die dritte Briefmarke hatte ich auf ein Couvert geklebt, das eine Karte für meine Eltern beinhaltete. Ich schrieb ihnen, dass ich diese Woche die Wahrheit offiziell verlassen würde. Auf der Vorderseite der Karte stand: «Ich wage Schritte in den Nebel. Ich will nicht stillstehen, nur weil ich Angst vor dem Ungewissen habe. Ich weiß, dass die Dunkelheit zum Leben dazugehört. Ich wage es, weil ich vom Licht in mir weiß. *Anonym.*»

Zwei Tage später rief mich meine Mutter an. Sie bedankte sich für die Karte. «Papa und ich sind traurig, aber wir respektieren deine Entscheidung. Auch Emily kann das Ganze inzwischen einordnen und sagte, ich solle dir einen Gruß von ihr ausrichten.»

«Vielen Dank, wie geht es ihr?»

«Nun, das Ganze wühlt sie sehr auf. Sie sagte uns, sie werde sich nie taufen lassen, so könne sie auch nie ausgeschlossen werden. Noch vor einem Jahr hätte mich diese Aussage betrübt, aber ehrlich gesagt finde ich das jetzt beruhigend. Weißt du, du hast uns wirklich dazu gebracht, über vieles nachzudenken. Papa und ich haben letzte Nacht fast die ganze Nacht lang miteinander diskutiert, das tun wir seit ein paar Wochen ständig. Wir kommen kaum noch zum Schlafen! Es ist für uns eine schwierige Zeit, aber auch eine sehr anregende. Gut, dass du alles hinterfragt hast. Wir haben ja jetzt auch einen Computer mit Internet. Unglaublich, was man da alles finden und lesen kann. Papa kommt mit dem Internet noch nicht so gut zurecht, aber ich sitze ständig vor dieser Kiste und habe schon viel Interessantes gefunden, das ich ihm dann vorlese. Wie auch immer alle nun reagieren werden – wir stehen hinter dir. Papa sagte gestern Nacht, dass er sogar ein bisschen stolz sei auf seinen Mittelstürmer. Aber er sagte es erst nach dem dritten Glas Rotwein.»

Linda, Zipora und ich trafen uns am Donnerstag nach der Arbeit direkt im Garten des Restaurants. Ich hatte eine Flasche Champagner vorbestellt und die Frau am Telefon gebeten, die Flasche noch verschlossen, aber im Kübel gekühlt auf dem Tisch bereitzustellen. Um Punkt 20 Uhr nahm ich eine Kopie meines Briefes aus der Tasche und begann, ihn Linda und Zipora vorzulesen:

An die Ältestenschaft der Versammlung:

Seit einigen Monaten besuche ich weder die Versammlungen noch beteilige ich mich am Predigtdienst. Dies tue ich nicht aus Bequemlichkeit, sondern weil ich viele meiner ehemaligen Ansichten geändert habe.

Tatsache ist, dass ich meinen Glauben in Bezug auf die Zeugen Jehovas als Gottes einzig wahres Volk verloren habe. Da ich als Zeugin Jehovas aufgewachsen bin, ist dieser Glaube ein fester Bestandteil meiner Kindheit und Jugend gewesen. Ich sehe diese Erziehung als Chance und bin meinen Eltern und der Versammlung gegenüber mit entsprechendem Respekt eingestellt. Ich habe ein festes Fundament erhalten, auf dem ich nun mein weiteres Leben aufbauen kann. Gewisse ethische und moralische Grundsätze sind fest in meinem Gewissen und Denken verankert.

Ich kann und will mich aber nicht mehr mit einer Glaubensgemeinschaft identifizieren, die den Anspruch erhebt, im alleinigen Besitz der Wahrheit zu sein. Deshalb habe ich beschlossen, die Gemeinschaft der Zeugen Jehovas zu verlassen. Diesen schmerzhaften und lang überdachten Entscheid sehe ich als einzige Möglichkeit, meinen Eltern, meinen Freunden, euch und mir gegenüber ein gutes Gewissen zu haben und einen ehrlichen Lebensweg zu gehen.

Ich bin mir der Konsequenzen, die dieser Brief mit sich bringt, bewusst.

In diesem Sinne, lebt wohl.

Ich hob den Blick wieder, packte den Champagner und ließ den Korken knallen. Linda und Zipora jubelten und klatschten. Als Zipora das Glas hob, sagte sie: «Mit ‹Gewisse ethische und moralische Grundsätze sind fest in meinem Gewissen und Denken verankert› meinst du hoffentlich nicht Sex vor der Ehe?» Wir lachten, stießen die drei Gläser aneinander und ich sagte: «Die Jungfräulichkeit ist das Nächste, was ich loswerden will!»

«Es ist grotesk, eigentlich feiern wir heute mein Begräbnis, das Begräbnis einer Lebendigen. Sie werden mich heute lebendig begraben, all die Menschen, denen ich in meinem bisherigen Leben nahestand, die ich liebte, denen ich vertraute, mit denen ich lachte und weinte», stellte ich nach dem Essen nachdenklich fest.

«Jetzt, wo du eine Ausgeschlossene bist, fühle ich mich irgendwie als Eingeschlossene», munterte mich Linda daraufhin auf. Dann wurde sie mit einem Mal ernst und fügte an: «Ich werde auch austreten, das ist mir klar geworden. Wisst ihr, was mich traurig macht? Dass sie sich unser Scheitern wünschen. Die, von denen wir dachten, sie liebten uns wie Brüder und Schwestern, die uns sogar so nannten, wollen, dass wir scheitern. Wir müssen sogar scheitern! Sie tun es nicht mal aus Bosheit, sondern aus Angst, dass ansonsten ihr Weltbild, an dem sie so sehr hängen, dem sie so viel opfern und von dem sie so abhängig sind, Kratzer abbekäme. Sie können das nicht aushalten, Kratzer an diesem Bild. Davon müssen wir uns auch befreien, vom Druck, von nun an auf Biegen und Brechen ein überaus glückliches und erfülltes Leben führen zu müssen.»

Zipora nickte traurig und offenbarte: «Auch ich werde die Gemeinschaft verlassen. Mein Vater wird beben vor Wut und Enttäuschung, aber ich habe dort wirklich nichts, überhaupt nichts mehr verloren.»

Ich sah die beiden an: «Ja, das ist klar, für euch gibt es auch keinen anderen Weg mehr als den in die Freiheit. Aber wisst ihr, was mir bei allem manchmal Angst bereitet? Dass wir keine klaren Regeln mehr haben. Männer, Alkohol, Gras, Zigaretten, Partys, aber auch Geld, die Stellung der Arbeit, Karriere, die Wahl unserer Freundinnen und Freunde, Familie, Kinder – alles müssen wir nun selbst managen, werten und bestimmen, wir müssen alles selbst entscheiden. Wir werden nun selbst verantwortlich für unser Tun sein – und auch für dessen Konsequenzen. Ich fürchte mich davor, nicht das richtige Leben zu wählen und nicht alle Möglichkeiten auszuschöpfen, die uns nun plötzlich offenstehen. Als Leitplanke habe ich mir vorgenommen, den Mittelweg zu gehen, immer nach der ‹goldenen Mitte› zu suchen. Aber dann denke ich wieder: Wären Abgründe, Ausschweifungen oder eine steile Karriere worin auch immer nicht viel abenteuerlicher? Wie gerne würde ich leben wie eine Figur in einem Fellini- oder Almodóvar-Film! Diese Opulenz, das Überdrehte, die Exzesse! Sagt, ist es langweilig, nach dem Mittelweg zu suchen?»

«Wenn es langweilig ist, dann ist es eben nicht die ‹goldene Mitte›», entgegnete Zipora trocken und griff nach ihrem Weinglas.

Der Anfang
Juli 2001

Sofia hatte die Sommerferien in den Walliser Bergen bei ihren Eltern verbracht. Sie rief mich an, bedankte sich für meine Bärenkarte und sagte, sie komme uns auf ihrer Rückreise nach Berlin ganz sicher für ein, zwei Tage besuchen. Sie sei gespannt auf meine WG. Ich freute mich sehr, denn ich hatte ja wirklich große Neuigkeiten für sie, die ich ihr nie hatte schreiben wollen und die ich auch nicht am Telefon hatte erzählen können.

Sofia klingelte. Sie war blond und braun gebrannt, trug kurze Jeans und ein enges Trägertop. Ich hielt kurz inne und staunte, welche Ähnlichkeit sie mit dieser Angelina Jolie hatte, deren Gesicht seit Kurzem überall, aber auch wirklich überall zu sehen war. Wir umarmten uns lange, obwohl wir beide vor Schweiß klebten. Linda und Zipora, die hinter mir gestanden hatten, gaben ihr anschließend je drei Küsschen. «Wir gehen wieder auf die Terrasse, so habt ihr die ersten paar Minuten für euch», meinte Linda anschließend, und die beiden liefen grinsend nach draußen.

Wir beide gingen in die Küche, nachdem ich ihr die Wohnung gezeigt hatte. Sofia betrachtete all die Werbeplakate für Pop-Konzerte, die an der Wand neben unserem Küchentisch hingen. Nachdem ich Kaffee gekocht hatte, stellte ich die zwei Tassen auf den Tisch und setzte mich zu ihr.

«Hast du etwas Milch?», fragte sie mich.

«Ach so, natürlich. Ja, im Kühlschrank, bedien' dich ruhig!»

Sie stand auf, öffnete die Kühlschranktür und sah, dass sich darin, abgesehen von der Milch, zig Flaschen kubanischer

Rum, Coca-Cola und Limetten befanden. Dann erblickte sie das Zigaretten-Päckchen, das oben auf dem Kühlschrank lag. Sie drehte sich zu mir um, lachte und fragte: «Was ist hier los? Hast du die ‹Parisienne› für mich gekauft?»

«Geh schon mal mit deinem Kaffee zu den anderen auf die Terrasse, ich möchte dir dort etwas mitteilen.»

Sie nahm ihre Tasse, ging damit nach draußen und setzte sich zu Linda und Zipora an den Tisch unter dem Sonnenschirm.

Ich bereitete in der Küche vier Cuba libres vor, stellte sie zusammen mit den Zigaretten auf ein Tablett und gesellte mich zu den anderen.

«Jetzt aber!», lachte Sofia, «ein Drink schon um diese Zeit, bei dieser Affenhitze?»

«Ja sicher», entgegnete Linda, «für einen Cuba libre ist es nie zu früh und schon gar nicht zu heiß!»

«Ich habe Neuigkeiten», begann ich feierlich. Sofia schaute mich erstaunt an, blickte dann zu Linda, weiter zu Zipora, die beide geheimnisvoll lächelten. Da die Sonne aber so stark schien, ging ich nochmals in die Wohnung und holte meine Sonnenbrille.

«Jetzt mach es nicht so spannend!», rief mir Sofia hinterher.

«Ja, beeil' dich, die Eiswürfel schmelzen schon!», schob Linda nach.

Wieder zurück, drückte ich jeder der drei Frauen ein Glas in die Hand, hob das meine und eröffnete: «Sofia, ich bin fertig mit der Wahrheit. Bereits im März habe ich die Glaubensgemeinschaft der Zeugen Jehovas hochoffiziell verlassen. Diese Enge, das ist nichts mehr für mich.»

Sofia öffnete sprachlos ihren großen Mund, sprang auf, verschüttete die Hälfte ihres Drinks und fiel mir um den Hals, woraufhin auch ich die Hälfte des meinen verschüttete. «Ich glaube es nicht, ich glaube es einfach nicht, was für ein Tag! Was für News! Ich glaub' ich spinn'!», jubelte sie, schrie und tanzte. Dabei liefen ihr Tränen über das Gesicht. «Hey, und was ist mit euch beiden? Seid ihr auch raus?»

«Noch nicht», sagte Linda.

«Aber das ist nur eine Frage der Zeit», ergänzte Zipora, «wir denken genau gleich über diese Religion, über Religionen überhaupt, aber es ist eben alles ein wenig kompliziert.»

«Ja, das kann ich mir vorstellen. Dann bist du also die Erste? Mannomann, was du da losgetreten hast!»

«Ja, ich bin die Erste. Aber weißt du, manchmal frage ich mich, ob ich die bin, die das alles angerissen hat, oder ob ich das Kanonenfutter eines ganzen Heeres von heimlich Zweifelnden, Schweigenden, Gelangweilten und Mutlosen bin, das nach vorne gestoßen wurde. Die Vordersten kriegen am meisten Giftpfeile ab, das ist immer so. Kürzlich las ich in der Tageszeitung ein Zitat von Thomas Krens, dem Direktor des Guggenheim Museums, der sagte: ‹Pioniere sind Leute in einer Truppe, die ganz weit vorn laufen, die zuerst mit dem Gesicht nach unten im Matsch landen und als Erste den Pfeil im Rücken haben.› So fühle ich mich manchmal.»

«Ja, jetzt hör aber auf! Das ist doch ziemlich heldenhaft, was du da gemacht hast. Und weißt du was? Matsch und Pfeile hin oder her, du lebst!», winkte Sofia ab.

«Und das, obwohl sie lebendig begraben wurde», fügte Linda nun etwas traurig hinzu.

«Im nächsten April feiern wir meinen Geburtstag, das gibt eine Riesensause! Ich überlege mir nur noch, ob wir dann auf meinen 25. oder auf meinen ersten anstoßen werden», entgegnete ich und ließ mein Glas gegen Lindas klirren.

Sofia setzte sich wieder auf ihren Stuhl, wurde nachdenklich, stützte ihre Ellbogen auf die Knie, fixierte mich und sagte ganz ernst: «Du kannst dir gar nicht vorstellen, wie stolz ich auf dich bin. Du musst mir alles erzählen. Lass kein Detail aus. Was sagen deine Freunde dazu? Wie geht es deinen Eltern? Und vor allem: Wie geht es dir, jetzt, als Ausgeschlossene?»

Ich berichtete von meinen Zweifeln, die bereits als Kind mit meiner absurden Angst vor Sofias Vernichtung begannen, von Julias Wut, die auf mich überging, als wir begriffen, dass wir Männern untergeordnet waren, meinem Aha-Erlebnis bei McDonald's, vom unerklärlichen Sog, den das Lied von R.E.M. auf mich ausgeübt hatte, von dem In-sich-Zusammenfallen meiner Hoffnung auf ein Wiedersehen mit Juri, von meiner Loslösung von der Bibel durch meine ernsthafte Auseinandersetzung mit ihr. Und von Alfredo.

«Also auf den trinken wir jetzt den nächsten Cuba libre», unterbrach mich Sofia. Linda bereitete weitere vier Drinks vor.

«Auf Alfredo!», sagte ich zu Linda und hob das Glas. In diesem Moment glaubte ich, am Boden den Schatten eines Cowboyhuts zu sehen, merkte dann aber, dass es der ihres Sonnenhuts war.

«Yee-haw!», machte Linda.

Wir sprachen und tranken den ganzen Tag und die ganze Sommernacht lang. Unseren Frühstückskaffee kochten wir erst am frühen Sonntagabend. Gegen 20 Uhr begleitete ich Sofia auf den Bahnhof. Sie hatte einen Platz im Nachtzug nach Berlin reserviert. Beim Abschied öffnete sie das Fenster ihres Zugabteils und rief mir lachend zu: «Weißt du, was ich als Erstes mache, wenn ich wieder in Berlin bin? Ich plane meinen Umzug nach Bern und beginne, meine Sachen zu packen. Deine zweite Pubertät – das will ich auf keinen Fall verpassen! ‹Schlechte Gesellschaft verdirbt nützliche Gewohnheiten›, oder etwa nicht?»

Tatsächlich, bereits im Frühherbst zog sie mit Sack und Pack zu uns nach Bern. Wir hatten für sie eine Einzimmerwohnung in unserer Nähe gefunden. Sie hinterließ in Berlin Dylan, den schönen Schauspieler-Freund, der ihren Entschluss nicht nachvollziehen konnte, jedoch chancenlos hatte hinnehmen müssen.

«Wisst ihr, womit mir Dylan zum Abschied mit erhobenem Zeigefinger drohte, nachdem wir all meine Kisten in den Transportwagen geladen hatten?», fragte sie beim Aperitif am Abend ihres Ankunftstags, an dem wir sie in unserer WG aufwendig bekochten: «Sofia, in Bern steppt der Bär nicht!»

Ich dachte kurz an das pulsierende Leben in Berlin-Kreuzberg und wollte wissen: «Und wie hast du reagiert?»

«Ich bin in den Wagen gestiegen, habe den Motor angelassen, das Fenster hinuntergekurbelt und ihm aus dem abfahrenden Wagen zugerufen: ‹Ich weiß, der Bär, der steppt hier. Aber dort, dort steppen wir!›»

Und dann, Adele, wurde ich endlich jung.

Epilog

Dann kam ich auf die Welt. Die Aare floss weiter und brachte Neues. Die Liebe wartete auf mich, und mit ihr der Kummer. Ich zerstritt und versöhnte mich, gründete WGs und löste sie wieder auf, besuchte die Universität und arbeitete, reiste in die Ferne und kehrte wieder nach Hause, wurde krank und genas, trauerte und feierte. Doch, was immer auch geschah: Nie wieder hatte ich das Gefühl, im falschen Film zu sein.

Dank

Ich bedanke mich nicht bei der Glaubensgemeinschaft der Zeugen Jehovas, wohl aber bei meinen Urgroßeltern, Großeltern, ELTERN, SCHWESTERN, Tanten, Onkeln, Cousinen, Cousins, Freundinnen und Freunden für ihre Liebe und Zuwendung in meiner Kindheit und Jugend, vor allem bei der Handvoll derjenigen, die mir auch nach meiner großen Entscheidung zur Seite standen und einer Menschenkette gleich die beiden Teile meines Lebens miteinander verbinden. Dazu gehörst auch du, meine weltliche FREUNDIN seit Kindertagen, die beste schlechte Gesellschaft, die mir hat passieren können.

Für das Motivieren und Unterstützen bei diesem Buchprojekt danke ich von ganzem Herzen: Ali, Anja, Cindy, Debora, Jeanine, Julia, Lara, Maja, Mama, Maud (und dem campoportakal.com), Michael, Patrizia, Simone, Thomas (und dem Zytglogge Verlag), Wilfried und natürlich TAYLAN. Danke, danke, danke, dass du mir den Rücken gestärkt und ihn mir freigehalten hast, und danke, dass du da bist.

Ebenfalls bei Zytglogge erschienen

Roni Baerg
Mit den Wolken fliegen
Bericht aus einem fernen Leben
ISBN 978-3-7296-0926-6

Paraguay in den 1970er-Jahren: Armut und harte Arbeit prägen den Alltag der Familie Baerg im Trockenwaldgebiet des Chaco. Hier wächst Roni mit sieben Geschwistern auf. Man spricht Plattdeutsch wie die Vorväter, die mennonitische Gemeinde schaut genau hin und sanktioniert fehlerhaftes Verhalten.

Wie kompromisslos die Religionsgemeinschaft über ihr Leben bestimmt, wird erst der erwachsenen Roni bewusst, als sie von ihrem ersten Ehemann missbraucht wird. Sie wehrt sich und wird von der Gemeinschaft ausgeschlossen. Die meisten Familienmitglieder wenden sich von der eigensinnigen jungen Frau ab. Roni muss fliehen. Sie gelangt in die Schweiz, wo sie sich gegen alle Widerstände ein neues Leben aufbaut.

Das Buch ist ein bewegender autobiografischer Bericht über eine schwierige Loslösung aus einer jahrhundertealten Tradition und eine literarische Auseinandersetzung mit einer außergewöhnlichen Tochter-Vater-Beziehung.

Ebenfalls bei Zytglogge erschienen

Laura Vogt
Was uns betrifft
Roman
ISBN 978-3-7296-5043-5

Ein Haus auf dem Land, ein Mann, ein Kind – ist es das, was Rahel sucht, als sie hochschwanger zu Boris zieht und ihre Karriere als Jazzsängerin aufgibt? Nichts für mich, findet ihre Schwester Fenna, die eines Tages vor der Tür steht, um auf unbestimmte Zeit zu bleiben. Während sich Fenna an ihrer leidenschaftlichen und schwierigen Beziehung zu Luc abarbeitet und die Schwester mit ihrer ganz eigenen Sicht auf die Welt konfrontiert, kämpft Rahel seit der Geburt ihres zweiten Kindes mit einer postnatalen Depression und den Erinnerungen an ihre Kunst sowie an ihren Vater, der die Familie längst verlassen hat. Als auch noch die kranke Mutter an- und Boris mit den Kindern abreist, scheint Rahel den Boden unter den Füßen ganz zu verlieren.

Was bedeutet es in der heutigen Zeit, Mutter zu sein? Was ist Weiblichkeit? Welche Beziehungen sind möglich, und wie bleibt man darin selbstbestimmt? Ein kluger zweiter Roman der Ostschweizer Autorin Laura Vogt.

Ebenfalls bei Zytglogge erschienen

Samira El-Maawi
In der Heimat meines Vaters riecht die Erde wie der Himmel
Roman
ISBN 978-3-7296-5049-7

Heranwachsen im Dazwischen-Sein: Für die zehnjährige Ich-Erzählerin ist vieles nicht so, wie es sein sollte. Zwischen ihren Eltern herrscht ein Ungleichgewicht, ihr Vater wird von der Nachbarin ignoriert und ständig wird sie gefragt, woher sie komme. Und warum wollen ihr eigentlich alle Menschen in die Haare fassen?

Ihre Mutter ist eine emanzipierte Schweizerin, ihr Vater ein stiller, entwurzelter Mann aus Sansibar, der als Koch arbeitet und nicht viel über seine Herkunft preisgibt. Nur, wenn er zuhause in der Küche steht, fühlt er sich seiner Heimat nahe und lässt andere über das Essen daran teilhaben. Dann verliert er die Arbeit. Immer mehr entfremdet er sich seiner Familie und dem Leben in der Schweiz. Die Erzählerin fühlt sich als in der Schweiz geborenes Schwarzes Kind ebenfalls zunehmend heimatlos. Anstatt sie zu unterstützen, will der Vater ihr einreden, dass die Schweiz auch nicht ihr Heimatland sei.

Foto: Manu Friederich

Yasmine Keles-Scheidegger
Geb. 1977 im Wallis. 1996 zog sie nach Bern, wurde Bibliothekarin und schloss später das Studium der Religionswissenschaften ab. Sie lebt noch immer mit ihrer Familie in Bern. «Und dann wurde ich endlich jung» ist ihr erstes Buch.